U0688163

网上支付与结算应用研究

汤巧英　主编

中国原子能出版社

图书在版编目（CIP）数据

网上支付与结算应用研究 / 汤巧英主编. — 北京：
中国原子能出版社，2022.11
ISBN 978-7-5221-2373-8

Ⅰ．①网… Ⅱ．①汤… Ⅲ．①电子银行–支付方式②
电子银行–结算方式 Ⅳ．①F830.49

中国版本图书馆 CIP 数据核字（2022）第 221378 号

网上支付与结算应用研究

出版发行：中国原子能出版社（北京市海淀区阜成路 43 号 100048）
责任编辑：刘　佳
责任印制：赵　明
印　　刷：北京厚诚则铭印刷科技有限公司
经　　销：全国新华书店
开　　本：787mm×1092mm　1/16
字　　数：310 千字
印　　张：12
版　　次：2022 年 11 月第 1 版　2024 年 4 月第 2 次印刷
书　　号：ISBN 978-7-5221-2373-8　　　定　　价：78.00 元

PREFACE 前　言

随着互联网的迅猛发展，电子商务作为一种创新的商务模式，其优势日益明显。目前，电子商务凭借其高效率、低成本的竞争优势，已经被越来越多的企业接受并运用。电子商务中的资金流是商务运作的核心环节，是政府、商家、客户最为关心的对象，其运作的好坏直接影响到商务处理的效果。因此政府、企业、家庭及个人对解决资金流的运行效率和服务质量的要求也越来越高。在这种背景下，特别是信息网络技术的进步，促使资金流的支付结算系统不断从手工操作走向电子化、网络化和信息化。

支付与结算是包括网络零售在内的商业模式中非常重要的一环。离开了支付与结算，商业就失去了存在的价值和推动其发展的内在激励机制和动力。正是由于支付与结算，实现了商业活动交易双方债权债务的货币清偿，并导致卖方的价值实现和利润形成。每一次商业革命与其说是交换客体——商品的革命，还不如说是交换媒介——支付与结算工具和方式的革命。可以说，正是网上支付与结算的革命性创新，才成就了网络零售这个新兴产业过去的产生和今天的飞速发展。我们可以大胆地预言，网上支付与结算的创新将进一步推动网络零售产业更快速地发展。

本教材立足于网上支付与结算的理论和实践应用两个方面，首先对支付结算基础与电子支付的概念与发展趋势进行简要概述，介绍结算账户管理、电子支付应用系统、电子银行清算体系等内容；然后对网上支付与结算应用的相关问题进行梳理和分析，包括移动支付与电话支付、第三方支付、微信公众号与服务商支付、电子商务支付系统等多个方面；最后在电子商务支付系统的安全及发展创新应用方面进行探讨。本教材论述严谨，结构合理，条理清晰，其能为当前的网上支付与结算应用相关理论的深入研究提供借鉴。

由于时间和经验等原因，教材中不免有不妥之处，我们殷切地期望大家能够给我们提出中肯、宝贵的意见。

CONTENTS

目　录

第一章　支付结算基础与电子支付

第一节　支付结算概述

一、支付结算的产生

（一）支付结算的起源

人类在有商品交换的交易早期进行的是物物交换。物物交换是指人们用自己拥有的商品直接与他人交换自己所需要的商品。在人类社会处于原始经济状态下，物物交换就可以满足人们对商品交换的需求。但是，随着人类社会商品经济的发展，特别是专业化生产和大规模生产方式出现后，物物交换的效率就显得十分低下，不能满足人类社会发展的需要。为了解决物物交换低效率的问题，货币就产生了。货币作为交易媒介，可以克服物物交换低效率的问题，从而推动人类社会商品经济的发展。

现代商品经济中，商品的交换都是通过货币这一媒介来完成的，这一过程是通过货币媒介两次完成的，即先获得货币，然后付出货币得到所需要的商品。在这一过程中，获得货币和付出货币的过程即货币转移过程，就是支付的过程。由此看来，支付是伴随货币的出现而产生的，支付是货币最为重要和本质的功能。没有货币，就没有支付，而没有支付功能的货币也就无法称之为货币。支付为实现商品交换提供了服务，从而促进了商品的生产与交换。

随着人类社会经济的发展，货币转移这一支付过程越来越复杂，为了使支付顺利、快捷、高效、安全地进行，出现了一系列支付工具和支付系统，也出现了专门为支付服务的专门组织和机构。现代银行业的出现，就是支付发展的必然产物，银行业也就逐渐成为支付服务的主要提供者，各商业银行通过提供银行账户，提供各种支付工具，如汇兑、支票、汇票等，为企业和个人提供安全、可靠、方便、低成本的支付服务；中央银行的形成，使之逐渐成为货币的发行者，同时向商业银行提供跨行、跨境支付服务；银行卡组织的出现，为参与银行卡交易的参与方提供支付清算等服务。随着电子计算机和信息科学技术的发展，支付信息从人工传递、电报和通信网络传输逐渐发展到通过电脑或其他移动终端电子设备来处理，支付结算已进入现代支付阶段。

（二）支付的定义

人类经济从原始的物物交换发展到以货币作为媒介进行交换，支付便产生了。货币在商品交换中的媒介作用就是支付作用，"一手交钱，一手交货"的方式就是支付的原始概念。

那么，什么是支付（payment）呢？支付的英文单词源于动词"安抚"（pacify），其概念与中世纪实行的赎罪金有关，即犯罪的一方向受害者支付一笔罚金以避免发生流血事件。在现代用法中，支付一词逐渐演化为描述交易者之间的资金转移行为。

目前，国内对支付没有统一的定义，一般将"交易中的债权债务的清偿"定义为支付。国际上对支付主要采用国际清算银行支付结算体系委员会（BIS CPSS）的支付定义为：完成付款人向收款人转移可以接受的货币债权的过程。这些货币债权的形式可以是对本国或者外国中央银行的货币债权（中央银行货币），也可以是对本国或外国商业银行的货币债权。

在该定义中并没有说明资金转移的方向。实际上，支付的发起方可以是付款人，也可以是收款人。如果支付的发起人是付款方，比如商业银行的汇兑服务，那么付款人将货币汇给收款人。一般情况下，我们将付款方发起的支付称为贷记支付。如果支付的发起方是收款人，比如支票，当收款人收到支票后，可以到其开户银行要求兑付，该银行则代其客户向开出支票的付款方要求付款。一般情况下，我们将收款方发起的支付称为借记支付。

该定义中另外一个需要说明的概念是货币。通常情况下，货币包括现金（银行券）和账户货币。目前，世界上所有主权国家的货币基本上都是中央银行发行的。基于中央银行的现金或账户货币形式被称为中央银行货币，而基于商业银行账户的货币形式被称为商业银行货币。例如，商业银行可以利用存放在中央银行账户中的人民币完成一笔外汇交易的人民币支付，在这一交易中，使用的货币是中央银行货币；而一家企业可以通过其开户银行的账户，完成一笔购买机器的交易，在这一支付中，使用的是商业银行货币。

基于现金的支付被称为现金支付，而基于账户的支付被称为非现金支付。在基于账户的支付形式中，客户一般需要使用所谓的支付工具。客户通过该支付工具向其所属的开户银行发出支付指令，银行根据客户支付工具发出的支付指令，代客户转移资金。支票和银行卡就是典型的支付工具。

（三）支付的过程

国际清算银行支付结算体系委员会将支付处理过程划分为三个标准化过程，即交易过程，清算过程和结算过程。这三个过程分述如下。

其一，交易过程。包括支付的产生、确认和发送，特别是对交易有关各方身份的确认、对支付工具的确认以及对支付能力的确认。

其二，清算过程。包含了在收付款人金融机构之间交换支付工具以及计算金融机构之间待结算的债权，其中支付工具的交换包括交易撮合、交易清分、数据收集等。

其三，结算过程。这是完成债权最终转移的过程，包括收集待结算的债权并进行完整性检验、保证结算资金具有可用性、结清金融机构之间的债权债务以及记录和通知各方。

二、支付结算的作用

（一）支付结算的相关概念

传统意义上的支付结算业务是指银行为单位客户和个人客户采用票据、汇款、托收、信用证、信用卡等结算方式进行货币支付及资金清算提供的服务。支付结算业务是银行的中间业务，主要收入来源是手续费收入。传统的结算方式是指"三票一汇"，即汇票、本票、支票和汇款。在银行为国际贸易提供的支付结算及带有贸易融资功能的支付结算方式中，通常是采用汇款、信用证及托收。从信用证和托收中又派生出许多带有融资功能的服务，如打包贷款、出口押汇、出口托收融资、出口票据贴现、进口押汇、提货担保等。近年来，又出现了电子汇兑、网上支付等结算方式。

1. 结算

结算（Settle Accounts）通常是指那些伴随着各种经济交易行为的发生，交易双方通过进行债权债务清偿的货币收付行为。结算分为现金结算和非现金结算两种形式。结算通常是指银行与客户之间的关系，结算业务通常由商业银行操作。实现结算业务与服务的计算机信息系统统称为结算信息系统。20 世纪 80 年代，中国人民银行推出了以"三票一卡"为主的结算方式，其中的三票是指本票、支票和汇票，一卡是指信用卡。从那时起我国开始大力推广和使用信用卡，为个人消费提供了新的支付工具和支付方式。

2. 清算

清算（Clear Accounts）通常是指那些伴随着各种结算业务发生的，需要通过两家以上银行间往来或通过当地货币清算系统的清算账户来完成的货币划转。清算分为同城清算和异地清算，是进行债权债务的货币收付行为。清算与结算不同，结算通常是指银行与客户之间的关系，清算是指银行和银行之间的关系。从发生的过程来看，发生结算之后，才有清算。通常清算业务是由中央银行进行操作，或由中央银行管理下的独立于各商业银行之外的机构进行操作。

3. 支付

在经济生活中，每个人都会发生交易行为，交易的结束必然伴随物品所有权的转移，而支付就是商品或劳务的转移以及债务的清偿过程。一般将支付定义为：为了清偿商品交换和劳务活动引起的债权债务关系，由银行所提供的金融服务业务。支付活动本源于交换主体之间的经济交换活动，但由于银行信用中介的结果，演化为银行与客户之间、客户开户行之间的资金收付关系，而银行之间的收付交易，又必须经过中央银行进行清算。

根据定义，支付可以被认为是在履行货币债务中，任何提供和接受的货币赠与、货币贷款或某种行为。该定义包括了两层含义。

其一，支付通常包括货币债务清偿，但不一定必须包含货币的交付和转移。例如，当出现同等金额的可抵消结算时，就不会出现货币的转移；而当出现相同价值的物品的对换时，甚至不需要货币的出现。

其二，不仅对于支付方而言，对于接受支付的接收方而言，支付是一种行为，这是支付与偿付的区别，而在一些商业活动中，支付和偿付没有区别。所以，支付是伴随商品经济的发展而形成的债权人和债务人之间资金转移偿付行为，它是市场经济和现代金融活动的基本行为之一。

（二）支付结算的作用

经济中的基础活动是交易，任何有价的交易，都需要支付服务来完成最终的交易，实现价值转移。因此，支付作为货币资金转移过程，是经济活动中的重要环节，也是现代经济运行的基础之一。可以说，某种意义上，支付结算的安全和效率决定着市场经济运行的安全和效率。

1. 支付结算的作用

随着银行业的发展，支付服务逐渐成为金融服务的重要组成部分，而随着金融服务的不断发展，逐步产生了债券市场、股票市场、保险市场等。这些市场每天都有巨大的资金进进出出，需要更为复杂的资金调拨、清算和结算服务系统。这些支付系统逐渐构成庞大的网络，支配着经济活动中资金的流动。通常，我们把提供支付服务的关键系统，特别是清算系统和结算系统统称为金融基础设施。这些金融基础设施虽然肉眼不可见，但它们在经济社会中的作用类似于高速公路和基础通信网络那样的基础设施。

为了安全和高效地完成经济社会所需的支付服务，各国中央银行除了承担一国支付系统的监管之外，通常还提供最终支付资产的运营银行之间及市场间的重要的支付系统。商业银行承担为广大企业和个人客户提供支付产品和支付系统的功能。此外，为了不同市场、不同应用环境和不同技术条件下的支付安全和效率，各国还建立了为银行等金融机构清算和结算便利的金融服务机构，如票据清算所、证券结算公司、期货结算公司等清算结算机构，产生了诸如银联、VISA、MASTER这样的银行卡组织，以及八达通、支付宝、财付通等支付服务机构。这些支付服务机构与支付系统共同构成了支付服务的市场体系。

支付结算除了帮助交易双方完成交易外，还具有以下重要和独特的作用。

（1）减少现金使用量，提高资金使用效率

例如，银行卡的使用，减少了钱包里的现金，增加了银行的存款，增加了社会资本量。另一个例子是银行间清算制度中采用多边净额模式。由清算所计算各个银行在结算时点的应付款和应收款，银行只需付出结算时点前的资金差额，而没必要付出每一笔的资金，大大节约了整个经济社会需要的资金量。

（2）降低交易风险，提高经济社会抗风险程度

首先，非现金支付结算方式提高了现金管理的效率，降低了交易中货币运输、假钞等的风险。其次，支付结算法律的发展，使得支付结算在法律的框架下运作，通过支付结算的行为规范和规范经济中的交易行为，支付结算成为安排市场经济的重要支撑。最后，现代支付结算中引入了许多支付结算模式，以保证支付结算双方的利益，降低风险，如中央对手方的引入。所谓中央对手方是指在支付过程中，同时作为所有买方和卖方的交易对手并保证交易顺利完成的主体，一般由专门机构充当。如果买卖当中有一方不能按照约定条件履约交收，支付机构依照结算规则向守约方先行垫付其应收资金。这种模式下，如果中央对手方具有比交易双方更高的信用和市场地位，则可以采取如盯住市场、保证金制度等方式，提高交易的履约率，降低交易风险。另外，在外汇交易中引入同时支付模式也可以大大降低外汇交易的风险。所谓同时支付（PVP），是指交易双方的支付当且仅当对方支付时才发生。在外汇交易中，任何一方将本金支付给对方的时候，即暴露在是否能完成交易合同的风险之中。如果交易采取PVP模式，那么就不会发生所谓的赫斯塔特风险了。

支付结算系统中的支付结算数据，是衡量经济发展、预测经济风险、企业和个人征信以及研究各种经济问题的重要数据来源。

综上所述，支付结算对经济的稳定发展起到了非常重要的作用。可以说，现代经济活动离不开支付结算，支付结算是现代经济不可或缺的一部分。

2. 支付体系的重要作用

安全、高效的支付体系对于畅通货币政策传导、密切各金融市场有机联系、加速社会资金周转、提高资源配置效率、防范金融风险以及方便人们的生产生活具有重要意义，也

有利于推动金融工具创新、培育社会信用、改善金融服务。支付体系是一国金融服务体系的重要组成部分，是经济运行的基础。支付体系的发展和支付效率的提高能够有效地促进经济金融的发展和社会进步，影响人们的生活方式，提高生活质量。支付体系和百姓生活息息相关。

金融系统的基本功能就是在不确定环境中进行资源的时间、空间配置，而这些基本功能又可以分为三大功能。

（1）便利支付与结算的功能

金融体系提供完成商品、服务以及资金清算和结算的工具。

（2）聚集和分配资源的功能

金融体系能够为企业和家庭的生产和消费筹集资金，同时还能将聚集起来的资源在全社会重新进行有效分配。

（3）风险分散的功能

金融体系既可以提供管理和配置风险的方法，又是管理和配置风险的核心。风险的管理和配置能够增加企业和家庭的福利。

3. 支付系统在社会经济生活中的作用

①支付系统是维系社会正常运转的基础之一。②支付系统的运行效率制约着经济运行效率。经济运行效率是经济发展和实现经济增值的核心问题之一。③支付系统与契约经济和契约社会息息相关，是契约社会资金流转的中枢。④支付系统信息是宏观经济决策的依据之一。⑤支付系统运行事关经济安全和社会稳定。⑥支付系统是经济全球化进程中资金移动的载体。

三、支付结算的意义

自 1997 年中国人民银行颁布实施《支付结算办法》颁布以来，我国的政治、经济、市场环境发生了深刻的变化，互联网在人们日常生活中的大力发展，新经济的出现，大众创业、万众创新形成的新局面，使得现行的支付结算体系已经不能适应人们日常生活和互联网经济的需要，因此，我们迫切需要建立新的支付结算体系。而在现行的支付结算体系中，银行本票已经基本上退出了中国人民银行票据交换系统，支付宝、微信、网上银行支付等新的结算办法已在各个单位和个人中广泛使用，但是仍未纳入《支付结算办法》进行管理。为了更好地发挥支付结算的便利性，为实体经济发展服务，完善和规范我国的支付结算体系，需要制定新的支付结算办法，将支付宝、手机银行、网银支付等纳入新的支付结算办法中来。

（一）《支付结算办法》在我国交易行为中的作用

支付结算是我国国民经济活动的一大重要组成部分。作为一种法律行为，从宏观上讲，支付结算是金融体系的重要保障，是保证金融活动顺利进行的基础，同时也是中国人民银行履行监管职责的一大基础；从微观上说，支付结算也是转账结算，它是企业进行生产经营活动的重要前提，是维护企业利益、保护规范交易行为的法律基础，是每个人生活中不可缺少的必要条件。

1.《支付结算办法》有利于宏观经济的稳定发展

《支付结算办法》帮助维护了我国金融体系的稳定，为我国经济的发展起到了保驾护航的重要作用。《支付结算办法》已经实施了多年，中国人民银行通过实施《支付结算办法》，规范了四个票据和汇兑、委托收款、托收承付、国内信用证等结算方式出票、传递、款项支付、会计核算等行为，使单位的资金全部在银行之间流动，市场的资金流得到了有效控制，维护了我国金融市场的秩序，既保证了企业和单位的资金需求，又未使通货膨胀产生，同时又有利于金融市场的宏观调控。

2.《支付结算办法》规范了商业银行的经营行为

《支付结算办法》实施以来，单位的资金往来全部纳入商业银行的管理范畴，这样进一步扩大了商业银行的金融资产规模，不仅帮助商业银行吸收单位的存款，还进一步将社会的金融资本吸收进来，创造了企业发展的条件，同时，也壮大了商业银行的发展，拓宽了商业银行中间业务，使我国的商业银行进入国际化发展空间，融入世界银行的体系，这样提升了商业银行的核心竞争力，为我国的商业银行进入世界五百强创造了发展的空间、奠定了基础。

3.《支付结算办法》的实施，为企业的生产经营活动和预算单位提供了标准的会计核算环境和资金的安全保障

支付结算业务法规制度的完善，保障、维护了结算秩序，加强了对企业违规行为的监督；适应了电子业务发展的要求，增强了法规制度观念和严格执行制度的行为责任。

支付结算管理体制的完善，降低了支付体系监管的协调成本，提高了支付体系监管的效率。《支付结算办法》的推广，统一了票据和各种结算方式填写、办理、银行服务、资金到账和会计核算程序，保证了企业和单位的资金需求，也为企业的生产经营活动创造了良好的外部环境，让资金在安全的商业银行体系间流动，节约了时间成本和财务成本，避免了大量资金游离于商业银行体系之外，消除了通货膨胀的隐患，为单位的会计核算创造了非常有利的条件，真正实现了安全、快捷、高效。

（二）新结算方式及其重要性

随着我国经济的高质量发展、互联网经济和互联网金融的出现，必须将出现的各种新结算方式纳入支付结算中，网上银行、手机银行、第三方支付平台（如支付宝、余额宝）等新的结算方式将和现有的支付结算共同构成我国新的支付结算体系，为现代化经济服务，支持实体经济的发展。

1. 新支付结算方式具有无可替代的优越性

传统的票据和结算方式从交易完成到款项收回至少有 1~7 天划款期，资金处于在途运动中，对企业的生产经营活动是个损失，也影响了资金的利用效率；同时，还需要财务人员时时去开户银行不断询问，有时间成本和财务成本。而新的结算方式，不管是网上银行、手机银行，还是支付宝和余额宝，款项是瞬间到账，这是原来的支付结算办不到的，所以说新支付结算方式具有无可替代的优越性。

2. 新支付结算方式将成为我国支付结算的主体

近几年，随着互联网的快速发展，互联网金融创新了我国支付结算、会计核算和会计监督体系，改变了现有的交易规则，不仅节约了财务费用，更提高了资金到账的效率，随着互联网金融的大量推广和使用，传统的票据和结算方式必将被新的结算方式所替代，成为我国支付结算的主体。例如 ATM 机是使用范围最广的新型支付结算手段，计算机技术的快速发展和互联网的迅速普及，使得网络银行成为人们的重要支付手段。近年来，随着智能手机的广泛普及，手机银行逐渐成为人们支付手段的首选。这些新型支付结算业务有一个共同的特点，就是均采用高科技的网络技术，资金可以在全国各个地方的各个银行之间划转，并且方便快捷。

3. 新支付结算方式提高了使用者的隐秘性，增加了交易的安全性

不论是自助银行、网上银行，还是手机银行、电话银行，这些结算业务都需要进行网络注册，并且由交易者自行设置交易密码，交易方式也不再是客户与银行工作人员之间的面对面交流，而是自助完成支付交易，这样就导致了相关工作人员无法实时掌握客户的交易行为，支付结算的隐秘性较高，因此，提高了交易结算的安全性。

四、支付结算的管理

（一）支付结算管理的主要任务

①贯彻执行支付结算法律、法规，保障支付结算活动正常进行。②依法管理支付结算，查处违规违纪行为。③组织推广以票据为主体的支付工具，不断改善支付结算技术手段。④完善内控机制，防范支付清算风险。⑤组织开展支付结算业务宣传、培训，努力提高支付结算服务水平。⑥开展支付结算调查分析，搞好支付结算综合反映。

（二）支付结算风险及分类

支付系统中，系统性风险的主要来源是结算风险，即结算"未按照预期发生"而产生的风险。结算风险主要分为四个方面：信用风险、流动性风险、操作风险和商业风险。分别定义如下。

1. 信用风险

指系统中的某个参与者在支付结算系统中不能履行偿还义务，导致其他成员出现不可预见的直接损失的风险。

2. 流动性风险

指某个或某些参与者因所持有的结算资产流动性不足，引起系统中流动中断，导致自身和其他参与者结算延迟或失败的风险。

3. 操作风险

指由于技术故障，或其他造成支付系统（或其核心组成部分）运营中断的原因，或其参与者的上述原因导致损失的风险。

4. 商业风险

指因财务压力等因素导致支付系统（或其核心组成部分）服务供给中断或终止所产生损失的风险。

支付系统的设计，特别是结算频率会影响支付系统中的信用风险。在延迟净额结算系统（DNS）中，最终结算发生前，如果某些支付款项已经贷记到客户的账户上，将产生银行间的信用敞口，一旦系统中的某个参与者结算失败，会导致风险在系统中的传染。在实时全额支付系统（RTGS）模式下，每一笔递交到系统中的支付指令都分别实时最终地完成结算，从而消除了延迟结算导致的银行间信用风险。

流动性风险则在 RTGS 系统中表现得更为显著。RTGS 系统具有"流动性饥渴"的特征，即参与银行需要更多的流动性对支付进行实时结算，而持有流动性具有成本，所以RTGS的直接参与者有延迟非时间关键性支付的动机，希望汇入的款项能够为汇出支付提供流动性。但是，如果所有的银行都这样做，则会产生系统僵锁的风险：所有的参与者都依赖于汇入流动性，但是没有任何人去充当（或愿意充当）第一个付款人。

许多研究倾向于关注信用和流动性风险，但操作风险和商业风险显然也是非常重要的，特别是在基础设施集中化的情况下，所谓"单点失灵"的问题会逐渐突出。中央基础设施的操作能力以及成员结算行正常处理支付的操作能力，可能会受到多重因素损害：内部因素如系统自身的技术故障，或操作导致的技术故障；外部因素如总电源故障或是自然灾害等。

另一方面，商业风险是支付系统提供者无力偿还债务而导致的风险。解决商业风险最简洁明了的方式是对支付系统资本金的要求。其他的措施包括确保基础设施提供者申请关键资产破产隔离，或是采取一些事前措施，当商业风险形成时，这些措施能够确保系统参与者在财务支持方面有足够的准备。

（三）支付结算风险的管理

1. 信用风险

信用风险主要体现在延迟净额结算系统中，信用风险的管理包含了一系列系统设计及监管法规方面的措施。

（1）法律稳健轧差

延迟净额结算系统减小信用风险敞口的最基本措施是拥有坚实的法律协议以确保双方或多边的净额轧差安排的可执行。净额结算最关键的风险来自破产法：在一些司法体系中，净额债务协议的约束力是不被承认的。如果银行间支付的最终性没有确保，即如果支付是可撤销和无条件的，清算者就能强制解除净额结算协议。DNS中用户间的总风险敞口要比其净头寸大几个数量级，这使得一些参与者无法满足其自身的债务责任。因此，违约会相继发生，并在系统中引发"多米诺效应"。如果DNS跨越国境运行，或者拥有国外的用户，需要确保在所有相关司法体系中净额结算安排都具有法律效力。

（2）净额结算的局部解退

在具有法律稳健轧差的架构下，DNS通常具有对应的规则和技术算法可以使得即便有参与方发生违约也可以实现结算规模最大化。一个可选方案就是局部解退：系统中的幸存成员间的净额结算会被保留，但是违约成员发出的部分或所有交易会从净额计算中去除。尽管优于完全解除净额结算，但这种方案仍然可能导致一些参与者面临大规模的未预期风险敞口，可能触发间接违约。

（3）准入标准

结算系统对参与者采用较高的财务状况和法律地位来要求，可以降低成员因违约造成的结算被解退的概率，即系统的直接参与者会局限于受到严格审慎监管，对系统实体和接入中央银行设施的系统实体的信用评级极高。最终，风险管理的优先权可能会与竞争和效率的目标相冲突。此外，受限的会员资格会在系统中形成多层次，同样有其自身的风险。

（4）净借记上限

许多DNS允许参与者和系统操作者设置银行对另一家银行的（双边）信用风险敞口

限额，或者对其他所有银行的（多边）信用风险敞口限额。系统操作者能够利用所有银行的双边限额信息来判断银行的风险，从而进一步限制单个银行的净借记限额。如果限额能够实现实时调制，参与者就可以根据其他参与者的实时信用状况来做出迅速反应。在事前，这样的特性可以在参与者中保持良性的激励来实现彼此间的监督和能动的流动性管理，这样一来，发生信用事件的可能性就会降低。然而，净借记上限的主动改变会通过耗尽问题银行的流动性而加速信用事件的发生，这也是一种风险。

（5）损失分担及质押担保

防止净额结算系统出现成员序贯违约的一种更为稳健的方式，是拥有适当的损失分担机制，即利用违约者剩余资金和事前宣布的存在银行的出资份额来弥补出现的任何资金缺口。这个过程通常是通过要求成员共同为质押资金池出资来实现的，这个资金池一般由系统结算代理机构持有和管理。

2. 流动性风险

RTGS参与者会在延迟成本和流动性成本之间做出权衡。参与者的日间流动性通常是通过结算机构（一般是中央银行）得到的，流动性成本取决于现存的质押或者价格体制。延迟支付也有成本，会造成参与者自身声誉或资产的损失。

世界各地的中央银行采取了各式各样的方法对流动性风险进行管理，迄今为止并不存在单一最优方法。相反，合适的政策具有极大依赖于当地环境的特征。

（1）降低日间担保信贷的机会成本

大多数中央银行基于质押品来提供日间流动性。一些中央银行使用回购协议，在用户结算账户上贷记所借出的金额；其他的中央银行提供基于质押品的透支便利。然而在经济上，确切的法律细节并不重要，只要这些安排有坚实的法律基础，并且采取了恰当的"垫头"。

担保施加给系统参与者的成本取决于持有中央银行合格资产的机会成本。影响机会成本大小的因素包括：中央银行愿意接受的质押品的范围、流动性管制对银行资产负债表上资产构成的影响、货币政策执行的安排，以及把质押品交付到中央银行的难易程度。

目前，中央银行提供日间信贷时接受以外币表示的质押品变得越来越普遍；中央银行也可能通过接受比政府证券具有更高收益的资产来拓宽其质押品资格标准，从而降低机会成本；另外一个可能影响银行提供质押品机会成本的因素是审慎流动性管理机制。一些国家采取的形式是"存量要求"：银行必须持有由合格流动资产组成的一个审慎组合，要求该组合能满足短期内极端但可信的流动性流出。

（2）促进流动性有效循环

银行管理其支付活动的方式也会影响流动性需求。在RTGS系统中，汇入支付流对银行而言可能是日间流动性的一个重要来源，并为支付系统成员间的战略合作创造了可能性。如果所有银行在全天都维持一个较好的对外支付流，日间流动性就可以有效循环，并会显著降低总流动性需求。

促进流动性有效循环的一种方法是引入一种集中协调机制，比如吞吐量规则，即系统经营者可以要求银行在日间特定时点前发送其总日间支付的一定比例。

许多国家都采用了吞吐量规则或准则来鼓励银行协调它们支付的提交。例如：英国的

CHAPS 系统对成员行实施了两条基于金额的吞吐量规则，要求银行必须在 12：00 和 14：30 分别至少提交日支付总价值的 50% 和 75%。加拿大大额资金划拨系统（LVTS）的用户在一天中有三个时点同时面临基于支付金额和基于支付笔数的吞吐量准则。日本大部分支付金额都在系统运作的第一个小时处理。在挪威，指令的发送集中在中午的半小时。在瑞士银行间清算（SIC）系统中，单位处理费在整天中梯次上涨，这促进了支付指令的尽早提交。

3. 操作风险

随着行业的发展和基础设施规模递增效应的存在，基础设施的供应逐渐走向集中化。集中化以及缺乏基础设施提供商服务的替代品导致了单点失灵的风险，增加了操作冲击对金融市场的潜在影响。在某些情况下，集中化还可能增加操作风险和商业风险发生的概率。

降低单点失灵风险的常用途径包括：项目管理尤其是在系统进行升级时的高标准；严格的风险管理程序；应对外部事件的适当的业务连续性计划。

此外，灾难管理演练越来越被视为探索关键基础设施供应商操作失灵后果的有用工具。这类演练的好处之一是，它可以反映现有的应急措施是否足够，应急措施之间是否有足够的沟通，以及这些措施是否建立在成员对相关冲击做出反应这一现实假设之上。

4. 商业风险

在很多情况下，支付结算系统会显现商业风险，并可能最终导致支付系统关闭，给系统参与者或者更广泛的经济活动带来损失。

可以实施的用于增强商业风险应对弹性的控制措施包括：①强制的资本充足率要求，以确保对财务冲击进行缓冲。②合法分离基础设施运营所需的关键资产和供应商的其他商业活动，以防止其他部分商业活动失败时债权人动用关键资产。③对供应商提供的基础设施服务以外的其他活动进行强制性监管限制。

（四）互联网支付结算的监管

近年来，随着互联网技术和金融业务的深入结合，互联网金融蓬勃发展。互联网金融对支付结算业务产生巨大影响，极大地优化了支付服务、带来了业务创新，由此产生了互联网支付产业。互联网支付产业是网络产业和金融产业两个产业交叉融合发展的产物，随着市场规模的不断扩大，一些新的经济技术特点在产业发展中不断出现。互联网支付是网上交易中最重要的环节，该环节对安全性和准确性要求非常高。互联网支付是电子支付的一个重要表现形式，它大大提高了电子商务的便利性和快捷性，使得网上交易更加安全，从而吸引了更多的消费者使用互联网支付，交易规模随之大幅度扩大。

1. 互联网支付监管现状

在互联网支付高速发展的同时，也出现了很多问题。例如，企业盈利模式不明晰、经营资质不明确、信用卡套现、沉淀资金利息分配、缺乏市场监管等。在之前，我国并未出台专门的法律来对互联网支付领域进行监管，都是参考相关法律，行业界定及发生纠纷之后的权责界定都比较模糊，同时我国互联网支付行业并没有一个专门的机构来对其进行监管。因此，在这个时期，我国的互联网支付产业在无监管下自由发展，随之而来的就是该产业暴露出大量的问题，同时也制约了自身的发展。《非金融机构支付服务管理办法》的颁布，从行业角度制定了互联网支付行业的一些基础规范，如准入门槛、风险控制、备付金等，力求保障消费者的资金安全，维护消费者的合法权益，此举不仅鼓励了金融创新，更顺应了社会的要求，维护了金融稳定，将对我国金融体系的创新及健康发展产生深远意义。《支付机构互联网支付业务管理办法（征求意见稿）》的颁布标志着我国互联网支付行业进入了一个严厉监管的时代，并且随之发放了第三批支付牌照，获得支付牌照的企业在被央行纳入正规监管的同时，也获得了广阔的发展空间，企业在监管下的正常发展也会促进整个行业的健康发展。

2. 互联网支付监管措施

（1）健全互联网支付行业的法律法规

《非金融机构支付服务管理办法》和《支付机构互联网支付业务管理办法》的颁布，在一定程度上降低了企业的违约率，起到了督促支付企业合法经营的作用。两个法规的出台，对互联网支付的准入管理、沉淀资金监管和消费者权益保护等方面做出了明确规定，但上述法规仍存在一些问题需要进一步完善。

（2）消费者网络隐私保护

根据现有的互联网支付相关法律法规的规定，要求互联网支付机构对客户的个人信息和商业机密进行保密，但是这些都是实物化的信息，并未对客户的网络支付隐私做出明确规定，即当客户隐私受到侵害、无法认定侵权人是否为互联网支付机构时，客户损失该由哪一方来赔付。

（3）互联网支付机构业务外包

现有法规并未规定互联网支付机构不能将其业务外包，因此可能产生由于业务外包而给消费者带来损失的风险，并且该由哪方做出赔偿这方面未做出规定。

（4）互联网支付的违法行为

互联网支付机构在日常交易中很难直接识别资金的真实来源和去向，监管机构也不能监控资金的转移，再加上互联网支付的迅猛发展及其本身的便利性和低成本，更加滋生了利用互联网支付进行的违法犯罪活动。因此，相关法律法规在制定的时候应该将这些违法犯罪行为纳入考虑之中，制定合理的规则来遏制互联网支付的违法行为。

（5）利用现代科技监控互联网支付交易过程

互联网支付的交易过程主要是资金流和物流实行账户绑定，控制资金流，卖方在提供提货单等单据信息后才能在支付平台开设一个与银行账户同名的虚拟账户，而这些单据所含信息可以在工商、质检、税务等机构的平台上共享，相关部门可以介入以保证单据的真实性，此虚拟账户在交易期间只能绑定一个银行账户且不能改变，在交易成功之后，虚拟账户和资金来源账户冲抵，直接从备付金专业存款账户划拨相应资金到卖方银行账户。此举实现了对货物和资金来源去向的定位，可以有针对性地拦截违法交易活动，实现对交易过程资金流的监控。

（6）利用物联网，监控物流

物联网使用到的技术主要有射频识别、红外感应、GPS全球定位、激光扫描等信息传感技术，只要将物品的信息与互联网对接，就可以实现对物品的定位、跟踪、监控，可利用物联网，全方位跟踪定位货物，保证贸易的真实性。

（7）构建互联网支付监管体系

在互联网支付的监管主体上，虽然《非金融机构支付服务管理办法》明确了中国人民银行（以下简称"人民银行"）的监管主体地位，互联网支付企业从事的资金的清算结算业务也符合人民银行职责中的"维护支付清算系统正常运行"一项。同时，互联网支付企业产生的沉淀资金可能引发的风险会直接影响货币供应量，这属于人民银行监管范围。但是部分互联网支付企业开立的结算账户提供的结算服务，具有跨行转账功能，这是商业银行在日常经营中的业务，而商业银行的业务由银行保险监督管理委员会负责监管。信息产业部门作为推进信息化建设、维护信息安全的主要管理部门，互联网支付过程中的信息安全、隐私保护，都属于信息产业部门的监管范围。所以综上，我国应该构建以人民银行为主、银行保险监督管理委员会和信息产业部门为辅的监管体系。

（五）支付结算的原则

支付结算的基本原则是单位、个人和银行在进行支付结算活动时所必须遵循的行为准则。根据社会经济发展的需要，在总结我国改革开放以来结算工作经验的基础上，行业主管部门针对支付结算行为，确立了"恪守信用，履约付款；谁的钱进谁的账，由谁支配；银行不垫款"的三项基本原则。中国人民银行发布的《支付结算办法》也肯定了该三项原则。

1. 恪守信用，履约付款的原则

这一原则要求，结算当事人必须按照共同约定的民事法律关系来享受权利和承担一定的义务，严格遵守信用，依约履行付款的义务，尤其是要按照合约规定的支付时间和支付内容来进行相应的支付。该原则对付款人具有一定的约束力，是维护经济合同秩序，保护当事人利益的重要保证。

2. 谁的钱进谁的账，由谁支配原则

即银行在办理结算时，必须按照存款人的委托，将款项支付给其指定的收款人；对存款人的资金，除国家法律另有规定外，必须由其自由支配。

这一原则主要在于维护存款人对存款资金的所有权或经营权，保证其对资金的自主支配权。银行作为资金结算的中介机构，在办理结算时必须遵循存款人的委托，按照其意志，保证将所收款项支付给其指定的收款人；对存款人的资金，除国家法律另有规定外，必须由其自主支配，其他任何单位、个人以及银行本身都不得对其资金进行干预和侵犯。这一原则既保护了存款人的合法权益，又加强了银行办理结算的责任。

3. 银行不垫款原则

即银行在办理结算过程中，只负责办理结算当事人之间的款项划拨，不承担垫付任何款项的责任。

这一原则主要在于划清银行资金和存款人资金的界限。根据该原则，银行办理结算只负责办理结算当事人之间的资金转移，而不能在结算过程中为其垫付资金。这一原则有利于保护银行资金的所有权或经营权，也有利于促使单位和个人以自己所有或经营管理的财产直接对自己的债务承担责任，从而保证了银行资金的安全。

上述三项原则既可单独发挥作用，也是一个有机的整体，分别从不同角度强调了付款人、收款人和银行在结算过程中的权利义务，从而切实保障了结算活动的正常进行。

第二节 结算账户管理

一、结算账户概述

人民币银行结算账户（简称银行结算账户），是指银行为存款人开立的办理资金收付结算的人民币活期存款账户。

银行结算账户的分类具体如下。

（一）按存款人不同，分为单位银行结算账户和个人银行结算账户

存款人以单位名称开立的银行结算账户为单位银行结算账户，个体工商户凭营业执照以字号或经营者姓名开立的银行结算账户纳入单位银行结算账户管理。

存款人凭个人身份证件以自然人名称开立的银行结算账户为个人银行结算账户，个人银行结算账户是自然人因投资、消费、结算等而开立的可办理支付结算业务的存款账户。

（二）单位银行结算账户按用途分为基本存款账户、一般存款账户、专用存款账户和临时存款账户

1. 基本存款账户

基本存款账户是存款人因办理日常转账结算和现金收付需要开立的银行结算账户，是存款人的主办账户，用于存款人日常经营活动的资金收付及其工资、奖金和现金的支取。存款人只能开设一个基本存款账户，对于已在其他银行开立基本存款账户的单位客户，不得再为其开立基本存款账户。

2. 一般存款账户

一般存款账户是存款人因借款或其他结算需要，在基本存款账户开户银行以外的银行营业机构开立的银行结算账户，用于办理存款人借款转存、借款归还和其他结算的资金收付，该账户可以办理现金缴存，但不得办理现金支取。基本存款账户开户行不得为存款人开立一般存款账户；其取得的贷款，通过基本存款账户核算。

3. 专用存款账户

专用存款账户是存款人按照法律、行政法规和规章，对其特定用途资金进行专项管理和使用而开立的银行结算账户。用于办理各项专用资金的收付，单位银行卡、财政预算外资金、证券交易结算资金、期货交易保证金、信托基金专户资金开立的专用存款账户不得支取现金。其他专用存款账户支取现金应按照中国人民银行现金管理规定办理。

4. 临时存款账户

临时存款账户是存款人因临时需要并在规定期限内使用而开立的银行结算账户，用于办理临时机构以及存款人临时经营活动发生的资金收付，其期限须根据相关开户证明文件确定，若遇展期必须在有效期内办理有关手续，有效期最长不得超过2年。支取现金应按照国家现金管理的规定办理；注册验资的临时存款账户在验资期间只收不付，注册验资金的汇缴人应与出资人的名称一致。

二、结算账户的开立

（一）单位账户开立

存款人申请开立单位银行结算账户时，应按《人民币银行结算账户管理办法》的有关

规定，填制开户申请书并提供相应的开户证明，其名称须与证明文件一致。银行应对存款人提交的证明文件的真实性、完整性、合规性进行认真审核，并与存款人签订银行结算账户管理协议，明确双方的权利与义务。

（二）个人银行结算账户的开户条件和证明文件

1. 个人银行结算账户的开户条件

①使用支票、信用卡等信用支付工具的；②办理汇兑、定期借记、定期贷记、借记卡等结算业务的自然人可根据需要申请开立个人银行结算账户，也可以在已开立的储蓄账户中选择并向开户银行申请确认为个人银行结算账户。

2. 开立个人银行结算账户应当提交的证明文件

银行业金融机构（以下简称"银行"）为开户申请人开立个人银行账户时，应核验其身份信息，对开户申请人提供身份证件的有效性、开户申请人与身份证件的一致性和开户申请人开户意愿进行核实，不得为身份不明的开户申请人开立银行账户并提供服务，不得开立匿名或假名银行账户。

银行为开户申请人开立个人银行账户时，应要求其提供本人有效身份证件，并对身份证件的真实性、有效性和合规性进行认真审查。银行通过有效身份证件仍无法准确判断开户申请人身份的，应要求其出具辅助身份证明材料。

有效身份证件包括：①在中华人民共和国境内已登记常住户口的中国公民为居民身份证；不满十六周岁的，可以使用居民身份证或户口簿。②香港、澳门特别行政区居民为港澳居民往来内地通行证。③定居国外的中国公民为中国护照。④外国公民为护照或者外国人永久居留证（外国边民，按照边贸结算的有关规定办理。⑤法律、行政法规规定的其他身份证明文件。

辅助身份证明材料包括但不限于：①中国公民为户口簿、护照、机动车驾驶证、居住证、社会保障卡、军人和武装警察身份证件、公安机关出具的户籍证明、工作证。②香港、澳门特别行政区居民为香港、澳门特别行政区居民身份证。③定居国外的中国公民为定居国外的证明文件。④外国公民为外国居民身份证、使领馆人员身份证件或者机动车驾驶证等其他带有照片的身份证件。⑤完税证明、水电煤缴费单等税费凭证。

军人、武装警察尚未领取居民身份证的，除了出具军人和武装警察身份证件外，还应出具军人保障卡或所在单位开具的尚未领取居民身份证的证明材料。

3. 个人银行账户实行分类管理

在现有个人银行账户基础上，增加银行账户种类，将个人银行账户分为Ⅰ类银行账户、Ⅱ类银行账户和Ⅲ类银行账户（以下分别简称Ⅰ规章、Ⅱ规章和Ⅲ规章）。银行可通过Ⅰ规章为存款人提供存款、购买投资理财产品等金融产品、转账、消费和缴费支付、支取现金等服务。银行可通过Ⅱ规章为存款人提供存款、购买投资理财产品等金融产品、限定金额的消费和缴费支付等服务。银行可通过Ⅲ规章为存款人提供限定金额的消费和缴费支付服务。银行不得通过Ⅱ规章和Ⅲ规章为存款人提供存取现金服务，不得为Ⅱ规章和Ⅲ规章发放实体介质。

（三）存款人在异地开立银行结算账户的开户条件和证明文件

1. 异地开立银行结算账户的开户条件

①营业执照注册地与经营地不在同一行政区域（跨省、市、县）需要开立基本存款账户的。②办理异地借款和其他结算需要开立一般存款账户的。③存款人因附属的非独立核算单位或派出机构发生的收入汇缴或业务支出需要开立专用存款账户的。④异地临时经营活动需要开立临时存款账户的。⑤自然人根据需要在异地开立个人银行结算账户的。

2. 异地开立银行结算账户，按相关账户提供开户证明文件外，还应当出具以下开户证明文件

①经营地与注册地不在同一行政区域的存款人，在异地开立基本存款账户的，应出具注册地中国人民银行分支行的未开立基本存款账户的证明。②异地借款的存款人，在异地开立一般存款账户的，应出具基本存款账户开户登记证和在异地取得贷款的借款合同。③因经营需要在异地办理收入汇缴和业务支出的存款人，在异地开立专用存款账户的，应出具基本存款账户开户登记证和隶属单位的证明。

三、结算账户的运用管理

（一）账户使用

存款人开立单位银行结算账户，自正式开立之日起 3 个工作日后，方可办理付款业务；但注册验资的临时存款账户转为基本存款账户和因借款转存开立的一般存款账户除外。个人结算账户的转账收付和现金存取，须按规定提供相关依据；储蓄账户不得办理转账结算。

（二）变更与撤销

存款人和银行必须按变更或撤销的相关要求，在规定工作日内办理相应的变更或撤销手续；存款人尚未清偿其开户银行债务的，不得申请撤销该账户；撤销账户必须核对账户余额，交回各种重要空白凭证和开户登记证。

（三）账户管理

人民银行是银行结算账户的监督管理部门，负责监督银行结算账户的开立和使用，纠正违规开立和使用银行结算账户的行为。各银行则应委派专人负责账户开立、使用和撤销的审查与管理，对已开立的单位银行结算账户实行年检，对一年未发生收付活动也未欠开户银行债务的账户，应通知存款人销户，逾期未销户的列入久悬未取专户管理。存款人不得出租、出借银行结算账户，不得利用银行结算账户套取银行信用。

第三节 电子支付应用系统

一、电子支付系统的构成和基本模式

电子支付系统是电子商务系统的重要组成部分。它是指消费者、商家和金融机构之间使用安全电子商务手段交换商品或服务，即利用现代化支付手段，将支付信息通过网络安全地传送到银行或相应的处理机构，以实现电子支付的系统。也就是说，电子支付系统是集购物流程、支付工具、安全技术、认证体系以及现代金融体系于一体的综合大系统。

（一）电子支付系统功能

不同的电子支付系统有不同的安全要求和功能要求，通常电子支付系统要求具备以下功能。

1. 实现对交易各方的认证

为保证交易的安全进行，必须对参与电子交易的各方身份的真实性进行认证，可以通过认证机构向各参与方发放数字证书，能使用数字签名和数字证书证实交易各方身份的合法性。

2. 用有效手段对支付信息进行加密

能够根据对安全级别的要求，采用对称密钥或公开密钥技术对传输的信息加密，并采用数字信封技术来加强数据传输的安全保密性，保证可靠的接受方，以防止被未授权的第三方获取真实信息。

3. 保证支付信息的完整性

为保护传输的数据完整无误地到达接收者，系统必须能够将原文用数字摘要技术加密后传送给接收者，接收者就可以通过摘要来判断所接收的消息是否被篡改。

4. 保证业务不可否认性

支付系统必须在交易的过程中生成或提供充分的证据，当交易出现纠纷时，能防止交易双方否认已发生的业务。能通过使用数字签名技术使发送方不能否认他所发送的信息；能使用数字信封技术使接收方不能否认他所接收的信息。

5. 能够处理网上贸易业务的多边支付问题

网上贸易的支付关系到客户、商家和银行等多方，其中传送的购货信息与支付指令必须捆绑在一起。商家只有确认了支付指令后才会继续交易，银行也只有确认了支付指令后才会提供支付。但同时，商家不能读取客户的支付指令，银行也不能读取商家的购货信息，这种多边支付的关系可以通过双重签名等技术来实现。

（二）电子支付系统的基本构成

电子支付系统是一个由买卖双方、网络金融服务机构、网络认证中心、电子支付工具和网上银行等各方组成的大系统。网络支付系统应该在安全电子交易 SET 协议或安全套接层 SSL 协议等安全控制协议的环境下工作，这些涉及安全的协议构成了网上交易的可靠环境。网上交易与支付环境的外层，则由国家及国际相关法律、法规的支撑予以实现。

下面我们对电子支付系统的组成部分作一简要的说明。

1. 客户

客户一般是指与某商家有交易关系并存在债务的一方。客户用自己拥有的支付工具进行电子支付，是支付系统运作的原因和起点。

2. 商家

商家一般是指在交易中拥有债权的一方，它可以根据用户发起的支付指令向银行系统请求货币给付。商家一般准备了专用的后台服务器来处理客户发起的支付过程，包括客户身份的认证和不同支付工具的处理。

3. 银行

电子商务的各种支付工具都要依托银行信用，没有信用就无法运行。作为参与方的银行方面会涉及客户开户行、商家开户行、银行专用网等方面的问题。

（1）客户开户行

客户开户行是指客户在其中拥有自己账户的银行，客户所拥有的支付工具就是由开户行提供的，客户开户行在提供支付工具的同时也提供了银行信用，即保证支付工具的兑付。在利用银行卡进行支付的体系中，客户开户行即为发卡行。

（2）商家开户行

商家开户行是指商家在其中拥有自己账户的银行，支付过程结束时资金应该转到商家在其开户银行的账户中。商家将客户的支付申请提交给其开户行后，就由商家开户行进行支付授权的请求并完成与客户开户行之间的清算。商家的开户行依据商家提供的合法账单来操作，因此又被称为收单行。

（3）银行专用网

银行专用网是指银行内部及银行之间进行通信的网络，具有较高的安全性。我国的银行专用网主要包括中国国家现代化支付系统、人民银行电子联行系统、工商银行电子汇兑系统和银行卡授权系统等。

4. 支付网关

支付网关是公用网和银行专用网之间的接口，支付信息必须通过支付网关才能进入银行支付系统，进而完成支付的授权和获取。支付网关的建设关系着支付结算的安全以及银行自身的安全。支付网关将支付信息从公用网络传递到银行专用网络，既保证电子商务安全顺利实施，同时又起到隔离和保护银行专用网络的作用。

5. CA 认证机构

为确认交易参与方的真实身份，需要由认证机构向参与商务活动的各方发放数字证书，以保证电子商务支付过程的安全性。认证机构必须确认参与方的资信状况（如通过在银行的账户状况，与银行交往的信用历史记录等）。因此认证过程也离不开银行的参与。

6. 支付工具

目前经常使用的电子支付工具有银行卡，电子现金，电子支票等。在网上交易中，消费者发出的支付指令，在由商家送到支付网关之前，是在公用网络中传送的。

7. 支付协议

支付协议的作用就是为公用网上支付信息的流动制定规则并进行安全保护。目前比较成熟的支付协议主要有 SET 协议、SSL 协议等。一般一种协议针对某种支付工具，对交易中的购物流程、支付步骤、支付信息的加密、认证等方面做出规定，以保证在复杂的公用网中的交易双方能快速、有效、安全地实现支付与结算。

（三）电子支付的基本模式

根据电子货币的区别，我们可以把电子支付的基本模式分为类现金电子货币支付模式和类支票电子货币支付模式两种。

1. 类现金电子货币支付模式

类现金电子货币就是类似传统纸币的电子货币，它的网上支付模式与传统纸币的支付模式基本相似，只是在货币表现形式上有所不同，类现金电子货币是一种以数字形式储存流通的货币，它通过把银行账户中的资金转换为一系列加密的序列数，用这些加密序列数来表示现实中的货币量，用户可以使用类现金电子货币在网上直接进行交易支付。

①消费者在银行开户，存入一定存款。②消费者通过网络请求银行将存款兑换成类现金，就像从银行账户中提取传统纸币一样。③银行根据消费者的请求把相应数量的类现金发送到消费者的计算机中，消费者就可以随时使用了。④消费者持类现金进行网上交易，根据商品价格把相应数量的类现金发送给商家，商家验证类现金的有效性后，交易继续。⑤商家将类现金发送至类现金的发行银行（消费者开户银行），请求兑换成同等金额的存款。⑥发行类现金的银行验证并收回类现金，同时将等额货币由消费者的银行账户转移到商家的银行账户中；商家也可以选择将类现金暂时存储起来，或发送给别的商务伙伴，作为款项支付。

从以上类现金电子货币支付基本过程中我们可以看出，它与传统纸币的支付过程非常相似，支付过程并不需要银行参与，银行只是在发行与兑换类现金电子货币时起作用，商家收到类现金后可以灵活支配，可以自由地选择存储、转发或兑换。

2. 类支票电子货币支付模式

类支票电子货币支付模式就是类似传统的纸质票证的支付模式，二者在支付原理上类似。类支票电子货币支付模式是基于电子支票、电子票证汇兑、银行卡和网络银行账户等方式的网上支付模式。

①商家和消费者都要在银行开户，并且消费者要在开户银行存有一定数量的存款。②消费者先从开户银行得到电子支付票证，也就是授权的类支票。③消费者在网上进行购物，根据所选择商品的价格，将授权的类支票通过网络发送给商家，商家验证类支票的有效性后，交易继续。④商家将收到的类支票发送给自己的开户银行，请求进行资金转账。⑤商家的开户银行收到商家发过来的类支票后，进行验证确认，然后即与消费者的开户银行进行资金的清算，并且给消费者和商家发送支付结算成功信息。

从以上类支票电子货币支付基本过程中我们可以看出，作为电子货币载体的类支票、电子支票、银行卡、网络银行账户等就是电子支付的工具，由银行发行和管理，代表着一种信用，如果消费者和商家的开户行不是同一个银行，那么就要通过中国人民银行清算总中心来完成双方资金的划拨。

3. 二者的比较

①类现金电子货币支付不适宜较大数额的资金支付与结算，只适宜小金额资金的支付与结算；类支票电子货币支付则支持大、中、小数额的资金支付与结算。②在类现金电子货币支付过程中银行只是在发行和兑换时才起作用，不是每次都需要银行的存在；而类支票电子货币的每次支付结算都需要银行的支持，所以类现金电子货币的支付比类支票电子货币支付的速度要更快、运作成本更低。③类现金电子货币支付是匿名的、不可追踪的，很好地保护了消费者隐私；类支票电子货币不是匿名的，商家和消费者的身份不能得到很好的保护。④类现金电子货币支付较为灵活，商家在收到类现金后，自主选择处理方式，可以存储、兑换或者转发给他人。在类支票电子货币支付过程中，商家要通过银行请求资金的划拨转移。

二、电子支付应用系统

(一) 电子汇兑系统

上述以类现金、类支票为支付手段的支付系统的服务对象是广大的消费者，因此这些系统的特点是覆盖面广、响应速度快、交易频繁、每笔交易额度小，属于电子银行中的小额支付系统，也称零售业务服务系统。而面对公司、企事业单位和其他金融机构的是电子银行中的大额支付系统，也称批发业务服务系统。大额支付系统虽然批次少，但交易额大，在商业银行处理的项目中，大额业务占交易金额的比例大，占有重要地位。

1. 电子汇兑系统概述

电子汇兑系统是指银行内部和银行之间的各种资金调拨作业系统，包括银行之间的资金调拨业务系统和清算作业系统。电子汇兑系统以银行自身的计算机网络为依托，完成银行之间的资金转账，为客户提供汇兑、托收承付、委托收款、银行承兑汇票、银行汇票等支付结算服务，涉及的金额通常很大，是电子银行系统中的重要系统。

电子汇兑交易由汇出行发出，到汇入行收到为止，根据汇出行和汇入行二者之间的不同关系，可以把汇兑作业分为联行往来汇兑业务和通汇业务。

（1）联行往来汇兑业务

联行往来汇兑业务是指汇出行和汇入行隶属于同一个银行的汇兑业务，属于银行内部账务调拨，必须遵守联行往来约定，办理各项汇入和汇出事宜。

（2）通汇业务

通汇业务是指资金调拨作业需要经过同业多重转手处理才能顺利完成，是一种银行间的资金调拨业务，具体又可以分为本国通汇和国际通汇。在本国通汇中，汇出行与汇入行隶属于同一个国家；在国际通汇中，汇出行与汇入行隶属于不同国家。跨行或跨国的通汇，因为涉及不同银行间的资金调拨，所以参加通汇的成员必须签署通汇协定，才能保证作业系统的正常运行。

2. 电子汇兑系统的类型

国际上有许多著名的电子汇兑系统，根据这些系统所提供功能和作业性质的不同，可以把它们分为如下三类。

（1）通信系统

通信系统主要提供通信服务，为其成员金融机构传送同汇兑有关的各种信息，成员金融机构接收到信息后，若同意处理，则将其转送到相应的资金调拨系统或清算系统内，再由后者进行各种必要的资金转账处理。比如国际环球同业财务电信系统 SWIFT 就属于通信系统，还有中国国家金融通信网 CNFN 也属于通信系统。

（2）资金调拨系统

资金调拨系统是典型的支付作业系统，有的只提供资金调拨处理，有的还具有清算功能。

（3）清算系统

清算系统主要提供清算处理，当汇入行和汇出行之间无直接清算能力时，则需要委托另一个适当的清算系统来进行处理。

3. 电子汇兑系统的作业流程

电子汇兑系统的种类很多，功能不一，但是汇出行和汇入行的基本作业流程和账务处理逻辑基本是相同的，即在每一笔电子汇兑交易中，汇兑过程都是从汇出行发出，到汇入行收到为止。无论是点对点传送，还是通过交换中心来中转，汇出行和汇入行都要经过数据输入、报文接收、数据控制、处理与传送和数据输出这几个基本的作业处理流程：①当银行作为汇出行时，由内部输入电文，经过有效性检测无误后，进行必要的存档处理或账务处理，最后通过对外输出接口发送出去。②当银行作为汇入行时，通过外部输入接口接收电文，对接收的电文检测无误后，进行必要的处理，最后将数据送往会计系统进行账务处理，同时通知客户。③当信息通过边界进入各子系统时，要进行相应的检查，防止错误信息进入，各子系统根据相应的指令工作，通过边界控制和处理过程控制这种双重控制机制，可以使交易信息正确地从汇出行传送到汇入行。

（二）封闭式网络转账结算

封闭式网络转账结算是指电子资金在金融机构之间，或是在金融机构与专用终端之间流动，而不是通过开放式网络进行的转账结算。金融机构通过自己的专用网络、设备、软件及一套完整的用户识别、标准报文数据验证等规范协议完成资金的转账结算，从而有效地保证支付结算过程的安全。

1. SWIFT 通信网络系统

环球银行金融通信系统（SWIFT）是环球银行金融通信协会为实现国际银行金融业务处理自动化而开发的。它是国际上最重要的金融通信网络之一，负责连接全球各银行的金融数据通信系统，可在全球范围内把原本互不往来的银行串联起来，处理世界范围内银行间的数据交换，主要提供通信服务，专为其成员银行传送与汇兑相关的各种信息，不直接参与资金的转移处理服务。

（1）SWIFT 的建设与发展

20 世纪 60 年代初，国际贸易迅速猛增，电信和计算机的应用日益广泛。由于银行从各个方面收到的电文格式都不相同，所以必须要经过人工转换后才能输入计算机进行处理，既不方便，效率又低，处理费用又高，这意味着传统的手工处理方式已经无法满足银行业务增长的需要。为了解决这个问题，各国银行界人士普遍认为需要建立一个采用统一电文格式的全球金融通信系统，来正确、安全、低成本、高速度地传递标准的国际资金调拨信息。

（2）SWIFT 的组织机构

SWIFT 组织的总部设立在比利时的布鲁塞尔，创始会员为欧美 15 个国家的 239 个大银行，随后该系统延伸至各大洲，成员银行的数量迅猛增长。从 20 世纪 80 年代开始，包括经纪人、投资公司、证券公司和证券交易所等在内的非银行金融机构也开始使用 SWIFT系统。截至 2022 年，全球已有 200 个国家和地区的 1.1 万个金融机构连接使用 SWIFT 系统，其成为全球最大的金融通信网络系统。

SWIFT 系统的组织成员分为会员银行、附属会员银行和参与者三大类。会员银行有董事会选举权，当股份达到一定份额后，有董事的被选举权，凡是在 SWIFT 会员国中拥有外汇业务经营许可权银行的总行都可以申请成为会员银行，如我国各商业银行的总行。会员银行在境外的全资附属银行或持股份额在90%以上的银行，可以申请成为附属会员银行，如中国银行的海外分行、美洲银行上海分行、花旗银行上海分行等。世界主要的证券公司、旅游支票公司、国际清算中心等一些非金融机构，可以根据需要申请成为参与者，但只容许其使用一部分的SWIFT报文格式。

（3）SWIFT系统提供的服务

①全球性通信服务。②接口服务，使用户能低成本、高效率地实现网络存取。③存储和转发电文服务。④交互信息传送服务。为提高服务的响应性和灵活性。⑤文件传送服务。⑥电文路由服务。通过SWIFT传输的电文可同时拷贝给第三方，以便能由第三方进行电子资金转账处理，或转道另一网络完成支付结算、证券交易结算或外汇交易结算处理。⑦具有冗余的通信能力。SWIFT平均每天传送的电文超过900万笔，这些电文划拨的资金以万亿美元计算。

（4）SWIFT全球标准

SWIFT提供了240种以上的电文标准，以支持支付、证券、债券和贸易等业务电文的通信服务，通过SWIFT传输的电文类型包括客户汇兑、银行汇兑、贷记/借记通知、财务报表、外汇买卖和金融市场的确认、托收、黄金及贵金属交易、跟单信用证、银行同业证券交易、余额报告、支付系统等各种与汇兑有关的信息等。

SWIFT的电文标准格式，已经成为国际银行间数据交换的标准语言。全球各大银行的电文，或者直接采用SWIFT格式，或者基于SWIFT格式。

2. 纽约清算所银行同业支付系统

由于SWIFT只能完成国际支付结算指令信息的传递，因此真正进行资金调拨还需要另外一套电子业务系统，这就是CHIPS，即纽约清算所银行同业支付系统。

CHIPS是一个带有EDI功能的、实时的大额电子支付系统，主要以世界金融中心美国纽约市为资金结算地，用来完成资金调拨即支付结算过程。由于纽约是世界上最大的金融中心，国际贸易的支付活动多在此地完成，因此，CHIPS也就成为世界性的资金调拨系统。现在，全球90%以上的外汇交易，都是通过CHIPS完成的，可以说，CHIPS是国际贸易资金清算的桥梁。

（三）中国国家现代化支付系统CNAPS

中国国家现代化支付系统（CNAPS）是在吸取世界各国电子支付系统建设经验的基础上，从中国的现实情况出发，结合我国经济、技术和金融业发展的国情，在中国国家金融通信网（CNFN）的基础上建立的，集金融支付服务、资金清算、金融经营管理和货币政策职能于一体的综合性金融服务系统，是中国人民银行发挥中央银行作为最终清算者和金融市场监督管理者的职能作用的金融交易和信息管理决策系统，是目前我国运行的所有电子与网络支付结算系统的综合集成。

1. CNAPS概述

CNAPS在中国国家金融通信网上运行，由该网提供标准的接口、应用软件开发平台以及联机事务处理环境等。CNAPS的报文格式基本采用SWIFT的报文格式，这样CNAPS的用户可以方便地借助SWIFT进行国际金融服务，以适应经济全球化带来的金融全球化趋势。

CNAPS 可分为两个层次。

（1）下层

下层是各商业银行为广大企事业单位和个人提供高质量支付服务的金融服务系统，主要包括公司、储蓄、外汇和公用事业费收费、清算等业务处理系统以及 ATM/POS 等自动化服务系统。

（2）上层

上层是中央银行为各商业银行和非银行金融机构提供的支付服务系统，主要包括同城清算系统、电子联行系统和证券簿记系统等自动化处理系统。CNAPS 正是通过这两个层次，将客户、各商业银行和中央银行有机地结合在一起，安全、可靠、高效地完成了客户与各商业银行、各商业银行之间以及中央银行与各商业银行之间支付活动的最终资金清算工作。

2. CNAPS 的主要功能

CNAPS 的总体功能是集金融支付服务、支付资金清算、金融经营管理和货币政策职能于一体，为金融机构提供跨行、跨地区的综合性金融服务。它以中央银行支付资金清算系统为核心，充分发挥各商业银行下层支付服务系统功能特性，为广大银行客户提供方便、快捷的金融服务。CNAPS 上层的功能，即中央银行为商业银行提供的支付资金清算服务的功能如下。①为参与者提供以下两类电子支付及清算服务：实时全额清算，实现同城和异地范围内各参与者之间贷记支付的实时转移和在中央银行账户上的资金清算；批量净额清算，实现同城和异地间大批量的贷记、事先授权借记和定期借记电子支付传输、清分轧差、净额记账清算。②支付资金清算和账户管理功能：实现对全国银行参与者账户之间支付业务的资金清算以及参与者账户和有关部门往来账户的物理上集中处理，逻辑上分散管理。③支付风险控制功能。④信息存储及再利用功能。⑤与外部系统连接的功能。

除了上述的与电子支付有关的功能以外，CNAPS 的上层服务还包括金融信息传输功能，即为商业银行和其他金融机构提供安全、可靠的端对端金融数据文件、报文传输服务。

（四）微支付系统

随着网络和信息技术的发展，信息产品的销售越来越得到人们的关注，信息产品包括的范围比较广，如网上新闻、网上证券、信息查询、资料检索、音乐下载、发送手机短消息服务和小额付费软件下载等。这些电子交易的共同点就是对客户来讲均属于较小的交易，收费金额一般都很小，如查看一条新闻收费一分钱等，但是消费较频繁。对于一次消费金额总共只有几元人民币的电子交易来说，如果利用信用卡等电子支付方式在线支付或去商家当面交付现金，相对来说成本较高，速度较慢，方便性较差，正如人们不会愿意用纸质现金去支付一次 0.1 元的手机短消息服务费用一样。因此，这种电子交易对电子支付系统有着特殊的要求，在满足一定安全性的前提下，要求有尽量少的信息传输、较低的管理和存储需求，即对速度和效率的要求比较高，于是就产生了一种快捷、简单易用、成本低廉的网络支付方式——微支付。

1. 微支付概述

目前微支付在国内外还没有统一的定义，通常是指支付金额特别小，类似于零钱应用的电子支付方式，在支付数额上，按美国情况发生的支付金额一般在 5 美元以下，中国相应的为 5 元人民币，但这也不是标准，视具体情况而定。在微支付系统中，商家可以用比较低的价格出售商品，比如从下载信息产品或者点击在线广告中收费。通过便捷的网络渠道，微支付可以低成本、迅速地完成大量的交易支付活动。同时微支付也是一个商业概念，它的目标是通过提供付费的网页、网站链接和网络服务来集合"微分（不到一分钱）"。人们用微支付来购买的商品通常包括手机铃声、彩信、图片、新闻、电影、音乐和网络游戏等许多信息产品以及一些价格很低的商品。

微支付系统逐渐受到重视的原因主要是微支付交易的需求不断增加，消费者开始接受支付少量货币来使用原本免费的网络商品；商家希望降低电子支付系统的交易成本，目前通过信用卡进行网上支付是很普遍的，但信用卡对介于 1 分到 10 元之间的低价商品支付来说，其交易手续费是不经济的，特别是对那些负责网站开发设计、网站维护管理、网站内容更新及靠广告收入的互联网内容提供商来说，在无法赚得足够利润的情况下，他们更希望消费者使用成本较低的付款机制；微支付的消费者群体庞大，有些商家通过订阅服务来吸引信息商品的购买者，但往往容易忽略一些为数众多的临时消费者，这些消费者不需要商家的定期服务，只是经常通过浏览网页来寻找并购买特定的商品或服务，因而亟须一套方便而安全的微支付机制来开发这个潜在的庞大市场。

2. 微支付的特点

微支付系统主要是用在特别小的网络交易上面，能够处理任意微小的金额，精确度甚至可以达到 1/10 美分，适合于互联网上"不可触摸商品"的销售。微支付同其他的电子支付不同，具有其自身的特点。

（1）支付金额小

微支付的首要特征是能够处理任意微小的支付额，一般一次所支付的商品价格通常在几分到几元之间，不同于其他电子支付方式一次支付的金额比较大。

（2）安全性需求不高

在电子商务活动中，对于不同的交易类型，不同的客户，需要采取不同的安全支付手段，作为安全性较高的基于信用卡的支付方式，它的支付费用是相对昂贵的，一笔交易费用可能是 25 美分左右，然而一个典型的微支付本身很可能仅仅是 1 美分的支付，显然，对于支付额很小的微支付来说，采用昂贵的安全保护是没有必要的，而且在经济上是不可行的。微支付本身的支付金额一般都很小，在这种情况下即使与支付过程中有关的支付信息被非法截获、窃取或者是篡改，对支付双方的损失也不大，对支付安全性的需求就不如其他电子支付那么严格。

（3）效率高

正因为微支付支付金额小，但次数比较频繁，所以要求微支付系统比其他电子支付系统的效率要高，使得消费者的支付请求能够得到即时满足。

（4）成本低

由于小额支付的价值本身就很小，如果采用其他电子支付方式，需要耗费大量的成本那么商家根本就无法盈利，这就要求微支付系统的支付费用非常低才行。

（5）实时性

微支付要求商品的发送与支付要几乎同时发生在因特网上，具有极高的实时性。

（6）匿名性

对于现在采用的大多数支付系统，商家为了抢夺网上消费者，经常在网络上搜索并记录人们的各种网上交易活动，以便于有的放矢地进行广告宣传，这样有可能造成消费者隐私被滥用。微支付系统能够保证在支付过程中不暴露诚实支付者的真实身份，以维护合法支付者的隐私和利益。

（7）离线性

目前广泛使用的电子支付系统大多为遵从 SET 标准的在线信用卡支付，付款方和收款方在支付过程中必须与第三方（如银行）在线通信，由第三方来检验付款方提供的信息是否准确，进行在线授权和确认。尽管这种在线方式和复杂的密码技术相结合，使得系统的安全性极高，但在线服务的银行网关会成为系统性能的瓶颈。微支付系统不需要第三方在线验证和处理消费者的每笔支付，从而克服了其他电子支付系统中存在的通信和处理瓶颈问题。

3. 微支付系统分类

微支付系统通常可以分为以下三类。

（1）基于票据的微支付系统

票据是微支付系统中最为常见的支付工具之一，它是一种面值很小的电子货币，一般由商家或经纪人产生，也可以由经纪人独立产生。在不需要第三方参与的情况下，可以由商家在线验证电子货币的合法性。采用票据作为支付工具的微支付系统一般不使用公钥加密技术，而使用对称密钥加密技术或 Hash 算法。

（2）基于 Hash 链的微支付系统

Hash 链的思想最初主要用于一次性口令认证，后来被应用到微支付机制中。对基于 Hash 链的微支付而言，当消费者初次在经纪人处注册时，经纪人会为其颁发一个消费者证书，支付前消费者将 Hash 链的最后结果签名后发送给商家，该签名称之为支付承诺。在这种支付模式中，由于消费者在付款之前已获取了商家所提供的信息商品或服务，因而对于消费者的重复花费（同一电子货币在不同商家处使用了多次）和超支消费（所购信息商品或服务的总价值超过其真实账户的余额或信用上限）没有良好的防范措施。

（3）其他微支付系统

在以上两种微支付系统的基础上，一些研究机构和公司还提出了多种新的微支付系统及其扩展形式，并在一些新的领域中得到了应用，以满足不同的安全性和效率需求。

4. 微支付系统模型

在微支付系统模型中一般涉及客户、经纪人和商家这三方，客户是使用微电子货币购买商品的主体，商家为用户提供商品并接收支付，经纪人是作为可信赖的第三方存在的，用于为客户和商家维护账号、通过数字证书或其他方式认证客户和商家的身份、进行微电子货币的发行和清算，并解决支付过程中可能引起的争端，它既可以是一些中介机构，又可以是银行。

根据不同的微支付模型，微支付中的电子货币可以由票据（Scrip）或 Hash 链等组成，也可以由商家产生，还可以由经纪人和客户产生。由商家或经纪人代理产生的微电子货币一般与特定的商家有关；经纪人作为可信赖的第三方机构，也可以独立产生电子货币，它独立产生的货币一般与特定的商家无关；另外，客户也可以根据经纪人的授权（如通过颁发数字证书）来独立制造货币，它一般是基于 Hash 链形式的，可以与特定的商家有关，也可以无关，并具有灵活的扩展形式。

在进行支付之前，客户一般通过离线方式获取微电子货币或交易中使用的数字证书，客户和经纪人之间建立联系，客户在经纪人处建立账号，并通过在线方式同商家进行联系，浏览选择商品和进行支付。商家一般可以在本地验证电子货币的真伪，但一般不能判断客户是否在重复消费（除非对特定商家的货币）。每隔一定的时间，如一天或一周等，商家会把客户支付的微电子货币发送给经纪人进行兑现，经纪人对电子货币进行验证，以防止商家的欺骗和客户的重复消费，这个步骤一般通过离线方式完成。有些微支付机制更简单，甚至不需要经纪人的参与，整个支付过程中只涉及客户和商家。

5. 两种典型的微支付系统

（1）Millicent

Millicent 是基于票据的微支付系统，于 1995 年由 Compaq 与 Digital 联合开发，属于离线支付方式（即商家不必与经纪人联系就可以鉴别客户所付票据的真伪）。票据是 Millicent 支付系统的基础，其基本思想是利用一个密钥控制的单向 Hash 函数来认证和验证支付票据（Scrip）。每一个 Scrip 代表客户与某一特定商家所建立的一个资金账户，当客户用其持有的 Scrip 购物时，商家将费用从客户的 Scrip 中扣除，并产生一个新的 Scrip 作为所找回的钱退还给客户，当客户完成了一系列的交易后，还可以将所剩的 Scrip 兑换成实际的货币，从而撤销与某一商家的账户。

在 Millicent 系统中，存在着三个实体：Brokers（经纪人）、Merchants（商家）以及 Customers（客户）。在 Millicent 中引进经纪人，可以简化客户和商家之间的负担。因为一个 Scrip 其实通常是一个很小的金额，而且每个商家的 Scrip 仅仅在该商家处购买才有效，对其他商家均无效，而客户对不同商家的商品会有不同的需求，有可能在某一个商家处买得很少，因此经纪人可以销售不同商家的 Scrip，这样大大减少了客户和商家之间的任务，客户不需要保存大量的商家 Scrip，商家也不必保存每一个客户的账号。经纪人一方面大量购买商家的 Scrip，另一方面再把 Scrip 卖给客户，当然商家给经纪人的是折扣价，这样商家不必储存大量的 Scrip。同时，经纪人可以经商家批准代理生产商家的票据，这使得系统的效率更高，减少了大量的票据传输，也减轻了商家的工作量。每个商家仅仅接受自己的 Scrip，并且在本地就能够鉴别 Scrip 的有效性和是否属于重复消费，所以 Millicent 是一种离线支付方式。客户要购买商家的 Scrip 才能购买商家的信息产品和服务，客户首先通过非微支付的形式购买经纪人的 Scrip，然后再用经纪人的 Scrip 去购买商家的信息产品和服务。

当客户第一次购买某个商家的信息产品和服务时，他必须首先从经纪人处购买该商家的 Scrip，此时经纪人和商家并未发生任何联系。客户把 Scrip 以及购买请求发送给商家，商家检查票据的有效性，如果有效，则将所剩的零头和信息产品传送给客户，否则拒绝交易，从而完成第一次交易支付。当客户下次再使用剩下的商家 Scrip 进行交易支付时，就不再需要经纪人的参与了，商家在本地就可以检查 Scrip 的有效性，这就大大减少了支付成本。

在 Millicent 系统中通常支付的金额都很小，对于攻击者来说其花费的成本远远大于盗取的微支付金额，因此，攻击 Millicent 是得不偿失的，所以 Millicent 是以牺牲部分安全为代价来获取较高的效率。在 Millicent 中，没有使用公钥加密技术，而采用了效率更高的 Hash 函数，部分采用了对称加密算法；在单向 Hash 函数中使用的密钥只有 Scrip 的发行者（经纪人）和要验证并最终接受此 Scrip 的商家才知道，所以，可以有效防止 Scrip 的伪造。Scrip 中包含了唯一的序列号，对特定的商家，可以杜绝同一 Scrip 的多次消费，并且 Millicent 不需要在线或离线的第三方（经纪人）去验证 Scrip 的合法性，这些都由商家独立完成。

但是在 Millicent 的信任模型中商家、经纪人和客户之间维持着一个不对称的信任关系，更倾向于防止客户欺骗（伪造 Scrip 和同一 Scrip 的二次花费），客户是无法检查和防止经纪人和商家的欺诈，无法验证 Scrip 的真伪的；针对每一个新的商家，客户都要申请一个新的商家 Scrip，所以 Millicent 对于经常更换商家的客户效率并不高。

（2）Payword

Payword 是一个基于信用的微支付系统，也就是说，客户是在购买完商品后的一定日期内（如一天或一个月）才进行实际的支付。它采用数字签名和 Hash 函数进行加密，并通过 Hash 函数减少每次支付过程中公开密钥操作的次数，从而提高了系统的性能。Payword 系统用 Hash 链值代表客户信用，一个 Hash 链值称为一个 Payword 或 Payword 值。

在整个 Payword 微支付过程中，也涉及商家、经纪人和客户三个方面。经纪人处于客户和商家之间，起联系纽带的作用，负责向客户发送数字证书，使其可以生成 Payword 链，同时持有客户和商家双方的账户以备交易结束后划拨账款。商家接收到客户支付给自己的 Payword 值且验证无误后，将商品发送给客户，并且保存具有客户签名的支付凭证，它们连同客户承诺一起发送给经纪人，从而得到实际的银行账户拨款支付。在整个交易过程中，经纪人除了每月一次的证书发放和最终结算外，其余时间都处于离线状态。

在支付实现过程中，客户首先在经纪人处开设一个账户，然后经纪人给客户发送一份数字签名证书，这个证书授权客户可以生成 Payword 链，并使用 Payword 链作为支付凭证提交给商家，同时经纪人要向商家保证，客户的 Payword 值可以兑换成现金货币。

Payword 在向一个新商家支付时，不需要联系第三方经纪人；在 Payword 支付交易中不需要保留过多的记录；系统的很多耗时工作都是离线完成，如证书签署和货币兑换，这样有利于提高效率。在每一次支付中都包含支付承诺和相应的 Payword 链，所以，如果要重复花费的话，都要提交相同的支付承诺和 Payword 链，而最后一次消费的 Payword 和 Payword 根值都会被商家和经纪人保留和跟踪，所以，通过数据库形式存储某一支付承诺项及其对应的已花费的 Payword，可以有效防止多重花费。

但 Payword 系统本身也存在一定缺陷：如消费者必须对他需要支付的商家签署一个承诺，如果商家更换频繁的话，将会带来很大的计算消耗；采用了公钥技术，降低了协议的效率；如果获取经纪人公钥，则可以解密证书，并了解消费者的详细信息，严重破坏消费者的匿名性；除此之外，Payword 的基本思想是把多次小额支付累积成为一个大额支付，但实际情况并非如此理想，如果结算时客户只在该周期内花掉了为数不多的 Payword，这样处理客户支付的费用就会超过客户的实际支付，从而失去小额支付的意义，而由于不同客户的小额支付又不能累加，因而成为 Payword 系统的主要缺陷；反过来，如果客户在结算时花掉了大量的 Payword，也并非一定有利，因为 Payword 系统是基于信用的支付方式，当客户的支付额较大时，商家也会承担较大的风险。

（五）互联网开放式转账结算

封闭式网络转账结算主要发生在金融内部网络之间，在封闭式的网络中进行电子资金的转账与结算，而基于信用卡的网上支付系统、电子现金网上支付系统和电子支票网上支付系统则是属于通过互联网开放式网络进行的转账结算，支付信息在开放的互联网上进行传输对安全性的需求比较大。

1. 电子信用卡网上支付系统

电子信用卡，就是把以往传统的信用卡功能在互联网上延伸，通过各种支持信用卡网上结算的协议而实现客户所要求的支付结算。电子支付系统是一些国家人们进行日常消费的一种常用支付工具，与其他形式的支付相比，使用非常简单方便，而且被全世界所广泛发行和接受，占有很大的市场份额。如今在互联网上，电子信用卡支付是最普遍和首选的支付方式。

电子信用卡网上支付系统主要有实时处理和非实时处理两种模式，实时处理的电子信用卡主要采用 SSL 协议或 SET 协议，如招商银行的"一网通"、Cybercash 等；非实时处理的电子信用卡主要通过 E-mail 的方式将客户的信用卡信息传送给发卡授权机构，如 First Virtual Holding。

2. 电子现金网上支付系统

电子现金又称数字现金，狭义的电子现金是一种以数字形式储存并流通的货币，通过把银行账户中的资金转换为一系列加密的序列数，用这些序列数来表示现实中的各种金额，客户用这些加密的序列数就可以在互联网上允许接受电子现金的商店购物了。

按照载体来划分，电子现金主要包括两类：一类是以币值存储在 IC 卡上的电子钱包卡形式；另一类是以数据文件的形式存储在计算机的硬盘上。所以，电子现金网上支付系统包括电子钱包卡模式和纯数字现金模式两种。典型的电子现金网上支付系统主要有 Netcash、Mondex、E-cash、Cybercoin 和 Micropayments 等。

3. 电子支票网上支付系统

电子支票是纸质支票的电子替代物，狭义的电子支票是指基于互联网的，用于发出支付和处理支付的网上服务工具。

电子支票主要通过互联网和金融专用网络，以 E-mail 的方式传输，并用数字签名加密，进行资金的划拨和结算。电子支票网上支付系统，可以在收到支票时即验证出票者的签名、资金状况，避免了传统支票常发生的无效或空头支票的现象，既可以满足 B2B 交易方式的支付结算需要，又可以用于 B2C 交易方式的支付结算，成本低、支付速度快、安全性高、不易伪造。典型的电子支票网上支付系统主要有 FSTC 的电子支票系统、BIPS、E-check、Netbill 和 Netcheque 等。

第四节　电子银行清算体系

一、支付与支付清算

只要有交易发生，必然引起资金流流动，而资金流的流动具体体现为商务伙伴之间的支付与结算活动，也是电子商务活动流程中最为关键的组成部分。

1. 支付与清算的含义

支付是指为清偿商品交换或劳务活动引起的债权、债务关系，将资金从付款人账户转移到收款人账户的过程。清算是指结清债权和债务关系的经济行为，也可以定义为经济活动中的货币收支行为。支付源于交换主体之间的经济交换活动，但由于银行信用中介的介入，最终演化成为银行与客户之间、客户开户行之间的资金收付关系。而银行之间的资金收付交易，又必须通过中央银行的资金清算，才能最终完成整个支付过程。其中银行与客户之间的支付是银行向客户提供的一种金融服务，是整个支付活动的基础，而商业银行之间通过中央银行完成的清算，才使得支付活动得以最终完成。

2. 支付与清算的过程

如果客户 A 和客户 B 在不同的商业银行开户，客户 A 向客户 B 购买商品，用支票支付。那么，由 A、B 双方进行商品交易而引发的全部支付过程将在两个层次上进行：低层次是面向客户的，银行与客户之间的支付与结算；高层次是面向往来银行的，中央银行与各商业银行之间的支付与清算。整个支付过程始于客户 B 到商业银行 A 的支票流，然后商业银行 A 将客户 A 的资金反向拨付到客户 B 在商业银行 B 的户头上，从而才能最后完成该笔交易的资金支付。

支付过程的复杂程度，随着支付双方开户银行之间的关系不同而异。如果支付双方开户银行是同一银行，或是同一银行下属的两个分行，则该银行自己就能完成全部支付过程。如果支付双方开户银行是本地的两个不同银行，则需要通过中央银行的同城资金清算才能完成；如果支付双方开户银行是异地的两个银行，则需要通过中央银行的异地资金清算才能完成支付过程；如果支付双方开户银行是隶属于不同国家的银行，则是国际支付，需要经过同业的多重转手才能完成支付过程。

二、支付清算系统

支付清算系统是由提供支付服务的中介机构、管理货币转移的法规以及实现支付的技术手段组成的整体，用以偿清经济活动参与者在获取实物资产或金融资产时所承担的债务和资金的划拨。

1. 票据交换所

票据交换是指同一城市金融机构同业间在指定的场所交换相互代收的业务结算凭证，并对由此而引起的资金往来进行清算的一种方式。这是适应大中城市金融机构众多，相互之间资金往来频繁而设立的一种交换票据、清算资金的方法。

票据交换所是指由中央银行拥有和运行的，其主要职责是负责同城支付交易的资金清算。我国共有约 300 多个城市票据交换所，2000 多个县城票据交换所。全部同城跨行支付交易业务和大部分同城行内支付业务都经由同城清算所在商业银行之间进行跨行清算后，再交行内系统进行异地处理。

为了提高同城清算的电子化程度，业务量大的票据交换所采用票据清分机；通信发达的地区建立电子资金转账系统，由数据通信网传送支付数据；通信不发达的地区可以采用磁介质交换支付数据。

2. 全国手工联行系统

（1）支付凭证的交换

一般是通过信汇或电汇在发起行和接收行之间直接进行交换。

（2）资金结算

发起行和接收行根据支付项目的联行清算范围，将支付总金额记到相应账户。

（3）对账监督

每天每个分/支行向其上级机构报告往来账发生额，以便管辖行实施对账监督，并计算联行往来汇差（净额结算金额）。当汇差超过规定金额时，才借记分行头寸。

由于手工联行的票据传递和处理速度慢，会造成大量在途资金，故将逐渐被电子联行系统所取代。

3. 全国电子联行系统

全国电子联行系统是中国现代化支付系统的初级阶段，是基于卫星通信网络、覆盖全国范围的电子资金汇划系统，由中国人民银行清算总中心开发，负责中国人民银行总行及其分支行清算分中心之间的资金划拨以及各商业银行间跨系统的大额资金清算，承担了全国各银行之间支付和清算的重要职能，为异地银行间资金汇划提供了方便快速的通道。

由于电子联行系统功能比较单一，汇划速度较慢，因此已不能适应经济金融发展和新形势的要求，为了更好地发挥中央银行的职能作用，改进金融服务，促进社会主义市场经济的发展。

4. 电子资金汇兑系统

20世纪末，四大国有商业银行都用电子资金汇兑系统取代了原来的手工联行，用来处理外部资金结算和内部资金划拨清算，随后各家股份制商业银行陆续建立起自身的电子资金汇兑系统，2/3以上的异地支付业务是由这些电子资金汇兑系统处理的。电子汇兑系统与手工联行清算系统一样，具有多级结构。在一般情况下，有全国处理中心、几十个省级处理中心、数百个城市处理中心和上千个县级处理中心。一家分行必须在每一级处理中心开设单独的账户，各级分行接受纸凭证支付项目，将纸票据截留后以电子方式发往相应的处理中心，处理中心在当天或第二天营业前将净额结算头寸通知分支机构。

各商业银行的电子资金汇兑系统具有相似的框架结构，业务处理流程也基本相同，当然，在网络结构、技术平台等方面，各系统不尽相同。目前，电子资金汇兑系统正在逐步实现数据集中，向新一代清算系统发展，但是各商业银行的电子资金汇兑系统仍没有解决跨系统的资金清算问题，跨系统的资金清算还要由中国人民银行的全国电子联行来解决。

5. 银行卡支付系统

银行卡支付系统通常由客户所持有的系统访问工具即银行卡、ATM机和POS网络及其单独的支付清算系统构成。通过银行卡支付系统，可以实现银行卡全国范围内的联网通用，为了加速我国银行卡事业的发展，21世纪初成立了中国银联股份有限公司，负责建设、管理和运行全国银行卡跨行交易处理系统，目前已在全国各地推广普及全国统一的"银联"标识卡，实现各商业银行发行的"银联"标识卡在我国各省主要城市内和城市间跨地区、跨银行通用，从而极大地推动了我国银行卡的普及和迅速发展。

6. 中国邮政支付系统

中国邮政支付系统在个人消费者支付汇款中发挥了十分重要的作用，邮政局提供信汇和电报汇款的方式，主要面向消费者个人客户。汇款人通常要携带现金到附近邮政局办理汇款手续，收款邮政局通知收款人到指定邮政局取款，邮政局还开办了邮政储蓄业务，消费者可以从其邮政储蓄账户汇出或汇入资金，各邮政局之间的资金结算是通过开设在中国人民银行的特殊账户来实现的。

第二章 电子银行与电子货币

第一节 网上银行与电话银行

一、电子银行概述

（一）电子银行业务的概念及特点

根据中国银行保险监督管理委员会 21 世纪初施行的《电子银行业务管理办法》的有关规定，电子银行业务是指商业银行等银行业金融机构利用面向社会公众开放的通信通道或开放型公众网络，以及银行为特定自助服务设施或客户建立的专用网络，向客户提供的银行服务。电子银行是将客户服务渠道的电子化，它不是一个单一的产品或一种服务，而是指服务渠道。从理论上讲，只要不涉及现金业务的传统业务，都可以移入电子银行中，通过电子化的渠道来实现。

电子银行以其突破时空限制和成本低廉的独特优势受到越来越多客户的认可，电子银行的客户数量和交易量都在快速发展，对银行传统物理渠道的替代作用也正日益显现。电子银行业务与传统柜面业务相比具有以下特点及优势。

1. 超越地域和时间的限制

客户通过网络、手机和电话等电子终端接入银行服务系统，无须亲临银行网点，并且可以不受时间限制，在任何时间和任何地点访问银行业务系统和账务系统，进行金融交易和查询，完成与银行的信息交互。例如招商银行 95555 全国统一的客服电话，集自动、人工服务于一体，为客户提供 24 小时不间断、全方位的一站式服务。这不仅为客户提供了业务办理的便利，增加了客户黏性，成为商业银行挽留客户和增强竞争力的利器，同时也为经济全球化和商务活动的无限延展提供了极大的支持。

2. 成本低廉

电子银行不需要物理网点和人员处理业务，可以帮助银行节约大量的运营成本。电子银行的成本优势十分明显，银行可以将节约的成本用于开发新的产品和开展各种促销活动。

目前，商业银行大部分个人业务都可以通过电子银行办理。对于银行而言，客户选择通过电子银行的渠道办理业务，相应的银行营业网点的业务量就会减少，可缓解柜面排队的压力和减少银行铺设营业网点以及维系营业网点的众多费用。这在为应对金融危机需要压缩成本的年份显得更为重要，因此网上银行成为不少银行当时重点推广的业务。如交通银行推出了境外人民币网上支付业务，并且免收货币转换费；工商银行对电子银行系统进行了全面升级，升级后，网上基金业务板块新增了基金漫游和基金转指定功能，网上保险业务板块新增了险种转换、追加、部分赎回等功能；招商银行也推出了网上境外汇款以吸引客户通过使用网上银行将复杂业务简单化；而数据显示，目前通过兴业银行电子银行（包括电话银行、网上银行、手机银行）渠道办理的业务占其全部业务量的比例已将近35%。从用户角度看，电子银行帮助客户节约了往返银行的交通费用和时间成本，消费者也能充分享受电子银行成本低廉的好处。

3. 客户自助服务，交互性强

电子银行业务和传统柜面服务的最大区别就是客户自助服务。传统柜面服务主要是通过凭证、账户、密码、机构网点专用设备和专业人员为客户提供面对面的服务，并完成各项业务操作，而电子银行业务主要是通过账号和密码两个要素，由客户通过通信网络自助完成业务办理，如查询、转账、功能申请等，客户可以随时加入电子银行系统，主动发起交易，改变了原来被动接受柜台服务的模式。同时，客户和银行系统可以实现实时交互，及时获得交易结果，而且一般网上银行上都会有完整的帮助信息，使客户在每一步都能得到专业悉心的指导。此外，银行可以在网上银行中发布各种产品和服务信息，实现客户软件的自动升级，也可以通过网络及时解答客户疑问，帮助客户更好地使用电子银行服务。

4. 安全性高

电子银行尤其是网上银行采用了高科技的身份识别和安全控制措施，在身份验证上采用数字证书来检验客户身份的合法性，尤其是 USB KEY 移动数字证书更是具有较高的安全级别。在信息传输过程中通常采用 128 位安全套接层协议（SSL）加密技术，保证了数据传输的安全性和保密性。例如招商银行专业版在安全性方面采取的措施，首先，在交易认证上采用了完整的证书机制，符合国际标准；其次，在网络通信上采用了招商银行自主开发的通信协议，避免被他人截获分析；最后，在加密算法上达到了国际先进系统的强度，防止被他人破译。尽管目前仍不能根本杜绝电子银行案件，但相比传统银行业务，电子银行的案件发生比率要低得多。

（二）电子银行业务产品种类

电子银行业务按照服务渠道不同可分为利用计算机和互联网开展的网上银行业务，利用电话等声讯设备和电信网络开展的电话银行业务，利用移动电话和无线网络开展的手机银行业务，以及其他利用电子服务设备和网络、由客户通过自助服务方式完成金融交易的业务，比如自助终端、ATM、POS 等，是金融创新与科技创新相结合的产物。

1. 网上银行

网上银行包括个人网上银行和企业网上银行，是以互联网为媒介，为客户提供金融服务的电子银行产品。网上银行是信息时代的产物。它的诞生，使原来必须到银行柜台办理业务的客户，通过互联网便可直接进入银行，进行账务查询、转账、外汇买卖、银行转账、网上购物、账户挂失等业务，客户真正做到足不出户办妥银行业务。网上银行服务系统的开通，对银行和客户来说，都将大大提高工作效率，让资金创造最高效益，从而降低生产经营成本。例如招商银行一网通个人银行专业版、建设银行网上银行、工商银行金融@家个人网银等。

2. 电话银行

电话银行是银行的一种电话呼叫服务系统，或称为客户服务中心（Call Center）。客户只需拨打客户服务热线，就可以享受到外汇买卖、缴费、查询、转账、挂失、咨询等一系列金融服务。客户只要跟随语音提示操作，可以不受时空、设备的限制，就可完成相应的金融交易。电话银行除了可以给客户提供自助语音服务之外，还可以通过人工代表，向客户提供咨询、业务处理或投诉等服务。例如中国工商银行电话银行，是利用计算机电话集成技术，采用电话自动语音和人工座席等服务方式为客户提供金融服务的一种业务系统。它集金融交易、投资理财、咨询投诉等功能于一身，为客户提供全年 365 天、全天 24 小时不间断的综合性金融服务，具有多通道、个性化和大容量集中服务等时代特征，是现代通信技术与银行金融理财服务的完美结合。无论身居何处，只要拨通中国工商银行全国统一的 95588 热线电话，就能随时随地享受中国工商银行优质高效的金融服务。

3. 手机银行

手机银行也可称为移动银行，是利用移动通信网络及终端办理相关银行业务的简称。作为一种结合了货币电子化与移动通信的崭新服务，移动银行业务不仅可以使人们在任何时间、任何地点处理多种金融业务，而且极大地丰富了银行服务的内涵，使银行能以便利、高效而又较为安全的方式为客户提供传统和创新的服务，而移动终端所独具的贴身特性，使之成为继 ATM、互联网、POS 之后银行开展业务的强有力工具，越来越受到国际银行业者的关注。

4. 自助银行

自助银行是指银行在营业场所以外设立的自动取款机（ATM）、自动存款机（CDM）、自动存取款机（CRS）、多媒体自助服务机等高科技银行设备，为持卡人提供存款、取款、转账、货币兑换和查询等 24 小时全天候电子银行服务。自助银行突破了时空的限制，为客户提供自助式、全天候的银行服务，不受银行营业时间和空间的局限，并且自助银行功能强大，不仅可以为客户提供活期账户的存取款服务，而且也可提供定期存款、账户查询、自助缴费、自助贷款等功能的操作服务。

电子银行业务是高科技含量的新兴商业银行业务，其发展前景广阔，必将改变人们未来的投资理财和商务活动的方式，成为未来电子商务的有力支持和重要组成部分。同时，电子银行业务的发展也必将彻底改变银行业的服务、营销和管理模式，并对银行业未来的竞争格局产生重大影响，只有真正地认识到电子银行的客观规律，并按照这种规律进行不断的产品创新和营销模式创新的银行，才能在未来的竞争中抢占市场先机，把握未来制胜之路。

二、网上银行

随着互联网的迅速普及，网民的渗透率也在不断提升，网上购物、网上缴纳公共事业费用、网上投资理财服务等等这些已经成为人们的生活方式，而网上银行则为人们提供了实现这一切的可能，网银的便捷性充分满足了生活及工作节奏逐步加快的人们。并且对于银行本身来说，大力推广网银业务提高了柜台替代率，降低了经营成本，也使得其渠道结构得到优化。随着银行自身信息技术水平的提高，网银产品的功能会更加完善，在安全性保障方面也会得到加强，网上银行业务将成为未来银行业竞争的又一战场。

（一）网上银行概述

1. 网上银行的概念

网上银行是银行借助网络向客户提供金融服务的业务处理系统。它采用因特网数字通信技术，以互联网作为基础的交易平台和服务渠道，为客户提供综合、统一、安全、实时的各种零售与批发的全方位金融业务服务，在线为公众提供办理结算、信贷服务，还可以为客户提供跨国的支付与清算等其他贸易、非贸易服务。

一般来说，根据服务对象的不同，可以将网上银行分为个人网上银行和企业网上银行。

（1）个人网上银行

个人网上银行主要为个人客户提供个人金融服务，可分为非签约型的和签约型。非签约型指的是客户无须到银行柜面签订网上银行协议，只要拥有该银行账户的客户即可自动享受服务，在银行网站上网上银行入口处注册登录即可，这种登录方式无须办理申请手续，也不需要安装数字证书，操作简单方便，但相比较签约客户其缺点就是功能上受到限制，支付和转账限额也相对较低，例如招商银行网上个人银行大众版，可以凭在招商银行开立的银行卡或普通存折账户办理如下自助业务：查询账户余额和交易明细、转账、修改密码等，另外，还可以通过网上个人银行大众版申请网上支付、自助充值和缴费、投资国债、申请个人消费贷款等。签约型指的是客户需要持身份证件及银行卡到银行柜台办理申请手续，在电脑上下载安装数字证书后即可使用，例如 U 盾、USB KEY、动态口令卡等。从动态口令卡的使用情况可以看到，网上银行用户对使用的便捷性是最为看重的，但是用户使用动态口令卡的比例却最高，达到 58.3%。一般来说动态口令卡是免费提供的，既有物理安全保障，又无须安装驱动，并且同银行卡一般大小，易于携带，因此成为最受人们欢迎的网上银行使用方式。签约型的客户在使用网上银行时可享受到更多的功能及服务，支付或转账的额度也可自行设定，没有最高限额，比如招商银行除了大众版之外的网上银行专业版，比大众版增加了向同城、异地的任何银行的个人和公司账户转账汇款，跨境汇出汇款，同时多个账户的管理等功能。

（2）企业网上银行

企业网上银行主要为企业客户提供账户管理、收付款、支付结算、投资管理、网上信用证、票据管理等服务和功能，帮助企业实现对资金的高效管理。企业网上银行给企业带来了很大的效益，可以减轻财务人员的工作压力，使其工作效率得到提高；用电子平台处理业务，减少了人为的差错，提高了业务处理的准确率；企业的财务实现集中管理、远程操作，也有利于企业裁减冗员，节约成本，并且资金在途时间短了，就可以提高资金的周转速度，这些对企业来说都是十分重要的。

2. 网上银行的安全

"网银大盗""网络钓鱼"、诈骗海啸捐款……一系列与网上银行安全相关的事件层出不穷，使得人们对网上银行有了敬而远之的态度，可见安全问题对网上银行的用户及银行本身来说都是至关重要的。在这些安全问题中，"网络钓鱼"很大程度是利用人们图方便的心理，骗子们通常通过网页或电子邮件发送伪装的网上银行地址，很多人不愿输入一长串网络地址，只要点击了这类链接，就会被引到伪装的网上银行网站上，然后诱使你输入账号、密码。"网银大盗"系列病毒有好多个变种，都属于木马。一旦网银大盗病毒潜入你的电脑，就会自动扫描所有窗口的标题。如果发现窗口标题包含"网络银行""银行客户端"等字样时，便会在检测窗口内输入框中的文字，并把该文字发送到木马作者的邮箱里。木马作者会分析获得的文字，从文字中可以很容易得到账号和密码。由此可见，网上银行面临着很多的风险，我们大概把这些风险分为三类。

（1）互联网安全风险

由于互联网是采用开放式协议的公共网络，使得客户密码、客户隐私等敏感信息在传输过程中容易被截获、破译、篡改。网上交易不是面对面的，客户可以随时随地发起交易请求。这一方面加大了银行识别客户身份、控制和规范客户行为的难度；另一方面，也使攻击者具有隐蔽性，难以追踪相关责任人。由于网上交易缺乏"白纸黑字"的凭证，电子交易凭证（如电子签名）又尚无明确的法律规范，因此难以防范交易后的抵赖行为。

交易服务器是网上的公开站点，因而黑客入侵也在所难免。

（2）系统开发的安全问题

网上银行系统使用了大量新技术、新产品，而这些新技术、新产品本身可能就存在安全漏洞和安全缺陷。电子商务领域过度频繁的人才流动，增加了系统源码控制和设计机密性控制的难度，成为银行的安全隐患。

（3）新业务品种的安全问题

对于银行而言，网上银行是全新的系统，不同于传统相对封闭的系统，它既要求运营人员具有较高的 IT 专业知识和安全防范意识，又需要全新的风险管理方法。例如，通过网上交易系统的安全审计功能，可以及时发现异常情况、遏止事故的发生，而业务运营部门要熟练应用该项功能往往需要较长的时间。

目前常用的网上银行安全技术包括防火墙技术、数据加密技术等。

防火墙技术：防火墙由软件和硬件设备组合而成，是在外部网与内部网之间进行安全防范的一个安全屏障。它可以通过监测、限制等手段改变数据流，并尽可能地对外屏蔽网络内部的信息、结构和运行状况，使内部网络与外部网络实现一定意义上的隔离，从而防止非法入侵和非法使用系统资源，实现对网络的安全保护。

数据加密技术：①非对称密钥系统。非对称密钥系统使用公钥和私钥两把"钥匙"，分别用于加密和解密。加密即将数据进行编码，使之成为不可理解的密文；解密则是加密的逆过程，即将密文还原成可理解的形式。这两把"钥匙"是两个很大的质数，用其中之一与原信息相乘即可对信息加密，而另一个与收到的信息相乘即可解密。每个网络用户都有一对密钥，其中公钥是公开的，可以公布在网上，也可以公开传送给需要的人；私钥只有用户本人知道，是保密的。在加密应用时，用户可以让发送密件的人用公钥给密件加密。由于加密后只有私钥才能解密，这样就较好地解决了信息保密问题。②PKJ 技术。公开密钥基础设施 PKI 是在公开密钥技术基础上发展起来的一种综合安全平台，它能够透明地提供基于公开密钥的加密和数字签名等安全服务。构建 PKI 的主要目的是对密钥和证书进行管理。利用 PKI 可以方便地建立和维护一个可信的网络计算环境，使人们在无法直接相互面对的网络环境里，能够确认彼此的身份并交换信息，从而安全地从事商务活动。以 PKJ 为基础的安全解决方案，无论是对于在互联网上开展的无纸办公等内部业务，还是对于电子商务、网上银行等互联网上的商业应用都是一种很好的选择。③数字证书。数字证书包括三部分内容：CA 认证中心、数字证书、CA 的树形验证结构。CA 是认证机构的国际通称，是对数字证书进行发放、管理、取消的机构，其作用是检查证书持有者身份的合法性，并签发证书。数字证书也被称作 CA 证书，其内容实际是一串很长的数学编码，包含客户的基本信息及 CA 签字，通常保存在电脑硬盘中，用于客户身份的认证。数字证书有个人数字证书、企业（服务器）数字证书和软件（开发者）数字证书三种类型。通过 CA 的树形验证结构，可逐级验证 CA 的身份，直到确信证书的有效性。由于每个证书与数字化的 CA 签名关联，因而沿着信任树到一个公认的信任组织，就可确认该证书的有效性。例如，C 的证书是由名称为 B 的 CA 签发，而 B 的证书又是由名称为 A 的 CA 签发，A 是权威机构（通常称为根 CA），验证到根 CA，就可确信 C 的证书是合法的。

3. 网上银行的优势

（1）账务查询一目了然

客户登录网上银行后，可以同时管理多个账户，查询到全部的账户余额和交易信息，做到对自己的收支状况一目了然，极大地方便了自己的财务管理。

（2）转账汇款费用低廉

一般来说，由于银行柜面办理业务成本比网上银行要高得多，客户如果使用网上银行自助完成转账汇款的话，可以享受到费用的优惠。例如招商银行普通客户在柜台办理同行跨地区汇款，手续费一般为千分之五，上不封顶，但是如果使用网上银行的话，手续费为千分之二，最高 50 元，这样当客户进行大额汇款时，就可以节省很大一部分的手续费。

（3）投资理财及时关注

各家商业银行一般会在其网上银行上发布最新的理财资讯和产品信息，客户可以及时关注所有的产品信息并选择适合自己的理财品种，避免了网点工作人员由于业绩压力等因素给客户推荐的产品较为单一的情况。但是前提是客户本身具有一定的理财知识，能够自行分析判断。

（4）不受银行网点服务时间、空间限制

客户使用网上银行的一个很大优势就在于不用担心银行下班、离网点太远等问题，在家就可完成业务的处理，从此告别银行的排队。其不足之处就在于需要有一台可以接入互联网的电脑，对客户本人的电脑知识也有一定的要求，但是这些都可以用电话银行等其他电子银行代替。

（二）网上银行的功能

随着互联网技术的不断创新和发展，网上银行可以提供的服务种类在不断地丰富、提高和完善，几乎可以涵盖现金存取之外的所有个人金融业务。总体来说，可以将网上银行提供的服务分为两种类型：一种是传统商业银行的业务品种和金融产品的网上实现，这类业务在网上银行发展的初期几乎占据了主导地位，传统商业银行把网上银行看作是自身的一个新兴的分销渠道来看待；另一种是针对互联网的多媒体互动性设计提供的创新银行业务，这一部分将成为未来商业银行竞争的重点。

从业务功能细分的角度来讲，可以将网上银行的功能划分为以下四大类。

1. 账户管理功能

过去金融企业为满足内部核算管理，在内部是实行账户管理的，随着面向对象管理理念的引入，银行开始转向以客户为中心，面向客户所辖的账户进行管理。网上银行正是为客户提供这种以客户为中心的自主账户管理功能。账户信息管理是网上银行最基本和最常用的产品，该产品主要为客户提供各类银行账户信息的查询，例如账户余额的查询、交易明细查询，让客户可以清楚了解到账务变动的信息，并可以自行添加备注、交易说明信息等。客户还可以通过该功能进行密码管理、挂失业务等，有效避免因卡丢失或密码泄漏带来的资金损失。

目前，很多银行的网上银行还推出了客户资产负债查询服务，客户能清晰地看到其名下包括本外币存款、基金、理财及贷款情况的分类汇总信息，便于分析自己的资产负债状况以调整投资、储蓄和消费，从而达到很好地管理自身财务的目的。

2. 转账汇款功能

转账汇款是传统银行业务中最基本的功能，也是最能通过网上银行为客户带来便利的、使用最为广泛的功能。转账是指客户通过网上银行从本人账户向同城本行的其他账户进行资金划转；汇款是指客户通过网上银行从本人账户同城其他行或异地的其他账户进行资金划转。目前国内各商业银行的网上银行都能够提供同行、跨行、本地、异地的资金划转业务。除此之外，像招商银行网上银行专业版还提供了网上跨境汇款功能，客户可以通过其网上银行专业版给收款人为个人、大学或慈善机构等的境外账户进行境外汇款，省去了柜台填单的麻烦和长时间的等待。对于银行方面来说，在柜面完成一笔境外汇款交易至少需要经办、复核、授权三名不同权限的员工才可完成接单登记，另外还需提交国际业务部门进行汇出处理，客户如果在网上银行完成该业务，不仅节省了人工，提高了效率，而且也缓解了柜面业务压力。

3. 支付结算功能

网上银行可以向客户提供互联网上资金实时结算功能，而银行支付结算系统是电子商务在线支付交易的基础和核心，离开了网上交易的资金在线清算，电子商务就没有了灵魂。根据交易双方客户的性质，可将网上支付分为BtoB、BtoC、CtoB和CtoC四种交易模式。目前，由于法律环境和技术安全性方面的原因，各家银行在BtoC功能的提供上比较一致，而BtoB交易功能则大多限定在客户群体内且与银行签约经过身份认证的客户，对群体外的支付则采取提供由客户填写的"电子支付凭证"，通过网络传递到银行并按传统方式进行结算。各银行网上支付的结算交易大致可分为三种类型：一是"电子支付类型"，利用网上银行传递客户录入的结算信息，由银行打印"电子支付凭证"，按传统方式进行结算。二是"联机电子支付"，将网上银行与银行后台核心业务处理系统直接相连，由银行系统直接处理客户通过网上银行提交的支付交易，并自动处理打印各方"电子支付凭证"。三是"联机电子商务支付类型"，不但将网上银行与银行后台核心业务处理系统相连，还将与银行以外的商户、合作伙伴及不同群体的网络系统相连，通过网上银行为客户提供全方位的支付结算功能。

4. 投资理财功能

投资理财是银行通过提供基金、证券、受托理财、外汇等系列投资，以满足不同客户的各种投资需要，实现个人资产保值增值的金融服务。一般来说，各银行的网上银行上都会提供证券价格、其代销的基金净值、受托理财产品、国际金融市场外汇行情等信息及走势查询，客户可以直接通过网上银行进行购买或赎回的操作，便于客户实时掌握市场波动，及时进行投资决策的调整。

三、电话银行

（一）电话银行概述

电话银行是指使用计算机电话集成技术（CTI），利用电话自助语音和人工服务方式为客户提供的业务咨询、代客交易、账户查询、转账汇款、投资理财、代理业务等金融服务的电子银行业务。具有手续简便、功能强大、覆盖广泛、灵活方便、服务号码统一等特点。

电话银行是近年来国外日益兴起的一种高新技术，是实现银行现代化经营与管理的基础，通过电话这种现代化的通信工具把用户与银行紧密相连，使用户不必去银行，无论何时何地，只要拨通电话银行的电话号码，就能够得到电话银行提供的服务。银行安装这种系统以后，可提高服务质量，增加客户，为银行带来更好的经济效益。

电话银行由早期的客户服务中心，或者称之为呼叫中心发展而来，随着信息技术的发展，客户服务中心已经从最初的一个集中处理客户来电的场所，逐渐演化为与客户"亲密接触"，融合了电话、传真、短信、视频等各种媒体的银行与客户互动的场所，既能处理客户提交的业务需求，又能主动关怀客户，还能营销银行其他产品，实现了公共信息工具与银行业务流程的无缝结合。因此，国外也称其为"客户接触中心"。

从系统结构上来说，电话银行系统一般由以下几部分组成：自助语音系统、人工话务服务系统、业务处理系统、柜员及参数管理系统、监控系统、数据库等。它利用电话与计算机电话集成技术，为客户提供自动语音服务和人工座席服务。电话银行不受时间、空间的限制，客户可以在任何时间（每年365天、每天24小时不间断）、任何地点（家里、办公室、旅途中）以任何方式（电话、手机、传真、互联网、电子邮件等）获得银行服务。

（二）电话银行的功能

各商业银行的电话银行规模大小、所开通的业务种类等根据其发展情况都有所不同，但是总体来说都具备以下三种服务功能。

1. 自动语音服务功能

电话银行中心通过交互式语音应答（IVR）系统为客户提供自动语音服务。它能够识别客户通过双音频话机数字键盘输入的有关信息，并向客户播放预先录制好的语音，这样，客户就可以通过电话键盘与自动语音应答设备进行交流，并选择自己所需要的服务。系统采用客户导向的语音目录，根据客户选择完成相应的信息查询和命令执行，也可将客户引导到指定的座席业务代表，使客户得到及时、准确的服务。一般来说，其主要可提供的功能包括：账户查询、转账汇款、缴费支付、挂失、投资理财等。

2. 人工座席服务功能

在电话银行中心内通过座席业务代表为用户提供服务，与简单的自动语音服务相比，可以实现和客户的充分交流，提供更亲切和周到的服务，满足不同层次客户的需求。业务代表利用丰富的资讯信息库和智能的客户信息系统（CIF）及时为客户解答问题，高效地处理交易请求，并且系统可以灵活实现人工和人工、人工和自动语音的互相转接控制。人工座席服务的基本功能主要包括以下几种：①信息查询和咨询服务：结合丰富的资讯信息库，人工座席可以为客户提供全面的咨询服务。目前各大商业银行的电话银行业务基本上都可以进行业务品种咨询、网点资料咨询、外汇走势咨询、新业务品种介绍等内容的咨询。②受理客户投诉。③代理中间业务：主要是代理各项公共事业的收付费、代理债券、保险、股票、基金、外汇、黄金等投资业务。

3. 外拨服务功能

外拨服务是商业银行为了给客户提供个性化的服务，并且增加与客户之间的交互性而推出的一项业务功能。银行可根据客户的需求，为客户进行通知类的服务，例如款项到账通知、贷款到期催收、代付费提醒、信用卡账单通知等。另外，银行还可以通过电话呼出或传送短信的方式，向客户介绍和营销银行新业务。

（三）电话银行业务发展中存在的问题

电话银行业务的发展有效促进了银行客户服务质量的提升，也降低了银行网点运营成本，提高了经营效益，但是由于其业务特点的特殊性，电话银行的发展也面临着诸如安全性、客户身份识别、业务处理的准确性等问题。

1. 安全性

由于电话银行的服务双方是通过语音通话完成交易，而非面对面进行交流，这就使得安全性对银行和客户来说都显得至关重要，否则客户会担心是否会在通话过程中被不法分子窃取自己的账户资料。银行的电话银行中心系统要采用高级别、多层次的安全防护措施，并要有严格的操作控制，场所和应用也要有足够的防护措施，对不同等级座席业务代表、管理人员设置不同的权限，建立客户登录身份认证、座席工作状态监控和录音备份等，都是提高系统安全性的必要措施。

2. 客户身份识别

对于银行来说，通过自动语音系统如何准确识别客户的身份是非常重要的。一般来说，电话银行中心系统的网络架构大多使用 TCP/IP 协议，开放性和资源共享性是计算机网络安全问题的主要根源。它的安全性主要依赖于加密、网络用户身份鉴别、存取控制策略等技术手段。目前使用最为广泛的认证方式是客户号加口令识别法，因为这种方法是最简单的，但是其安全性相对也较低，如果客户端使用电话或者手机，就容易泄密。

目前，许多银行的电话银行服务都采取了签约预留指定交易电话的方法来识别客户的身份，只有当客户使用预留的指定交易电话拨打电话银行中心客服号码时才可进行相关操作和交易。例如招商银行"快易理财"电话银行服务，需客户本人持身份证件在柜面签约预留指定交易电话后，方可通过该功能进行转账汇款等操作。如果客户通过人工服务进行交易的话，座席代表还会对客户进行其在银行系统内留下的资料及近期账户交易情况的核对，以此来识别客户身份。

3. 业务处理的准确性

口头交易的业务关系都通过电话对话方式进行，不存在书面依据或相应的业务凭证，相比书面交易差错率要高得多；如果使用自动语音系统服务，客户会存在误操作的问题，而系统又无法判别客户真实交易意愿而造成错误交易；如果是人工座席服务，也存在服务代表和客户之间沟通不畅，导致理解有误的情况，一旦出现纠纷，举证也相对更困难一些。在我国香港的电话银行实践中已经产生了大量的纠纷，例如在股票交易或外汇买卖时，将"买"误作"卖"或将"卖"误作"买"；也有将数额误解的，如将 5 000 元误为

5万元；或是输错账号将资金误转入他人账号而引起纠纷，这些差错都会造成客户的资金损失，也关系到银行资产的安全性、流动性和效益性。如何准确地辨别客户的需求和真实的意愿，防范各种风险的同时提高业务处理的效率，是其面临的一个挑战。

第二节　手机银行与自主银行

一、手机银行

（一）手机银行概述

1. 手机银行的含义

手机银行也可称为移动银行，是利用移动通信网络及终端办理相关银行业务的简称。作为一种结合货币电子化与移动通信的崭新服务，移动银行业务不仅可以使人们在任何时间、任何地点处理多种金融业务，而且极大地丰富了银行服务的内涵，而移动终端所独具的贴身特性，使之成为继ATM、互联网、POS之后银行开展业务的强有力工具，越来越受到国际银行业者的关注。

手机银行是由手机、GSM短信中心和银行系统构成的。在手机银行的操作过程中，用户通过SIM卡上的菜单对银行发出指令后，SIM卡根据用户指令生成规定格式的短信并加密，然后指示手机向GSM网络发出短信；GSM短信系统收到短信后，按相应的应用或地址传给对应的银行系统；银行对短信进行预处理，再把指令转换成主机系统格式；银行主机处理用户的请求，并把结果返回给银行接口系统；接口系统将处理的结果转换成短信格式；短信中心再将短信发给用户。与WAP网上银行相比，手机银行有两方面的优点：一方面是手机银行有庞大的潜在用户群；另一方面手机银行须同时经过SIM卡和账户双重密码确认之后方可操作，安全性较好。而WAP是一个开放的网络，很难保证在信息传递过程中不受攻击；另外，手机银行实时性较好，折返时间几乎可以忽略不计，而WAP进行相同的业务需要一直在线，办理效果还将取决于网络拥挤程度与信号强度等许多不确定因素。

2. 手机银行的实现方式及其优缺点

一般来说，基于GSM和CDMA网络的手机银行主要采用的实现方式有STK、SMS、BREW、WAP等。不同的实现方式使得手机银行在用户界面、操作方式以及实现途径等方面有着很大的区别，其中，用户识别应用发展工具（STK）方式需要将客户手机SIM卡换成存有指定银行业务程序的STK卡，缺点是通用性差、换卡成本高；短信服务（SMS）方式即利用手机短消息办理银行业务，客户容易接入，缺点是复杂业务输入不便、交互性差；无线二进制运行环境（BREW）方式基于CDMA网络，并需要安装客户端软件；无线应用协议（WAP）方式即通过手机内嵌的WAP浏览器访问银行网站，利用手机上网处理银行业务的在线服务，客户端无须安装软件，只需手机开通WAP服务。

近年来，国内也有多家银行开通了手机银行业务。其中，早期工商银行和招商银行的手机银行是采用STK方式或SMS方式实现的；建设银行的手机银行则基于BREW方式实现，服务于CDMA手机；交通银行和北京市商业银行开通了WAP方式的手机银行，北京市商业银行的手机银行业务目前仅支持移动全球通客户，且功能较少；交通银行的手机银行支持移动、联通的手机客户，实现功能较为完善。后来，招商银行推出了 WAP 手机银行服务，新推出基金投资、证券行情、日程提醒、每日基金净值提醒、信用卡自助缴费等功能，工行等越来越多的银行也进入了 WAP 手机银行的领域。

（二）手机银行的主要类型

1. 根据手机银行的业务功能不同，可分为简单信息型和复杂交易型两类

简单信息型手机银行主要是给客户发送金融信息，例如利率变动信息、产品信息、服务信息等；并为客户提供账户查询类服务。这类服务对手机银行的安全性能要求不高，对手机型号的限制也比较少。

复杂交易型手机银行不仅可以使客户完成查询服务，而且还提供了安全技术保障，客户可以进行银行账户的资金交易，实现和银行的交互，服务功能更为丰富一些，但是交易型的手机银行对客户和手机型号有较多的限制。

2. 根据手机银行的技术方式不同，可分为短信手机银行和 WAP 手机银行

短信手机银行业务是由客户通过其手机编辑发送特定格式短信到银行的特服号码，一般不同的格式代表不同功能，银行按照客户发送的指令为客户办理查询、转账、缴费等业务，并将交易结果通过手机短信通知客户的服务方式。在亚洲市场上，短信型的手机银行得到了消费者的高度青睐，但是由于短信内容是明码传输，安全程度不高，并且对于一些复杂业务和无法一步完成的业务来说，简单的短信已经满足不了客户的需求，和银行的交互性也较差，因此能提供的业务种类和范围都受到了限制。

（三）手机银行的功能

近年来，银行业在产品、服务方面的竞争越来越激烈，各个商业银行不断地进行金融服务创新，手机银行作为一项新兴的银行服务渠道，其业务范围和服务功能也在不断地被更新和开发，客户可以根据实际需要方便灵活地使用其功能服务。基于手机银行的特点，除了可以提供银行基本业务之外，还有一些独特的功能。

1. 银行基本业务功能

手机银行作为银行的一个服务渠道，传统的银行业务是其基本要求，银行从网点柜台的非现金业务中选择出符合手机功能特点的业务种类移植到手机银行上，这一方面和电话银行、网上银行大致相同，是对银行业务渠道的补充，充分体现了银行服务渠道多样化的特色，是手机银行最基本的功能。其中包括账务查询、账户交易及账户管理功能。但是由于手机银行终端的特点以及有关技术环境的影响，与网上银行和电话银行相比，它的功能相对以较简单易操作的为主，交易方面也以小额支付为主，这主要是由于整个手机银行交易的全过程涉及手机终端厂商、移动运营商、银行和客户，整个生产链条较长，任何一个环节对数据和技术的不兼容都会影响客户的正常使用。另一方面，无线网络的带宽相比有线网络要窄一些，容易造成信息的阻塞，稳定性较差，因此在进行复杂业务的操作及推广运用方面会形成一定的制约。

2. 短信通知功能

这是手机银行为客户提供的个性化的特色信息通知服务，银行通过移动运营商的 SMS 网关服务、移动网上的 USSD 通道和手机短信功能，根据客户需要，为客户发送各种短信通知。客户可以选择短信通知的种类和个性化的发送条件。

短信通知功能是手机银行独特的功能，有着别的服务渠道无法比拟的优势，也是手机银行最吸引客户的功能。近年来，银行卡被盗用的案件日益增多，大多数人都对自己的账户安全和账户变动的及时反馈有了更高的要求。手机银行短信通知功能正好满足了客户这方面的需求，它的信息传输安全性很高，并且省去了邮寄对账单时间较长，容易丢失和泄露个人数据的麻烦，将客户账户的变动及时通知到客户设定的手机上，使客户可以随时掌握账务变动的情况。例如客户账户发生大额取款、POS 交易、异地或境外消费、定期或理财产品到期等情况，客户便可实时接到通知，了解账户的特殊变动情况。

另外，短信通知功能还可以由银行主动发起，给客户发送新产品或新服务信息，客户定制的汇率、利率、证券指数等金融信息，增强和客户的互动性，拓展银行服务渠道。

3. 手机支付功能

手机支付是由银行、移动通信运营商和移动应用服务提供商（MASP）共同推出的一种构建在手机银行系统上的增值业务，是手机银行独有的一项业务功能，也是手机银行业务的亮点所在。

手机支付的功能相当于"电子钱包"，它为每个移动用户建立了一个与其手机号码相关联的支付账户，消费时通过手机号码自动链接和它建立绑定关系的支付账户，从该支付账户中完成扣费处理。手机银行是一种新兴事物，我国在使用方面还不是很广泛，主要进行的也是一些小额支付，大规模交易较少，并且大多数用户都会担心手机银行的安全性，当手机丢失时带来的账户泄密和盗用等。事实上在信息保密性方面，手机银行的信息传输、处理均采用了国际认可的加密传输方式，实现移动通信公司与银行之间的数据安全传输和处理，防止数据被窃取或破坏。同时目前为了保证手机银行的账户安全，银行一般对每日交易额设置了严格的上限。

手机银行支付蕴含着巨大的商机，吸引了全球众多知名移动运营商和著名商业银行的积极参与，形成了错综复杂的网状商业价值链。日本，高度注重手机银行的安全管理，其安全保障技术近于完美，再加上与各银行间使用专线网，银行业和消费者对这一业务的信赖程度非常高。

手机银行作为网上银行和电话银行的延伸，给用户带来了极大的方便，用户可以通过手机来支付各种银行代收的水电费、完成股票交易、购买商品，大大提高了生活效率。虽然目前手机银行还存在着认知度和推广方面的问题，但是随着手机越来越普遍的使用、技术的不断完善，手机银行将会成为未来人们使用的主要支付方式之一。

二、自助银行

（一）自助银行概述

1. 自助银行的概念

自助银行又称"无人银行""电子银行"，它属于银行业务处理电子化和自动化的一部分，是在国外兴起的一种现代化的银行服务方式。它利用现代通信和计算机技术，为客户提供智能化程度高、不受银行营业时间限制的 24 小时全天候金融服务，全部业务流程在没有银行人员协助的情况下完全由客户自己完成。

20 世纪 60 年代，自助银行在国外得到广泛应用。原因很简单，当时银行客户和业务不断增多，柜台客户流量变得越来越大，不少人排很长的队伍仅仅是为了办理小额存取款及查询等简单的业务，办理业务可能只需要 2~3 分钟的时间，但排队却往往可能要花费 1~2 个小时的时间，使得客户怨声连连。

当时的银行认为，客户增多会使得银行柜台人员疲于应付，因此降低了对高端客户提供优质服务的能力，于是便想通过增加营业网点来分散客户。但是增加人员势必大幅度提高成本开支，基于这些情况，银行产生了引入自助取款机的念头，技术供应商也积极响应。于是，自助取款机应运而生，接着又扩展到自助存款机、外币兑换机、夜间金库、自助保管箱、存折补登记、信息查询机等一系列自助银行设备。这些设备的出现，从时间和空间上延伸了银行的服务，很快便得到了客户的青睐。银行业也意识到这些设备不应只存活于银行的营业网点内，而是应该散布在公共场所，作为银行网点的一种延伸，于是就出现了离行式自助银行，独立分布于商场、机场等人流量较大的场所。

国外的商业银行经过多年的建设，已建立了先进的计算机网络系统，自助银行的建设起点也比较高，利用现代科技手段向客户提供自动化程度高、方便、安全、周到、全天候的金融服务，功能也比较全面。目前，我国的自助银行也已经由理论研究和技术准备阶段转向了应用实现阶段。

2. 自助银行的作用

（1）降低了银行经营的成本，提高了商业银行的市场竞争力

据测算，银行的营业网点柜台每处理一笔存取款或转账业务的成本大概为 3.06 元，而自助银行、ATM 等自助设备的成本仅为 0.83 元，自助设备每笔业务的交易成本仅为传统柜台的 30% 以下，极大地降低了银行的经营成本。同时，由于成本低廉，银行可以在更广泛的区域用自助设备取代银行营业网点，扩大了银行的经营范围，也方便了用户，大大提高了银行的市场竞争力。目前商业银行的客户存取款交易超过 50% 都是在自助设备完成的，自助渠道服务业务集约化经营效益日益凸显。

（2）自助渠道服务提高了银行的工作效率，缩短了客户的等待时间

客户到银行最常办理的业务莫过于存取款和转账汇款业务。而按照银行柜员手工操作计算，过去手工办理一笔业务平均需要 3 分钟，现在由于系统的更新和网点服务流程的优化，办理一笔小额存取款业务的时间大概在 1~2 分钟，还不包括和客户交流沟通的时间，如果按每天 8 小时工作时间来计算，银行柜员就是不停地工作，也只能处理不到 300 笔的业务，而自助设备从插入磁卡到后台主机响应反馈信息，存、取款，打印凭条直到退卡只需要 40 秒到 1 分钟。即使按每笔业务花时 1 分钟计算，在同样的工作时间内也可处理 480 笔业务，而且不受上下班时间的限制。由此可见，自助渠道服务的工作效率是手工操作无法比拟的，并且对于一些仅办理简单的小额存取业务或账户查询的客户来说也无须排队等待太长时间，既省去了银行的人工成本，又给客户带来了便利。但是目前自助渠道办理现金业务的缺陷就在于一般来说 50 元以下面额的零钞是无法操作的，并且对纸钞的新旧程度要求较高。

（3）自助渠道服务使银行网点服务得以延伸

一般来说，银行营业网点的营业时间都在上午 9 点到下午 5 点，而自助银行可以为客户提供 24 小时全天候的服务，将银行业务产品、服务时间最大限度地提供给了客户，方

便了人们业余时间的需要，充分发挥了自助银行的使用价值。

自助银行融合了个人金融业务的所有资源，将品牌、知识、知识产权、技术、产品、服务和人才等资源有机地组合到一起，才能打造成一间能带来效能的自助银行。对于大银行来说，他们希望自助银行能有效地整合其所有的资源，建立无所不在的价值网络；对于中小银行而言，自助银行能有效地延伸其网点架构的不足，提升其新型技术银行的形象，以赢得更多的知识型客户群。

（二）自助银行的种类

1. 按自助银行设立的地点可分为在行式自助银行和离行式自助银行

在行式自助银行指在已有网点内（或依附在已有网点旁）设置的自助银行。该区域在日常营业时间内与营业大厅相连通，能够分担网点的部分银行业务，缓解柜台压力。在柜台营业时间外，营业大厅关门，该区域被人为地与营业大厅隔离，又变成了独立的自助银行。

离行式自助银行指在已有营业网点以外设置的自助银行。这种形式的自助银行与银行分支机构和营业网点完全独立，一般是设立在商业中心、人口密集区或高级住宅区内，也是全天候开放。

2. 按自助设备功能的不同可分为自动取款机（ATM）、自动存款机（CDM）、存取款一体机（CRS）、多媒体自助查询终端、IC卡圈存机、自助金库、存折打印机等

自动取款机又称为自动柜员机（ATM），是最普遍的自助银行设备，最主要的功能就是提供最基本的一种银行服务，即出钞交易。在自动取款机上也可以进行账户查询、密码修改等业务。自助银行在20世纪80年代初登陆中国市场，中国银行香港中银集团电脑中心首先开发出ATM机应用系统并投入使用，1988年中国银行深圳分行推出国内第一台联机服务的ATM机，1994年中国银行又在广东、湖南、福建等地开通了"中国通—银联"网，海内外客户开始在华南地区的ATM机上办理取款及查询业务。

自动存款机（CDM）提供存款服务；自动存取款机（CRS）是目前世界上最先进的自动柜员机，它集现金存取款于一身，并且可以办理缴纳费用业务；多媒体自助查询终端可以全方位介绍金融知识和银行业务信息，并可查询、打印所有账户的历史交易明细，缴纳各种费用、办理卡间转账、卡内转账、外汇买卖、银证转账、质押贷款、国债买卖、提醒服务、打印发票、口头挂失等业务；全自动保管箱则提供自助式保管箱服务，客户存取物品不受时间限制，亦无须银行人员陪同，也能确保客户隐私；事先申请夜间金库业务，则能24小时自由存放现金或物品等。

（三）自助银行的业务功能

自助银行交易，是指客户通过自助银行设备进行的金融交易活动，包括现金类和非现金类交易。现金类交易主要指现金取款交易、现金存款交易；非现金类交易主要有转账交易、修改密码、查询服务、存折补登、代收代缴、外汇买卖、基金交易、公积金交易等。

在自助银行设备进行的交易，可以分为有物理介质和无物理介质两种。包含客户相关信息的物理载体，即为物理介质，包括各类银行卡、带有磁条信息的存折、他行卡、境外卡，以及最新出现的条码、卡、指纹、人像识别等。无物理介质的交易包括：无卡折存款、预约取款等。

自助银行所有交易必须对物理介质信息或客户输入信息进行验证。

1. 现金取款

客户使用物理或非物理介质，通过身份验证后，自助银行设备根据客户输入所需金额自动输出相应的纸币。

一些银行机构的自助设备钞箱配备的纸币面额为元面值，另一些银行机构自助设备配备的纸币为各类面额。自助设备同时提供特定金额的菜单和让客户手工输入金额取款两种方式。客户输入的金额应为最小面额纸币的整数倍，并受单笔取款额、当日取款额的限制。

2. 现金存款

客户使用物理或非物理介质，经过信息验证后，在自助银行设备上存入现金。同样，一些银行机构的自助设备取款只提供元面值的纸币存入功能，另一些银行机构的自助设备提供各类面额的纸币存入功能。

客户使用物理介质存款交易流程为：客户使用物理介质并校验、将纸币放入存钞口、设备验钞并退出不识别的钞票、确认可识别的存入钞票金额、存款金额记入客户账号。

客户选择非物理介质交易流程为：客户选择无介质存款、输入目标客户账号、将纸币放入存钞口、设备验钞后退出无法识别的钞票、确认可识别的存入钞票金额、存款金额记入目标客户账号。

3. 转账交易

转账交易指客户在通过身份验证后，进行的资金转移交易。包括：本人的账户之间转账、与他人及他行账户的转账。

在大部分转账交易中，客户输入目标账号及金额后，屏幕会再次显示目标客户账号、金额和目标客户姓名的某一部分等。客户确认后，信息发送至后台服务器。交易成功后客户可选择是否打印凭条。

4. 密码修改

修改密码时，客户要先通过身份验证。一般需输入旧密码再次确认操作者的正确身份。然后根据系统提示，将新密码输入两次。新密码输入的位数不足或两次输入不一致，一般会要求客户重输新密码。连续几次修改密码不成功后设备会返还银行卡，而一些银行机构会按程序由自助设备回收银行卡。密码修改成功后，如有物理介质，银行自助设备会退出其物理介质。客户如继续进行交易，必须重新插入物理介质。

5. 查询交易

查询交易是客户最常用的个人银行业务之一，随着技术的进步和银行机构代理业务的拓展，查询的内容越来越广泛。

（1）账户余额查询

账户余额查询是客户通过身份验证后，在自助设备上查询账户余额的交易。交易成功后，自助设备界面显示"账户余额，可用余额"。

（2）账户明细查询

账户明细查询指客户通过身份验证后，在自助设备上查询特定时间段内账户的变动情况或交易明细。交易成功后界面显示"交易日期、交易金额、余额、交易类型"等信息。

（3）外汇查询

包括实时汇率查询、外汇委托查询、外汇卡余额查询等。

（4）中间业务查询

如公积金查询、公积金贷款明细查询、维修基金查询、保证金查询、基金交易查询、国债交易查询、贵金属交易查询；上海交通卡查询、陆港通查询、江苏住房补贴公积金查询、新疆签约关系查询等。

6. 与不同行业、不同地域合作的代扣代缴等代理业务

客户利用自助银行设备，进行各种代理交易操作，如：城乡居民各类生活费用的代扣代缴、企事业单位工资的代理发放、代理不同行业预约登记及收费等业务。

代扣代缴包括了实时缴费和预付缴费，客户通过自助银行代扣代缴后，可到指定银行网点营业柜台或设备上补打缴费凭证。代理包括：预约挂号、预订门票、预订机票、预订酒店等新类型的业务。如移动、联通、电信的实时交费或充值、代收电脑款、交通罚款代收、条形码缴费、代缴车船使用税、代收水费、代收电费、代收社保；医院预约挂号、医院挂号支付、预定景点门票等。

7. 自助理财交易

主账户和关联账户之间旳转账，包括同一账户、同一币种、同一钞汇类型之间，活期、定期各种类型之间的互转，以及主账户、关联账户、卡内卡外互转等。

同一币种、同一钞汇类型的外币（汇）账户间转账。外汇买卖交易包括：实时行情、实时交易、成交查询、挂单止损、汇率查询、获利挂单、追加挂单、双向委托挂单、委托撤单、挂单查询等交易。外汇买卖实时交易以系统处理时的实际汇率为准。

关于通知存款交易操作，客户在自助设备的操作包括：支取设定查询、通知存款转入、支取设定、通知存款支取和支取设定解除等交易。

（1）基金交易

客户在自助设备上可进行各类基金的交易操作。例如：开放式基金申购、认购、撤单、赎回、资金转账、转换和查询等交易。

（2）贵金属交易

包括账户金、账户银及其他贵金属账户交易。

（3）消费分期交易

包括汽车消费分期、家电分期、家装分期、车位分期、账单分期等。

（4）国债交易

包括国债公告查询、国债申购、国债明细查询、国债兑付。

8. 个人贷款业务

包括贷款申请、抵押贷款、查询贷款明细、贷款展期、归还贷款等。

9. 公积金业务

客户可办理住房公积金账户、住房补贴账户、公积金贷款账户、住房维修基金账户等；签约后，可在银行自助设备上查询住房公积金账户、公积金贷款账户、住房维修基金账户、住房补贴账户等账户的明细信息和余额信息。

10. 自助设备交易手续费

自助银行设备上产生的交易，客户手续费不直接交由机具提供行收取，由交易账户开

户行向客户收取手续费，然后按一定标准清算给机具提供行。

一般机具提供行进行如下几类交易时，对开户行收取费用。

（1）取款交易：包括本行账户异地取款、他行取款、境外取款。

（2）存款交易：本行账户异地存款。

（3）转账交易：本行账户转他行账户、本行本地账户转异地账户、本行异地账户转本地账户。

11. 打印交易凭证

自助银行上产生的现金和非现金类交易，客户都可选择是否打印凭证。凭证要素有以下内容：交易设备号、交易介质号、交易金额、交易日期和时间、交易类型、交易流水号、转入转出账号、手续费等。介质（卡号）或姓名一般会隐去部分内容而以×××代替。

第三节　电子货币的内涵与功能

一、电子货币的内涵

（一）电子货币的概念

货币是一种商品，有价值和使用价值，具有表现商品价值的能力，即可充当一般等价物，持有货币实际上等于握有相应价值的商品。

一般认为，货币是一种具有普遍的可接受性，而用作购买手段和清偿债务的支付工具。这种概念的含义是，货币的主要职能是用于商品交换和支付债务，前提是"普遍可接受性"。这种普遍可接受性是由多种因素决定的，但主要因素是国家的强制力量和货币发行主体的信誉。

对电子货币概念的界定，需要达成共识。在英语里有几种关于电子货币的概念。在国内对电子货币的解释有：①电子货币是指"数字化的货币"，凡付款、取款、通货的使用、融资、存款等与通货有关的信息，全部经过数字化者，便叫电子货币，是货币的抽象概念，是货币支付和实现方式上的新形态。②电子货币是基于一种软件的支付系统，该系统允许使用者使用任何计算机网络通过一台 PC 机向其他 PC 机或工作站发送电子支付，这种电子支付工具就是电子货币。③电子货币是指银行在电子技术的条件下，把存款通过联网的电子计算机转账系统使其流通，这种利用电子计算机网络记录和流通的特殊微电子物质就是电子货币。④电子货币是以磁记录或电子信号形式存在于金融机构计算机系统的记账货币。⑤电子货币是以计算机网络通信、电子机具、电子化商业机具为基础，以各种信用卡为介质，以电子信息转账方式实现流通的一种货币流通形式。⑥根据以上这些观点，有的还把电子货币划分为广义和狭义的概念，广义的概念指用计算机来储存和处理的银行存款；狭义的概念指各种信用卡。

以上这些观点应该说，从不同的角度概括了电子货币的基本特征，都有其合理性。但这些观点也都有一定的局限性，主要是这些观点过分地看重了电子货币的物理特性，而忽视了货币的本质属性。

电子货币的准确概念应该定义为：电子货币是一种具有普遍可接受性而用于购买手段和清偿债务的支付工具，是以计算机通信、金融与商业专用电脑和机具等现代化科技为基础，通过电子信息转换形式实现的一种货币流通方式。简言之，它是一种可以用电子处理方式实现商品交易的电子化货币，即货币的电子化、电子流货币。

（二）电子货币的产生

从货币形式的演变过程中可以看出，货币作为商品经济发展的必然产物，是随着商品交换的产生而产生的。货币形式的演变也是伴随着商品经济的不断发展进行的。从实物货币到金属货币，从金属货币到纸币，在货币发展史上这两次重大变革实现的条件一是商品经济的迅速发展，二是生产力的不断进步。可以说电子货币的发展是货币发展史上的第三次变革。电子货币的发展不仅依赖高度发达的商品经济条件，更重要的是依托于现代科学技术的进步。

1. 电子货币产生的必然性

进入 20 世纪以后，商品生产进入现代化的大规模生产，尤其是科技进步、第三产业以及互联网的迅速发展，使现代市场经济进入大规模、多渠道、全方位发展的时代。这种高效、快速发展的商品经济和现代社会的生活方式，对传统的货币提出了新的挑战。纸币已经满足不了信息时代商品经济快速发展的要求，迫切需要一种先进的、能够与现代经济相适应的货币形式。这种货币形式既要能满足快速、多变的商品经济发展需要，又要能体现现代社会的特色。电子货币正是适应市场经济的高速发展，能够体现现代市场经济特点的货币形式。主要表现为以下几个方面。

（1）信用是电子货币产生的基础

电子货币又被称为数字货币。它表现为账号或是价值符号，是货币流通现代化的产物，是信用制度发展的产物。信用，在现代社会已经被赋予了新的概念，并正逐步被人们所认同。在国外，金融行业已普遍使用信用来评估一个人或一家公司。一个人的信用就是价值。价值最直接的表现形式就是货币。例如：金融机构推出的贷记卡，就是根据每个人的收入、家庭、还款情况等评定出一个信用等级，然后给予相应的贷款额度。电子货币为信用从虚拟到真实提供了良好的载体。

（2）货币市场和消费市场需要电子货币

作为支付的手段，实物货币和电子货币的职能是一致的。传统意义上的市场有固定场所，经营者和购买者都在同一个地点交易。随着经济的发展，市场、购物、消费的场所发生了改变，从有形发展到无形，从固定发展到流动。当今，只要有一个属于你的账号，有一台可上网的电脑或一部手机，那么消费将成为可能，电子货币将自动实现支付。随着银行网络化进程的加快，以银行卡为载体的网上银行业务得到迅速发展。持卡人可以在银行网点、特约商户等任何加入金融网络的终端进行直接交易，也可以凭借卡号、密码等要素通过互联网在任何时间、地点进行交易。从这个意义上讲，任何场所都可以成为交易场所，都是交易市场的组成部分。这种市场的无形化和无中心化促进了电子货币的产生和发展。

（3）消费者偏爱电子货币

人们在生活中离不开缴费、购物，离不开货币。但是实物货币有许多不便之处，给人们带来许多不必要的麻烦，因此希望发明一种方便、安全性高、支付快捷的支付方式。由于电子货币固有的高科技、现代化、高品质这一特性，因此受到使用者和广大消费者的欢迎，成为经济生活和金融领域不可或缺的产物。

（4）人民银行规制电子货币

电子货币，不同于我们普通意义上的纸币，要受到中央银行监管和指导，准确地说电子货币是金融机构或非金融机构所制造发行的用于替代纸币，代表一定数值纸币并通过网络行使纸币职能的货币。无论是发行还是使用均不能强迫命令，并且在使用中，要借助法定货币来反映和实现商品的价值。人民银行大力提倡发展电子货币，并对电子货币的管制、指导，相应出台了《中国人民银行金融 IC 卡规范》等多项技术业务标准，从业务规范和技术规范对电子钱包、电子存折做出严格的规定，成为金融业大力发展电子货币的政策基础。

（5）电子货币的产生有技术条件

银行的结算、核算、划转无一例外，都需要计算机的支持和安全保障。依赖于银行结算体系的电子货币，各种机器设备的推出，各种软件的开发，计算机技术的不断升级，不断创新，都为电子货币的产生发展创造了条件。网络时代的到来，为电子货币的发展提供了通道。无线技术的发展使得手机银行成为可能。科学技术的普及，使更加广泛的普通大众能够懂得、接受、使用计算机，使电子货币的使用有广阔的空间。

2. 电子货币的崛起历程

发达国家的电子货币起源，可以追溯到 20 世纪初期信用卡的出现，但那个时期的信用卡由于完全依赖于手工作业，还只能称为电子货币的"雏形"。真正意义上的电子货币，应该出现在 20 世纪中期。美国在 20 世纪 50 年代就出现了有凸印客户资料的金融交易卡（FTC）。这种卡片可以用机械的方法把带有凸字的卡片发行人和客户账号印到纸质单据上，完成支付和结算。到了 20 世纪 60 年代中期，随着电子技术的发展，人们把可以记录信息的磁条贴在这种 FTC 卡背面，从而诞生了能够使用电子设备自动读取信息并进行连线交易处理的磁卡。在计算机技术、通信技术、网络信息技术的发展和经济需求的推动下，各种磁卡处理设备、高速可靠的网络环境、日益安全的逻辑加密算法推陈出新，使得卡基支付工具—电子货币的鼻祖和重要表现形式得到了迅猛的发展。

特别是在 20 世纪 70 年代后期，在法国布尔公司成功地制造出世界上首张双晶片（微处理器和存储器）的智能卡以后，由于这种新型的卡基支付工具具有 3S 特色：标准化、智能化和安全性，它特别适用于高可靠性的安全身份识别和依赖于此的小额脱机金融交易。人们以电子方式取代纸币的梦想出现了希望。

（三）电子货币的发展

1. 货币演变的历史

经济学认为货币的产生是商品价值形式演变的必然产物，也是商品经济发展到一定阶段的必然结果。货币的产生和发展是以商品的产生和发展为前提的，货币形式的演变也是与商品经济的发展相伴进行的。有什么样的商品经济发展水平，就有什么样的货币形式与之相适应。这是货币发展的必然规律。回顾货币发展演变的历史，从货币的价值形态来看大致经历了以下几个阶段。

（1）实物货币阶段

实物货币又称为商品货币，是货币发展的最原始形式。在物物交换制度不能适应交换的发展时，人们就从商品世界中挑选出一种大家都普遍接受的商品，并将其作为交换的媒介。这种充当商品用途的价值和充当货币用途的价值都相等的货币，统称为实物货币。实物货币的产生解决了物物交换的矛盾，有力地促进了商品经济的发展和人类社会的进步。但随着商品经济发展和生产力的提高，商品交换的数量越来越大，种类也越来越多，实物货币的缺点和不足日益显露出来，无法充当理想的交换媒介，于是实物货币就逐步被新的货币形式——金属货币所取代了。

（2）贵金属货币阶段

贵金属货币也称为实体货币。由于商品交换的迅猛发展，人们逐步认识到，黄金或白银由于单位体积价值高、价值又稳定、质量均匀而易分割、耐磨损等特点，是作为货币的最佳材料。于是，扮演货币角色的特殊商品，就集中到黄金和白银身上。它既弥补了实物货币的不足，又满足了当时商品交换的需要。最初的贵金属货币其名誉重量与实际重量之间没有明显的差别。以后随着交易的日益频繁，铸币在使用中产生磨损使其实际价值低于名誉价值。足值的金属货币与经过磨损不足值的金属铸币在市场上同时流通，同样发挥货币的职能作用。这就使人们认识到货币可以由不足值的或无价值的符号来代替，于是在金属货币不能满足商品经济发展需要的时候，一种代表贵金属价值的新的货币形式——代用货币就产生了。

（3）代用货币阶段

代用货币严格来讲是指代表实体货币，是指作为货币物品本身的价值低于其代表的货币价值。作为货币的黄金等贵金属，由于资源有限，不能满足商品交换日益发展对货币增长的需求，于是不得不寻求一种替代的东西来代替贵金属货币。从理论上讲，代用货币的形态有许多，除国家铸造的不足值的铸币外，代用货币主要是指政府或银行发行的纸币和票据，这种纸币和票据所代表的是贵金属货币。尽管它在市面上流通，从形式上发挥着交换媒介的作用，但它却是十足的贵金属符号，而且也可以自由地向发行单位兑换贵金属货币。因此说，纸币的产生和普及是货币发展史上的一次重大革命，极大地推动了商品经济的繁荣和发展。

（4）信用货币阶段

信用货币是一种抽象的货币概念，就是以信用作为保证，通过信用程序发行和创造的货币。信用货币是代用货币进一步发展的产物。目前世界上几乎所有国家采取的货币形态（包括辅币现金或纸币和银行存款）都是信用货币。由于在 20 世纪 30 年代爆发了世界性的经济危机和金融危机，各主要西方国家先后被迫脱离金本位和银本位制度，所发行的纸币不能再兑换成金属货币。在这种情况下纸币逐步与金属货币脱钩，开始独立出来。纸币从发展过程来看分为前后两个时期，纸币直接与黄金挂钩，属于代用货币阶段；在"金本位制"彻底瓦解之后，纸币开始独立行使前期的货币职能，纸币便成为信用货币。可以说，纸币是最初的信用货币形式。有以下两个特征：①信用货币完全割断了与贵金属的联系，其发行不是以黄金作为准备；②信用货币的基本保证是国家政府的信誉和银行的信誉。

进入 20 世纪中期以后，随着科学技术的进步和生产力的进一步发展，商品生产进入了现代化的大规模生产，经济结构也发生了重大变化，商品流通渠道迅速扩大，交换日益频繁，大规模的商品生产和商品流通对货币支付工具提出了新的要求，迫切要求有一种新的、先进的货币工具与高度发达的商品经济相适应。于是在高度发达的信用制度和技术条件下，一种新型的货币形式——电子货币便应运而生。

2. 信用卡是电子货币产生的标志

银行作为买卖双方以外的第三者发行信用卡，使信用卡由过去仅限于买卖双方的信用工具发展成为一种银行信用形式，使信用卡的应用范围、地域迅速扩大，信用实力进一步加强。由于银行发行的信用卡允许持卡人先消费后付款，付款可以一次付清，也可以采取分期付款方式，从而更加方便了买卖双方。所以从 20 世纪 60 年代以后，信用卡很快受到了社会各界的欢迎，得到了迅速发展，大到购物消费，小到公用电话、公共汽车，都普遍采用信用卡支付。进入 20 世纪 80 年代以后，信用卡在亚太地区也得到了迅速发展，信用卡在相当一部分国家和地区得到了普及，信用卡取代现金成为交易中介已成为一种必然趋势。尤其是随着现代科技的快速发展和信用卡的普及，其功能日益增强，使用范围更加广泛，信用卡作为电子货币的雏形，已经成为电子货币时代的重要标志和主要表现形式。

3. 电子货币的表现形式

电子货币主要表现为两种方式：电子转账和电子现金。电子转账主要包括电子资金转账（EFT）和银行卡等，是货币以电子化的方式实现支付、存储、划转并产生利息或收取一部分手续费的货币形态过程。电子现金则指建立在智能卡基础上的现金卡和借助于互联网的网络货币等，如蒙得克斯电子货币（Mondexe-Cash）等。从实现形式上来说，它是指有储值、支付功能的智能 IC 卡，体现为卡内的价值是通过存储和购买而形成的。

从本质上说电子货币是信用货币的一种表现形式，由于目前电子货币还处在"初级"发展阶段，它代表法定货币来行使货币职能，因此人们在制造和设计电子货币时也有两种不同的想法，一种想法是"制造一种既简便又具有智慧的卡片，用它来做金钱的电子兑换"，用这种电子货币来取代流通中的现金；另一种想法是设定电子清算系统与电子货币子系统，供在网际网路及网际空间上使用。这种电子货币用来取代现实中的存款货币。这两种不同想法，使得电子货币的基本形态也分为两种：一种是 IC 卡型的电子货币；另一种是网路型电子货币。

从对货币发展阶段的考察和电子货币特征分析，我们可以得出以下几个结论：①从货币本身的价值含量构成来看，货币的发展经历了实物货币—金属货币—代用货币—信用货币四个阶段。从货币的物理形态更替来看，货币的发展经历了实物货币—金属货币—纸币—电子货币四个阶段。②货币形式的发展是与商品经济发展的水平紧密联系在一起的。有什么样的商品经济发展水平，就有什么样的货币形式与之相适应。商品经济的发展和科学技术的进步是推动货币形式演变的主要动力。③货币形式的变化不是孤立的，货币的每一个发展阶段也不是截然分开的，在同一个历史时期可以有不同的货币形式，他们相互交融、不断替代、不断发展。这也是由一定时期的社会经济、技术条件和市场需求的复杂性和多样性所决定的。④电子货币是信息化社会的一种主要货币形式。随着信息时代的到来，电子货币正在加快发展，并在知识经济条件下日趋成熟。

（四）电子货币的特点

电子货币之所以被称为支付系统的革命，其主要原因在于电子货币同传统的支付手段相比，具有许多好处和优势。

电子货币的好处之一是降低成本，从而提高支付系统的效率。电子货币对消费者的好处是不言而喻的：消费者可以不用携带大量的现金，可以使用电子货币进行大量的小额日常交易。对于发行人和商家而言，电子货币的使用和普及将减少大量的现金处理费用。计划带来的效益就十分可观：原来通过银行职员存入现金和现在直接划拨入账，每一笔交易可以节省0.75~1.25美元，因此每年节省的费用大约为3.5亿~5亿美元。虽然同我们所说的电子货币区别很大，但可以说明电子货币节省的现金成本。对于零售商来讲，节省处理现金带来的成本也是一样的。

对于非现金支付工具来讲，原理也是类似的。非现金支付工具，特别是提款卡以及提款卡和信用卡相结合的支付工具近几十年发展比较快，正如前面介绍的，这种支付工具被称为塑料货币，也就是说，这种支付工具往往同客户在银行的账户相联系，进行支付的时候，常常是借助特殊的设备和网络进入自己的账户。为了交易的安全，使用这些支付工具进行支付的时候，往往需要在线的授权，由此带来巨大的成本和不便。因为在线授权需要完善的网络加以支持，需要相应的网络信息交换中心来交换信息或清算交易数额，交易之后的清算过程虽然已经比传统的票据的清算过程快了许多，但仍然需要耗费一定时间。这对整个社会而言，造成了不必要的巨额成本。

电子货币的出现，大大减少了这些成本，从而提高了支付的效率。将芯片嵌入塑料卡片中，芯片本身具有比较强大的存储和计算功能，可以自己进行认证功能，不需要建立网络来授权，交易瞬间即可完成，不需要进行事后的结算（但银行之间的结算仍然需要），如果像蒙得克斯卡一样，电子货币设备之间可以相互转移电子货币，那么整个过程就更为简单，甚至可以不需要任何结算设施。由于成本的大幅降低，消费者使用电子货币进行小额交易的成本大大小于支票和信用卡、提款卡交易的成本，商家接受电子货币支付，被发卡银行收取的费用也大大小于信用卡和提款卡交易。

因此，电子货币出现和普及带来的后果将是整个支付系统效率的大大提高，银行处理现金的成本降低，零售商处理现金的成本降低，交易的速度加快。而从整个支付系统的发展历史来看，效率是支付系统追求的主要目标之一，电子货币的发展正是适应了支付系统发展的趋势。

电子货币因其载体为计算机系统、流通媒介为电子网络而具有及时性、隐秘性、安全性等主要特征。

及时性是指，使用电子货币所完成的支付行为是经由电子流通媒介在操作瞬间借记付款方的货币账户（如储蓄账户）或载体（如现金卡），同时贷记收款方的货币账户或载体。因此交易的发生时间很短暂，一系列的识别、认证、记录数据变更工作完成得很迅速。这样的特征使电子货币相对传统货币而言，更方便快捷，省去了人工识别现钞货币、点算（特别是在额度较大或者是金额比较零散的时候）保存、转移存储等步骤，加速了资金流动，方便了收付款双方。

隐秘性是指，电子货币支持的交易都在计算机系统和电子网络上进行，没有显见的现钞货币或其他纸基凭证。所以对于交易有一定的隐秘性，为保护商业秘密，尊重交易双方的隐私，提供了可行的途径。

安全性是指，电子货币下的支付行为，对于数额较大的交易，基本上还需要资金的拥有人持有一定的身份识别证明，比如个人密码、密钥，甚至指纹等来验证交易的合法性。这些电子保安措施的安全性要远远高于现钞货币的安全防伪措施，因此其安全可靠程度是更容易被接受的。

二、电子货币的功能

电子货币这种支付手段就像现金一样代表着金融债权在人们之间的转移，并在这种转移中起着流通手段和支付手段的职能。除了具有一般货币所具有的支付和结算功能外，还有以下几种功能。

（一）循环消费信贷功能

循环消费信贷一直是信用卡业务中一项颇为诱人的服务。这种服务为持卡人提供一种循环信贷，即在一定的总信用额度下，持卡人在一定的周期内只需要偿还最低的信贷额度，一旦按时偿还了这个数额，又可以继续享受新信贷周期下的信贷额度，如此循环往复。有些发卡公司还为此提供优惠利息甚至免息的服务，以吸引客户持卡消费。在信用卡的电子化处理手段不发达的时候，这样的风险是很高的。因为发卡机构不能随时掌握每个持卡人的账务资料，容易累计延迟还款甚至坏账。但是在电子货币体系的架构中，持卡人的每笔消费联机处理，信贷额度、使用情况、余额、资信评估度等指标都在电脑系统的严格监管之中，使得发卡机构能够及时预警甚至停止某些不良卡的使用，从而保障了自身利益。

（二）理财功能

随着社会经济的发展，特别是商品经济的逐步发达，客户所需要得到的已经不仅是一般的资产保存服务，而是全方位的储蓄、投资、综合理财服务。在电子货币体系下，由于资金存储、监管、调度方式的电子化，使得客户能够越来越方便地从事这些运用和管理活动。比如，电子货币可以提供基于某种基本账户（如储蓄账户）的多账户连接服务。客户可以通过

不同的信用卡，将自己的证券投资、外汇、收付费账户、信用卡账户以及其他信贷账户与其基本账户相连，及时地管理资产的收支状况，合理调度投资资金，量入为出地安排信贷消费，同时动态地获得相关资金的使用情况。它还可以将更加短期或者中期的投资计划，按照市场利率指标、股市汇市动态，分配资金的应用比例进行投资和核算。而且，这些理财功能，都能够通过电话、自动提款机或者网际网络来完成，而不必亲临银行柜台服务或是在银行营业时间内完成。这种在时间和空间上都得到了延伸的金融服务，是传统货币体系无法提供的。

（三）综合服务功能

电子货币不但具备传统货币的一般功能，而且能利用最先进的技术加载各种管理和客户服务信息，因此银行利用其开展各种综合性的服务功能，如代收代付、中间业务等银行为其他机构代收水电费、电话费等公用事业收费，代征税，代管理征收交通违章罚款等服务。传统上，这些收费项目都要由客户亲临有关部门缴付，不仅增加了这些机构的服务量，增加了现金收款的成本和风险，也由于收费项目多、地点分散、时间不统一，为客户

带来了很多麻烦。在电子货币发展起来以后，银行和相关机构通过电子网络互联，可以让客户通过转账等形式，经由电话、自动提款机、网际网络，方便地完成缴费，甚至可以有客户和银行签订合约，自动按时完成有关款项的划转，让客户可以节省出很多时间去办其他事情，银行和有关部门也不必花大量精力去处理现金的收付工作。在今后的发展过程中，这些传统的功能和扩展的功能也随着电子货币体系的不断完善和发展被赋予更新的内容和意义。

（四）支付功能

随着金融电子化和国际互联网的迅猛发展，网络作为一种新的贸易领域正在逐渐成为商务的一大发展趋势，这势必带动新的付款方式的形成。这些新的付款方式必须在安全性、速度、隐私、分权以及国际化等方面均达到空前的水平，才能在电子商务中安全应用。目前电子资金的划拨与支付主要有三种形式，其安全控制的方式及协议都有独特性。

1. 电子资金传输

电子资金传输就是电子支票系统。它通过剔除纸面支票，最大限度地利用了当前银行系统的自动化潜力。例如：通过银行自动提款机（ATM）网络系统进行一定范围内普通费用的支付；通过跨省市的电子汇兑、清算，实现全国范围的资金传输、大额资金（从几千元到几百万元）在世界各地银行之间的资金传输。

电子支票包含三个实体，即购买方、销售方以及金融机构。当购买方与销售方进行一次交易处理后，销售方要求付款。此时，购买方从金融机构那里获得唯一的付款证明（相当于一张支票），这个电子形式的付款证明表示购买方账户欠金融机构钱，购买方在购买时把这个付款证明交给销售方，销售方再转交给金融机构。整个事务处理过程就像传统的支票查证过程。当它作为电子方式进行时，付款证明是一个由金融机构出示证明的电子流。更重要的是，付款证明的传递和传输，以及账户的负债和信用几乎是同时发生的。如果购买方和销售方没有使用同一家金融机构，通常将由国家中央银行或国际金融组织协同控制。

电子支票方式的付款可以脱离现金和纸张进行。购买者通过计算机或 POS 机获得一个电子支票付款证明，而不是寄张支票或直接在柜台前付款。电子支票传输系统目前一般是专用网络系统，国际金融机构通过自己的专用网络、设备、软件及一套完整的用户识别、标准报文、数据验证等规范化协议完成数据传输，从而控制安全性。这种方式已经较为完善，主要问题是扩充到 IP 网络 WEB 方式操作。今后将逐步过渡到公共互联网络上进行传输。

2. 信用卡系统

信用卡支付是金融服务的常见方式，可在商场、饭店及其他场所中使用，可采用刷卡记账、POS 结账、ATM 提取现金等方式进行支付。电子商务中最简单的形式是让用户提前在该公司登记一个信用卡号码和口令，通过互联网在该公司购物时，用户只需将口令传送到该公司，购物完成后，用户会收到一个确认的电子邮件询问购买是否有效。若用户对电子邮件回答有效时，公司就从用户的信用卡账户上减去这笔交易的费用。现在更安全的方式是在互联网环境下通过 SET 协议进行网络支付，具体方式是用户在网上发送信用卡号和密码，加密发送到银行进行支付。当然支付过程中要进行用户、商家及付款要求的合法性验证。

3. 数字化现金

数字化现金是以电子化数字形式存在的货币。从国家金融机构来看，数字化现金比现有的实际现金形式（纸币和硬币）有更多的优点，实际现金要承担较大的存储风险，在高昂传输费用、安全保卫及防伪造货币等方面所做的投资较大。数字化现金的发行方式包括存储性质的预付卡和纯电子系统形式的用户号码数据文件等形式。

预付卡：用户可以购买特定销售方可接受的预付卡。预付卡和储蓄卡一般适用于小额支付，在很多商家的 POS 机上都可受理，而且为增加系统的可受理性。例如银行发行的具有数字化现金功能的智能卡，各种储蓄卡等。

纯电子系统：纯电子数字化现金没有明确的物理形式，以用户的数字号码的形式存在，这使它适用于买方和卖方物理上处于不同地点的网络和互联网事务处理中。付款行为就是从买方的数字化现金中扣除并传输到卖方。实际的数字化现金的传输过程通常经过公钥或私钥加密系统以保证只有真正的卖方才可以使用这笔现金。

数字现金的主要的好处就是它可以提高效率，方便用户使用在给我们带来好处的同时也会带来问题。数字现金具有灵活性和不可跟踪性，会给我们带来发行、管理和安全验证等重要问题。技术上，各个商家都可以发行数字化现金，如果不加以控制，电子商务将不可能正常发展，甚至由此带来相当严重的经济金融问题。数字现金的安全使用也是一个重要的问题，包括限于合法人使用、避免重复使用等。对于无国家界限的电子商务应用来说，数字现金还存在税收和法律、外汇汇率的不稳定性、货币供应的干扰和金融危机可能性等潜在问题。有必要制定严格的经济金融管理制度，保证数字货币的正常运作。

第四节　电子货币的影响与种类

一、电子货币的影响

（一）电子货币对经济发展的影响

1. 有利于提高货币的使用效率，加速货币流通，促进商品经济的繁荣

电子货币发展的起因之一，就是逐步替代传统的现钞货币，以电子途径存储、表述和使用资金。电子货币的使用，简化了传统货币使用过程中的印刷、存储、保安、更新等环节。因此可以大大提高货币的使用效率，减少传统货币在途和处理的时间，加快货币流通速度，从而加快商品流通速度，促进商品周转和经济的繁荣。特别是电子货币的发展和推行，能够大大降低资金运作的成本，为社会节约更多的财富。

2. 通过消费信贷功能来刺激消费，有利于经济增长

电子货币的产生和发展，为更广泛安全的消费信贷提供了有力的工具。特别是信用卡的逐步普及、信用监管评估系统的完善，使得不同阶层的人士能够开始享用符合他们经济水平的消费信贷服务，从而能够在通货紧缩的大环境下，起到刺激市场消费、改善过度通货紧缩、促进经济增长的作用。

3. 有利于社会理财

电子货币的发展，使得社会大众能够通过更加简洁的方式、更加灵活的途径实现自身

的理财管理。在这样的情形下，他们能够特别明确地管理自己的资金运用情况，便于他们在储蓄、投资、消费等方面进行准确、及时、完整、全面的评估和衡量，对培育社会大众科学的理财观念、安全的投资方法、健康的消费意识都有积极意义。

4. 有利于加强宏观调控

电子货币的发展，使得货币的运用数量、方向、领域等基本状况能够有比较精确的数字记载。这对于国家货币政策和经济政策的调整有很重要的现实意义。对传统货币体系而言，现钞和手工账目使得很多宏观经济数据的获得费时费力，等到有一个比较准确的数字的时候，往往已经过去一段相当长的时间。但是经济的宏观管理也是争分夺秒的，在商品流通相当迅速的时代，宏观调控也不是以年为单位得到基本数据的。具体到某个领域、某个方面，越早、越精确地了解资金的运作状况，就可以越早发现问题、解决问题。电子货币以精确、快速而著称，有关决策机构，能够更及时、精确地获得需要的第一手资料，作为进行宏观经济调控的重要依据。

5. 有利于培植新的产业，加快电子化发展

电子货币体系的发展是伴随着计算机技术、通信技术的进步而进步的。它本身就是金融和其他高新技术行业的结合体。电子货币的发展，同时也可以推动相关支持产业的进步和发展，甚至培育出很多新兴产业，促进国民经济的发展。在电子货币发展初期，我们没有多少信用卡，没有多少自动提款机，也没有多少相关的专业人才。但是在这个行业刚刚起步的几年时间里，国内生产信用卡、提款机或其他相关配套设备的合资、独资、内资企业如雨后春笋蓬勃发展，有关的人才也源源涌出。相信随着电子货币的发展，必将带动诸多新兴产业，走上蓬勃发展之路。

（二）电子货币对银行业的挑战

1. 电子货币改变了银行业的服务方式

传统货币向以现代化电脑技术和通信手段为基础、以信用卡为载体的电子货币转化，带动了银行业务也迅速从传统的手工操作转变为高科技的电子作业。它表现为服务手段更加方便、快捷，服务功能日趋多元化，服务方式更贴近客户的需要，服务范围更加广泛，服务效率不断提高。

2. 改变了银行业务结构

在传统的银行体制下，存、贷业务是银行的主体业务，业务结构相对比较单一。而电子货币的发展使其自身的服务功能不断增强，应用领域日益广泛，推动传统业务与新兴业务融合发展，有效地将客户的潜在需求转化为现实的服务，为市场经济的发展提供全方位的服务。在电子货币条件下，银行的存贷业务比重不断缩小，各种中间业务、代客理财等非资本性经营业务所占比重不断扩大，各种新业务将成为现代商业银行的重要效益增长点。

3. 改变了银行的经营战略

发达国家的经验表明以计算机为主的信息革命正促使传统的金融业发生着深刻的变化。这不仅来自银行内部的技术创新和对传统经营模式改革的需求，还来自科技公司与厂商由外及里变革市场的冲击。金融电子化已成为新时期各银行和众多公司及厂商关注的热点，也是商业银行之间、众多高科技公司和厂商之间竞争的主战场，在这个市场上银行面

临的已不仅是同业间的竞争，而是各种高科技公司与厂商正在跨越传统金融业务的限制，丢弃商业银行砖墙式的固定网点和大量人工操作的沉重负担，携带着信息和高科技的优势，从网络的空间上跨越了行业界限，跨越了国界，向传统商业银行发起了全面的挑战。在这种形势面前，尽快转变传统的思想观念，充分利用信息和科技手段把握住金融电子化发展的机遇，把客户的需求和市场竞争的挑战变成动力，努力拓展现代商业银行建设的深度和广度，把银行的业务柜台推向商户、推向网际网络、推向人们生活的各个角落。这是现代商业银行的明智战略选择，否则，再死抱着靠点多面广、存款立行、"微笑服务"等经营观念不放，迟早被信息革命的浪潮所淘汰。

（三）电子货币对金融理论的创新

货币是一个极其复杂的客体，货币学也是一门综合性极强的科学。在货币发展的每一个历史阶段，尤其是在货币形式面临着重大变革的时期，一种新型货币形式的出现不仅对现实的商品经济产生重大的影响，而且对货币理论也会产生新的认识和创新。电子货币作为信息时代的一种新型货币形式，在现实中已经发挥了传统货币所不能发挥的作用。如何面对这一新生事物，进行客观的评价和定义，是当前金融理论所要研究的一个重要课题。

电子货币作为货币的电子化，作为货币的价值符号，是信用货币阶段的一种先进的表现形式，与传统货币相比发生了变化，其对金融理论也必将产生新的认识和影响。

1. 电子货币充实了传统金融理论对货币职能的认识

电子货币可以减少流通中的货币的数量，但它不能取代货币。货币作为一般等价物的职能，不会因电子货币而消失。电子货币是货币的电子化，是符号的符号。货币的职能一般具有价值尺度、支付手段、流通手段、储藏手段和世界货币等职能。而电子货币这种先进的货币形式，随着高科技的迅猛发展和发达商品经济的需要，还派生出了许多新的功能。因为电子货币是抽象的商品价值形式的代表，它摆脱了传统货币商品属性的局限性，具有无限的拓展空间能力和灵活性。在履行传统货币职能时也有比传统货币更大的优越性，如在流通手段、支付手段上比传统货币更方便、快捷；在储藏手段上，也不需要以货币退出流通为前提，可以把储藏货币置于货币流通的各个不同的环节或领域，通过不断地转换储藏方式而使货币得到不断的升值等。对于电子货币派生出来的功能，目前最具有代表性的如下。

（1）循环消费信贷功能

发行电子货币的银行为了鼓励顾客消费，对信誉状况良好的人给予一定的信用额度，在授信额度内顾客可以先不花自己的钱而享受购物消费，并享受一定的免息期。

（2）理财功能

由于电子货币是商品价值形式的代表，在先进的技术条件下，电子货币的流通具有很强的灵活性。运用电子货币这种先进的支付工具，可以使人们手中的闲置资金不断地向高收益的领域或环节流动，从而为所有者带来更多的财富。

总之，随着技术的进步和电子货币的发展，其业务功能不断增多，正逐步向真正意义上的"一卡通"发展。

2. 电子货币的发展对货币流通规律的影响

对于货币的流通规律，传统理论认为，商品流通决定货币流通，货币流通又反作用于商品流通。商品流通的规模、范围决定货币流通的规律和范围，没有商品流通也就没有货币流通，并提出货币流通规律的公式：

流通中货币的必要量＝商品价格总额/同名货币的流通速度

以后又进一步演变为：

流通中货币的必要量＝（商品价格总额－赊销商品价格总额＋到期支付总额＋
互相抵销的支付总额）/同名单位货币的流通速度

应该说这个公式在很长的历史时期，反映了一定商品经济条件下的货币流通规律，也揭示了决定货币需要量的本质，反映了货币需要的基本原理。但是在信用经济非常发达的今天，信用货币已成为流通中的主体。在这种情况下，货币的供应量不会自发地去适应客观经济对货币的需求，实际流通的货币供应经常与货币需要量发生差异。这种差异就成了货币流通中的一个很难调和的基本矛盾。这种矛盾不好调和的主要原因是由货币需求的客观自然性和货币供应的主观创造性决定的，要保证商品经济的平稳发展，就必须保证货币需求与货币供应之间的平衡。而电子货币的产生和发展，对货币的需求和供给都产生了较大的影响。

从货币需求主体来看，不同货币需求主体愿意以货币形式持有其财产或收入的原因无非是出自以下三种动机：一是交易动机，二是储备动机，三是投机动机。按持币动机又可把货币需求分为交易需求、储备需求和投资需求。由于电子货币形式具有很强的货币弹性，又打破了传统货币在时空上的限制，拥有一定量的电子货币就可以同时满足几种不同的动机和需求，这就促使货币需求量大幅度减少。再从货币供给方面考虑，由于电子货币可以使货币流通速度加快，在货币发行量不多的情况下货币流通速度的加快可以满足较大的货币需求。这又可以促使货币的供应量不断减少。因此我们可以得出这样的结论：在商品流通总规模不变的情况下，电子货币可以减少货币的需求和供给总量，提高货币的流通速度和利用效率，有利于商品流通和货币流通之间的平衡。随着电子货币的进一步发展和流通规模的扩大，对货币流通规律的影响也将越来越大。

同时，由于电子货币改变了传统的货币流通方式，促使货币的运动规律发生了相应的变化。这些变化对于货币政策也将产生深远的影响，直接影响着货币政策目标的实现和货币政策工具的运用，关系到货币政策的作用和效果。至于影响的程度有多大、将会产生哪些积极的作用和不利的影响，需要理论界进行深入的研究。

二、电子货币的种类

（一）以卡类为基础的、以计算机为基础的和混合型的电子货币

这种分类方法已经得到了比较广泛的认同。值得注意的是，各个机构对电子货币的称谓有些差异，比如以卡类为基础的电子货币有时也被称为"以硬件为基础的电子货币"。与之相对应，以计算机为基础的电子货币也被称为以软件为基础的电子货币，或以网络为基础的电子货币。之所以有这样的称谓，主要原因在于由电子货币发行人提供的、安装在消费者和特约商户计算机终端上的软件以及开放式的计算机网络在电子货币的转移和回赎中起着重要作用。此外，以卡类为基础的电子货币也称为"电子钱包"，以计算机为基础的电子货币也称为数字现金。

（二）封闭式和开放式电子货币

根据储值卡（智能卡）应用的广泛程度，电子货币可以分为封闭式和开放式两种类型。

封闭式储值卡，也被称为"单一用途"的储值卡，或者是"有限用途"的储值卡，封闭式储值卡是最简单的一种形式，它的发行人同时也是货物或者服务的提供者，同时兼有发行人和售货人两种身份。持卡人从发行人处购买代表金钱价值的储值卡，然后再用该卡从发行人处购买货物或服务。例如学校里使用的饭卡，打电话用的 IC 卡，某些城市公共汽车上使用的乘车卡，持卡人出示卡片，在特定的识读器上扫描或者由出售货物的人输入应付金额，持卡人就得到相应的物品或服务。有的时候，封闭式的储值卡涉及不止一个机构，可能涉及几个有限的机构，这种情况下的储值卡就被称为有限用途的储值卡。

开放式储值卡也被称为"多用途"的储值卡。开放式储值卡涉及的当事人至少有三方，即货币发行人，购买货物或服务的人，提供货物或服务的人。发行人发行货币，买方用这种货币支付货物或服务的价值，卖方接受该货币，同时或随后从发行人处回赎货币，与发行人进行结算。

我们在讨论电子货币的时候，通常都把封闭式储值卡排除在外，各个国家在对电子货币进行规制和调整的时候也把它排除在外。因为封闭式的储值卡用途单一或有限制，不像开放式的储值卡用途广泛，可能带来的政策和法律问题更突出。但是，在现实生活中，从其用途的广泛程度出发，区分开放式和封闭式储值卡并不是一清二楚的事情。有的储值卡虽然不是被广泛接受，但涉及多种用途和多个机构，如何区分，很难定下一个标准。因此，有的监管机构认为，只要接受某种卡的销售终端（POS）的数量是明确的较少数量，其使用范围是明确的一个地域（比如某一公司、建筑或学校），那么它就属于有限用途的储值卡，不属于调整的范围；同时，在必要的时候，由监管机构确定某一具体的设备和方案是属于多用途的还是属于有限用途的。

（三）联机型和脱机型电子货币

根据交易时是否需要同中央数据库相联系，进行联机（有时也称为在线）的授权，可以把电子货币分为联机型和脱机型（有时也称为线下）电子货币。联机型的电子货币系统中，通常都存在一个中央的数据库，这个数据库可以是发行人自己设立的，也可以是委托第三方设立的。在进行交易时，消费者、特约商户和中央数据库通常有一个联系和交流的过程。比如商家的终端在接收消费者传来的电子货币时，可以将接收到的电子货币传给中央数据库，中央数据库进行核实，看是不是自己发行的电子货币，如果确认是真实的，就向商家发出指令，接受消费者的电子货币，交易随之完成。这种授权通常是机器与机器之间的一种对话，就像用转账卡购物的时候，消费者插入转账卡，输入密码，这些数据通过机器传到发卡人的中央数据库里，授权在瞬间即可完成。不像过去的信用卡购物需要用电话进行授权，花费的时间较长。发行人确定电子货币交易需要授权时，可以要求对所有的交易都进行授权，也可以要求只对部分交易进行授权，比如超过一定金额的授权等。

一般来讲，中央数据库不仅担任交易的授权人，同时也会对所有或部分交易进行记录，以便随时对电子货币的交易进行监控。从目前来看，许多以计算机为基础的电子货币一般都采用交易前授权的方式，而许多以卡类为基础的电子货币都采用不授权的方式，也就是脱机型的方式。

脱机型的电子货币交易前不需要进行授权。一般来讲，这种电子货币的机构中，没有一个中央的数据库，鉴别电子货币的真伪依靠储值卡、销售点终端本身的技术，他们通常都采用一定的加密技术和数字签名技术，来保证电子货币的真实。一些以计算机为基础的电子货币，比如前面我们提到的"数字现金"，允许消费者和消费者之间、商户和商户之间转移数字现金，通常也不需要同数字现金的发行人进行在线的联系和授权，交易的安全依靠加密技术和数字签名等技术。

虽然卡类的电子货币一般都采用脱机的形式，不需要授权，但各种不同模式之间也存在一些差异。在蒙得克斯卡中，电子货币完全脱机，不需要授权，其实也没有一个中央的数据库来监控所有的交易，只有持卡人自己才知道进行过什么交易，每笔交易的对象是谁，多大的金额。而在维萨现金卡的模式中，维萨国际组织设立了一个中央的数据库，所有的交易数据都要通过维萨组织的这个数据库。但是，维萨现金卡的使用不需要授权，购买维萨现金卡和随后的回赎清算工作由各个成员银行自己负责，不通过维萨的中央数据库进行结算。因此，尽管维萨有一个中央的数据库，但其作用限于监控，没有授权的作用。

联机型和脱机型电子货币的划分，一方面影响整个电子货币模式的成本和交易的效率，因为中央数据库的建立通常需要花不少的资金；另一方面也反映某一个电子货币模式是否真正地具有传统货币的属性，即交换职能、度量职能和储藏职能。同时，是否要求授权对于交易出现问题时的责任分担也有一定的意义，如果特约商户遵守了授权程序，由此产生的欺诈、伪造等损失显然不能由特约商户承担，而不要求授权的电子货币模式，授权在责任分担上就没有意义。此外，中央数据库的建立有利于对电子货币的交易进行监控，有利于预防、发现和惩治电子货币犯罪，但同时也会影响消费者的隐私权，因为消费者一般不愿意将自己的交易情况披露给外界，这也是电子货币立法时不得不考虑的因素。

（四）电子货币的其他类型

1. 单一发行人和多个发行人的电子货币

根据电子货币发行人数目，可以分为只有单一发行人的电子货币和有多个发行人的电子货币。在单一发行人的电子货币中，电子货币的发行人只有一个，发行人通常也是金钱义务的回赎人，不需要进行机构间的清算服务，比较典型的是蒙得克斯卡类型的电子货币。在有多个发行人的电子货币中，通常在同一个品牌下，隶属于这个品牌下面的多个机构都可以发行电子货币，比如维萨货币，品牌的提供者同时提供各个机构间的清算服务，以及相应的授权、技术标准确定等服务。这种分类对于了解电子货币模式的组织结构和运作机制有一定意义。

2. 一次性和可重复使用的电子货币

根据使用寿命的长短，电子货币分为一次性的和可重复使用的电子货币，这种分类主要用于智能卡。一次性的智能卡通常只能使用一次，面值比较小，卡内的电子货币币值用完以后就失去效用。可重复使用的电子货币则在卡内的价值用完以后，可以通过自动柜员机、电话线、互联网等重新加入价值，反复使用。

3. 单一币种电子货币和多币种电子货币

根据电子货币装置中存储货币的种类，可以分为单一币种电子货币和多币种电子货币。大多数电子货币所存储的货币都是本国的货币，也有一些电子货币可以存储多种国家货币，比如蒙得克斯电子货币与法律卡就可以存储 5 种国家的货币，但是，从目前来看，存储多种国家货币的电子货币至少还不能在消费者持有的设备（比如卡）中自由将各种货币进行兑换，仍然需要借助自动柜员机或者特约商户的终端进行兑换。

4. 单一用途和多用途的电子货币

根据电子货币（主要是指储值卡）只能用于储值卡购物，还是能够用于包括储值卡、信用卡、转账卡等在内多种用途的消费，电子货币被分为单一用途的电子货币和多用途的电子货币。单一用途的电子货币只能用卡内的 IC 芯片所存储的价值进行消费，而多用途的电子货币则试图将信用卡、转账卡、提款卡（AIM 卡）、储值卡等多种用途集于一身，用户根据需要选择支付方式。比如，维萨现金卡在纽约进行试验之后，就决定逐渐将现有的信用卡上装上 IC 芯片，消费者可以根据需要从两种支付方式中选择一种。这种分类反映出储值卡在发展初期由于消费者的接受程度还比较低，像计算机高级软件通常需要兼容低级软件一样，它仍然需要"兼容"传统的支付手段，才能得到发展。这里所说的单一用途和多种用途主要是对储值卡是否具有传统卡类支付工具的功能而言，同我们所讲的储值卡，也就是智能卡本身就是多功能的卡的含义不一样。

5. 完全流通的和不完全流通的电子货币

根据电子货币的流通性或者说可转让性，可以把它分为完全流通的电子货币和不完全流通的电子货币。这里所说的流通性或可转让性有两个含义，首先是指电子货币的特性与现金的接近程度；其次是指电子货币，主要是智能卡本身是否可以转让。就电子货币同现金的接近程度而言，纯粹完全流通的电子货币还没有出现，完全流通的电子货币是蒙得克斯卡等模型追求的目标，也就是说电子货币成为现钞和硬币的完全替代品，成为真正意义上的货币，不需要借助任何第三方或者中央数据库对交易进行授权、监控和记录。而不完全流通的电子货币则在电子货币的流通和转移方面存在各种各样的障碍。比如在设有中央数据库的电子货币模式中，一些电子货币的发行人允许对电子货币进行"挂失"，使客户丢失电子货币之后，可以终止电子货币的使用和流通；一些电子货币有一定的时间限制，超过了一定时间，电子货币则自动失效，不能再使用；一些电子货币有次数限制等。

这些措施都或多或少地限制了电子货币的流通和转移，不能成为真正意义上的货币。因此，电子货币的流通程度就决定了它应该适用的法律规则，是适用于类似货币一样的规则，还是适用于类似票据或其他支付手段的法律规则，或者需要一种全新的法律规则来加以调整。就第二层含义，即电子货币本身是否可以自由转让而言，有的智能卡本身可以转让，智能卡同持卡人的身份没有必然联系，使用电子货币清偿债务，即可以通过转让智能卡中存储的电子信息进行，也可以通过交付智能卡本身进行。是否具有可转让性，主要取决于发行人。具有可转让性的智能卡，其交易规则显然同没有可转让性的智能卡有一定区别。

6. 以余额表示的电子货币和以硬币表示的电子货币

根据代表电子货币的电子形式，电子货币被区分为以余额表示的和以硬币表示的电子货币。以余额表示的电子货币，可以将币值划分得很小，电子货币可以用余额来表示。而以硬币来表示的电子货币币值是固定不变的，就像一个一个的硬币，如果遇上更小币值的货物，就"破"不开零钱，商户也没法找零钱。这种分类也在一定程度上反映某一种电子货币是否接近真正的货币，因为真正的货币必然是主币、辅币都是齐全的，要找零钱的时候一定找得开。

第三章 支付系统基础

第一节 支付系统概述

中国支付系统，从功能上讲它是银行为广大客户提供全面金融服务和中央银行为各商业银行提供支付资金最终清算的综合性金融服务系统，其系统结构，必须以全国性跨行计算机通信网络为其运行环境，将支付服务和支付资金清算功能有机结合为一体；其系统的管理和运行，下层支付服务系统是商业银行与其他金融机构为客户提供全面金融服务的基础金融业务系统，上层支付资金清算系统是中央银行为商业银行提供资金清算服务，并通过服务实施其货币政策职能的基础设施。

一、支付系统的参与者

1. 直接参与者

中国支付系统的直接参与者是人民银行地市以上中心支行（库）、在人民银行开设清算账户的银行和非银行金融机构。

2. 间接参与者

中国支付系统的间接参与者是人民银行县（市）支行（库）、未在人民银行开设清算账户而委托直接参与者办理资金清算的银行和经人民银行批准经营支付结算业务的非银行金融机构。不与城市处理中心直接连接，其支付业务提交给其清算资金的直接参与者，由该直接参与者提交支付系统处理。

3. 特许参与者

中国支付系统的特许参与者是经中国人民银行批准通过支付系统办理特定业务的机构。在人民银行当地分支行开设特许账户，与当地城市处理中心连接。

4. 直接参与者与间接参与者对于支付系统有不同的参与要求

（1）个人消费者

由于每天都要进行大量的消费支付，金额不大，但支付频繁，要求方便、有效，使用灵活。

（2）零售商业部门

使用方便、灵活，所接受的支付工具具有信用担保。

（3）工商企业部门

往往支付金额大，支付时间要求紧迫，而且应该最大限度地降低流动资金的占用额和占用时间。

（4）金融部门

如中央银行、证券、外汇交易等，支付笔数少、金额大，对时效性要求高，必须防止风险和不必要的流动资金占用。

（5）外贸部门

由于贸易的国际化发展迅速，金融业的国际化趋势也越来越强劲，要求支付能以最好的方式进入国际支付系统。

（6）政府/公共事业部门

既是经济活动的买方，又是卖方，支付需求与工商企业部门类似，且政府部门还有一系列的财政、税收收支和债务管理收支等支付，对支付系统的要求更具多样性。

二、支付系统的组成和功能

按照我国金融管理体制职能分工，我国支付系统的上层支付资金清算系统是中央银行为银行金融机构提供支付资金清算，并通过资金清算贯彻中央银行宏观货币政策职能、稳定货币、稳定市场、对国民经济实施宏观金融调控的系统，是完成银行金融机构之间的支付和中央银行最终清算与结算资金的系统，是各银行金融机构下层支付服务系统的互联系统、总枢纽系统。

下层支付服务系统是各商业银行面对广大银行客户，为客户提供全面、有效、高质量支付服务的系统。它是银行与客户联结的窗口，金融服务、金融经营管理信息的源点，机构多、账户多、经济往来关系错综复杂，面对不同经济交往活动，为方便客户，必须使用不同的支付工具，提供不同的支付服务，是银行与客户之间资金往来结算与清算的系统。

中国支付系统上层支付资金清算系统是现代化中国支付系统建设的基础，下层支付服务系统是现代化中国支付系统存在的条件，两个层次的系统相辅相成，相互补充，组成综合性的中国支付系统。

1. 上层支付资金清算系统功能

中央银行上层支付资金清算系统，以实现商业银行之间支付资金的最终清算为目的，它的功能包括：同城清算所、大额实时支付业务、电子批量支付业务、政府债券簿记业务、跨行 ATM、POS 授权服务、金融管理信息系统。

以上所有业务活动，有支付资金清算、跨行信息传输服务和其他金融管理服务，都必须与跨行的金融信息传输服务为前提，并通过这些服务，达到金融监控和实施货币政策职能的目的。

2. 下层支付服务系统功能

商业银行下层支付服务系统，按其核算特点，具备如下功能：存款、贷款、现金出纳、跨行往来业务、系统内资金与财务损益管理、会计分析、年度决算、储蓄。

其中，存款、贷款、现金出纳、跨行往来业务，是针对国营、集体、个体企事业单位在银行开立的账户所办理的金融服务业务，称为对"公"业务。系统内资金与财务损益管理、会计分析、年度决算，是银行内部的经营管理业务，通常归入对"公"业务处理范围。储蓄是专门针对"私"人的金融服务业务。很显然，这些支付服务业务的最终完成，必须由支付资金清算系统最终完成支付资金的清算、划拨。

三、支付系统的管理体制

广义的支付系统，是将下层支付服务系统和上层支付资金清算系统有机结合在一起的综合性的金融服务系统。由于市场的驱动和竞争的需要，各个商业银行对于发展各自的下层支付服务系统，都倾注了极大的关心，花费了巨大的资金。因此，中国人民银行采用利益驱动、促进竞争的原则，促使各商业银行发展自身的下层支付服务系统，并以此为基础，建立跨行的上层支付资金清算系统，并采取三种具体措施。①以中央银行为领导，组织各家商业银行参加的协调委员会制定一系列支付系统上、下层支付系统有机结合的支付业务处理，支付风险控制和法律、法规、组织、经营管理规范，确保系统连接的顺利实现。②制定一系列确保上、下层支付系统结合的技术标准、技术规范和计算机网络协议，保证上、下层支付系统支撑环境的顺利互连，并且组织金融系统各部门共同使用的中国金融通信网络的工程实施。③筹措资金。由于上层支付资金清算系统是为下层各商业银行支付服务系统提供资金清算服务的枢纽系统，又是国家实施金融货币政策的基础金融服务系统，建设资金筹措采用中央银行投资和商业银行集资的方法进行，并根据投资提供服务，以便充分调动各家银行的积极性，共同完成现代化中国支付系统的工程建设。

第二节　支付工具

所谓支付工具，就是实现经济活动的一种交易方式，它是随着商品赊账买卖的产生而出现的。在赊销赊购中，最初是用货币来支付债务。后来，它又被用来支付地租、利息、税款、工资等。

支付工具是用于资金清算和结算过程中的一种载体，可以是记录和授权传递支付指令和信息发起者的合法金融机构账户证件，也可以是支付发起者合法签署的可用于清算和结算的金融机构认可的资金凭证。它是加快资金周转、提高资金使用效率的保障。

当前，人们在社会经济活动中，传统的支付方式主要有现金支付和非现金支付。现金是通用的交换媒介，也是对其他资产计量的一般尺度，会计上对现金有狭义和广义之分。狭义的现金仅仅指库存现金，即企业金库中存放的现金，包括人们经常接触的纸币和硬币等。广义的现金包括库存现金、银行存款和其他货币资金三个部分。

在现代经济社会中，非现金支付工具在市场经济发展中越来越重要，已基本形成了以汇票、支票、本票和银行卡为主体，汇兑、定期借记、直接贷记、网上支付等结算方式为补充的非现金支付工具体系。

而现在随着经济的高速发展，支付工具也越来越多，并向电子化方向发展。现在流行的网上银行、第三方支付工具、移动支付工具等都是最新的支付工具。

一、票据类支付工具

(一) 支票

支票是以银行为付款人的即期汇票，可以看作汇票的特例。支票出票人签发的支票金额，不得超出其在付款人处的存款金额。如果存款低于支票金额，银行将拒付给持票人。这种支票称为空头支票，出票人要负法律上的责任。

开立支票存款账户和领用支票，必须有可靠的资信，并存入一定的资金。支票一经背书即可流通转让，具有通货作用，成为替代货币发挥流通手段和支付手段职能的信用流通工具。运用支票进行货币结算，可以减少现金的流通量，节约货币流通费用。

支票分为记名支票、不记名支票、划线支票、保付支票、现金支票、银行支票、旅行支票。

1. 记名支票

是在支票的收款人一栏，写明收款人姓名，如"限付某甲"或"指定人"，取款时须由收款人签章，方可支取。

2. 不记名支票

又称空白支票，支票上不记载收款人姓名，只写"付来人"。取款时持票人无须在支票背后签章，即可支取。此项支票仅凭交付而转让。

3. 划线支票

是在支票正面划两道平行线的支票。划线支票与一般支票不同，划线支票非由银行不得领取票款，故只能委托银行代收票款入账。使用划线支票的目的是在支票遗失或被人冒领时，还有可能通过银行代收的线索追回票款。

4. 保付支票

是指为了避免出票人开出空头支票，保证支票提示时付款，收款人或持票人可要求银行"保付"的支票。保付是由付款银行在支票上加盖"保付"戳记，以表明在支票提示时一定付款。支票一经保付，付款责任即由银行承担。出票人、背书人都可免于追索。付款银行对支票保付后，即将票款从出票人的账户转入一个专户，以备付款，所以保付支票提示时，不会退票。

5. 现金支票

是专门制作的用于支取现金的一种支票。当客户需要使用现金时，随时签发现金支票，向开户银行提取现金，银行在见票时无条件支付给收款人确定金额的现金的票据。

6. 银行支票

是由银行签发，并由银行付款的支票，也是银行即期汇票。银行代顾客办理票汇汇款时，可以开立银行支票。

7. 旅行支票

是银行或旅行社为旅游者发行的一种固定金额的支付工具，是旅游者从出票机构用现金购买的一种支付手段。

和其他支票相比，旅行支票有以下特点。①金额比较小。②没有指定的付款人和付款地点。可在出票银行、旅行社的国外分支机构或代办点取款。③比较安全。旅行者在购买旅行支票和取款时，须履行初签、复签手续，两者相符才能取款。④汇款人同时也是收款人。其他支票只有先在银行存款才能开出支票，而旅行支票是用现金购买的，类似银行汇票，只不过旅行支票的汇款人同时也是收款人。⑤不规定流通期限。由于发行旅行支票要收取手续费，占用资金不用付息，有利可图，所以，各银行和旅行社竞相发行旅行支票。

支票的特点有如下几点：①使用方便，手续简便、灵活；②支票的提示付款期限自出票日起 10 天；③支票可以背书转让，但用于支取现金的支票不得背书转让。

（二）汇票

汇票是由出票人签发的，要求付款人在见票时或在一定期限内，向收款人或持票人无条件支付一定款项的票据。汇票是国际结算中使用最广泛的一种信用工具。汇票是最常见的票据类型之一，我国的《中华人民共和国票据法》第十九条规定："汇票是出票人签发的，委托付款人在见票时，或者在指定日期无条件支付确定的金额给收款人或者持票人的票据。"它是一种委付证券，基本的法律关系最少有三个人物：一是发票人，签发汇票；二是执票人，并委托；三是付款人，向执票人付款。

汇票分类：

1. 按付款人的不同——银行汇票、商业汇票

银行汇票是付款人为银行的汇票。

商业汇票是付款人为其他商号或者个人的汇票。

2. 按有无附属单据——光票汇票、跟单汇票

光票汇票本身不附带货运单据，银行汇票多为光票。

跟单汇票又称信用汇票、押汇汇票，是需要附带提单、仓单、保险单、装箱单、商业发票等单据，才能进行付款的汇票，商业汇票多为跟单汇票，在国际贸易中经常使用。

3. 按付款时间——即期汇票、远期汇票

即期汇票是持票人向付款人提示后对方立即付款的汇票，又称见票即付汇票。

远期汇票是在出票一定期限后或特定日期付款的汇票。

在远期汇票中，记载一定的日期为到期日，于到期日付款的，为定期汇票，记载于出票日后一定期间付款的，为计期汇票；记载于见票后一定期间付款的，为注期汇票；将票面金额划为几份，并分别指定到期日的，为分期付款汇票。

远期汇票按承兑人分为——商业承兑汇票、银行承兑汇票。

商业承兑汇票是以银行以外的任何商号或个人为承兑人的远期汇票。

银行承兑汇票是承兑人为银行的远期汇票。

4. 按流通地域——国内汇票、国际汇票

近年来，在日常经济活动中，不法分子利用假汇票或假银行承兑汇票诈骗银行、企业或个人资金案时有发生，且金额越来越大，花样越来越多，让人防不胜防。为了避免不必要的经济损失，作为银行、企业的财会人员乃至个体工商户，很有必要掌握现行银行、汇票及银行承兑汇票的主要特点，学会一些识别真假汇票的方法。这些方法只要有以下五点。

第一，看用纸。银行汇票和银行承兑汇票第三联为打字纸。银行汇票第二联采用印有出票行行徽水印纸。银行承兑汇票第二联统一采用人民银行行徽水印纸。

第二，看颜色。银行汇票和银行承兑汇票的有色荧光行徽及标记在自然光下颜色鲜红纯正，在紫外线照射下显示鲜明。

第三，看暗记。银行汇票和银行承兑汇票的无色荧光暗记以目视看不见为准，紫外线光下图案清晰。

第四，看规格。银行汇票和银行承兑汇票的纸张大小标准，规格为 100 mm×175 mm。

第五，看填写。银行汇票和银行承兑汇票的小写金额必须是用压数机压的数；必须有签发行钢印，且钢印的行号与出票行行号相符；出票日期年月日必须是大写；必须有签发行经办人员名单；银行汇票在"多余金额"栏上方有密押数字；银行承兑汇票还须有付款单位的财务专用章及法人名章。

如果发现汇票可疑，应及时送当地银行进行鉴定，当通过鉴定确属假汇票时，应迅速报告当地中国人民银行及公安部门，以确保国家和个人财产的安全。

汇票使用过程中的各种行为，都由《中华人民共和国票据法》加以规范。主要有出票、提示、承兑和付款。如需转让，通常应经过背书行为。如汇票遭拒付，还需作成拒绝证书和行使追索权。

（三）本票

本票是一项书面的无条件的支付承诺，由一个人作成，并交给另一人，经制票人签名承诺，即期或定期或在可以确定的将来时间，支付一定数目的金钱给一个特定的人或其指定人或来人。

我国《中华人民共和国票据法》对本票的定义，指的是银行本票，指出票人签发的，承诺自己在见票时无条件支付确定金额给收款人或者持票人的票据。

1. 本票的项目

拿到一张本票后，这张本票是否生效，根据《中华人民共和国票据法》规定，这张本票需要具备以下的必要项目。①标明其为"本票"字样。②无条件支付承诺。③出票人签字。④出票日期和地点。⑤确定的金额。⑥收款人或其指定人姓名。

2. 本票的特征

①本票是票据的一种，具有一切票据所共有的性质，是无因证券、设权证券、文义证券、要式证券、金钱债权证券、流通证券等。②本票是自付证券，它是由出票人自己对收款人支付并承担绝对付款责任的票据。这是本票和汇票、支票最重要的区别。在本票法律关系中，基本当事人只有出票人和收款人，债权债务关系相对简单。③无须承兑。本票在很多方面可以适用汇票法律制度。但是由于本票是由出票人本人承担付款责任，无须委托他人付款，所以，本票无须承兑就能保证付款。

3. 本票的种类

本票的划分方法多种多样，根据签发人的不同，可分为商业本票和银行本票；根据付款时间的不同，可分为即期本票和远期本票；根据有无收款人之记载，可分为记名本票和不记名本票；根据其金额记载方式的不同，可分为定额本票和不定额本票；根据支付方式的不同，可分为现金本票和转账本票。

4. 本票的用途

①商品交易中时远期付款，可先由买主签发一张以约定付款日为到期日的本票，交给卖方，卖方可凭本票如期收到货款，如果急需资金，他可将本票贴现或转售他人。②用作金钱的借贷凭证，由借款人签发本票交给贷款人收执。③企业向外筹集资金时，可以发行商业本票，通过金融机构予以保证后，销售于证券市场获取资金，并于本票到期日还本付息。④客户提取存款时，银行本应付给现金，如果现金不够，可将存款银行开立的即期本票交给客户，以代替支付现钞。银行也多以方便客户为目的，在客户支取大金额款项时可以不用拿取较多现金，同时开立本票的手续费也较为便宜。

5. 本票、汇票、支票之间的主要区别

①本票是自付（约定本人付款）证券；汇票是委付（委托他人付款）证券；支票是委付证券，但受托人只限于银行或其他法定金融机构。②中国的票据在使用区域上有区

别。本票只用于同一票据交换地区；支票可用于同城或票据交换地区；汇票在同城和异地都可以使用。③付款期限不同。本票付款期为2个月，逾期兑付银行不予受理；中国汇票必须承兑，因此承兑到期，持票人方能兑付。商业承兑汇票到期日付款人账户不足支付时、其开户银行应将商业承兑汇票退给收款人或被背书人，由其自行处理。银行承兑汇票到期日付款，但承兑到期日已过，持票人没有要求兑付的如何处理，《支付结算办法》没有规定，各商业银行都自行作了一些补充规定。如中国工商银行规定超过承兑期日1个月持票人没有要求兑付的，承兑失效。

二、卡类支付工具

（一）信用卡

信用卡，又称贷记卡，是一种非现金交易付款的方式，是简单的信贷服务。信用卡由银行或信用卡公司依照用户的信用度与财力发给持卡人，持卡人持信用卡消费时无须支付现金，待账单日时再进行还款。

最早的信用支付出现于19世纪末的资本主义重镇英国，大约在19世纪80年代，针对有钱人购买昂贵的奢侈品却没有随身携带那么多钱的情况，英国服装业发展出所谓的信用制度，利用记录卡，购物的时候可以及早带流行商品回去，旅游业与商业部门也都跟随这个潮流抢占商机。但当时的卡片仅能进行在特定场所的短期商业赊借行为，款项还是要随用随付，不能长期拖欠，也没有授信额度，完全是依赖富裕人口的资本信用而设计。

早在20世纪80年代，VISA、万事达、JCB等国际卡组织相继进入中国，但是我国的银行卡清算市场一直未向这些国际卡组织开放。2002年中国银联正式成立，并成为VISA、万事达国际银行卡组织的成员。同年12月，招商银行发行了中国银联与万事达卡合作的双币卡，我国首张双标卡由此诞生。所谓双标卡，是指一张银行卡上同时出现两家卡组织标识，比如，银行卡上同时有银联和VISA的标识。双标卡是具有中国特色的特殊时代的产物，它解决了在人民币没有实现自由兑换的环境下，国内居民如何在海外和国内刷卡消费的烦恼，以及解决传统信用卡办卡门槛高昂的问题。招商银行在短短2年不到的时间内，双币卡的发卡量就突破100万张，创下了业界的奇迹。之后国内各大银行纷纷效仿推出了各自的双标卡，将双标卡带入一个高速增长的时期。双标卡持卡人无论在国内和国外，出行和购物只要一张信用卡就能解决，也感觉非常方便。

信用卡的优点如下。①不需要存款即可透支消费，并可享有20~56天的免息期（如果是取现，大部分银行取现当天就会收取万分之五的利息，还有2.5%左右的手续费，取现额度一般为总额度的一半）。②购物时刷卡避免了现金大量携带、找零等不便，支付过程安全、方便。③持卡在银行的特约商户消费，可享受折扣优惠。④积累个人信用，在持卡人的信用档案中增添诚信记录，让持卡人终身受益。⑤通行全国无障碍，在有银联标识的ATM和POS机上均可取款或刷卡消费（备注：信用卡适合消费刷卡，不适合成现，取现手续费用较高）。⑥刷卡消费有积分写全年多种优惠及抽奖活动，让持卡人只要用卡就能时刻感到惊喜（多数信用卡网上支付无积分，但网上购物支付很方便、快捷）。⑦每月免费邮寄对账单，让持卡人透明掌握每笔消费支出（现提倡绿色环保，可取消纸质对账单更改为电子对账单）。⑧特有的附属卡功能等。⑨自由选择的一卡双币形式，通行全世界，境外消费可以境内人民币还款。⑩400 电话或 9 字打头 5 位数短号 24 小时服务，挂失即时生效，失卡零风险。⑪拥有有效期：已知国内信用卡有效期一般为 3 年或 5 年。⑫利用第三方平台进行商务合作，为持卡人提供优惠服务以及还款服务。

信用卡的缺点如下。①信用卡一旦超过免息期未还的，就会收取高额的利息，一般是每天 0.05% 的利息。②会让人盲目过度消费。刷卡不像付现金那样一张一张把钞票花出去，一刷，没什么感觉，几个数字，导致盲目消费，花钱如流水。③信用卡基本上都有年费，但基本上都有免年费的政策，大部分一年需要刷满 6 次可以免年费；但是一年刷卡数没有达到银行指定的次数，就需要收取年费。④长期恶意欠款，自然会影响个人信用记录，甚至被银行打入黑名单，以后要向银行贷款买房买车，就会有可能被银行拒绝。⑤存在信用卡信息泄露被盗刷的风险。

（二）借记卡

借记卡是指先存款后消费（或取现）没有透支功能的银行卡。按其功能的不同，可分为转账卡（含储蓄卡）、专用卡及储值卡：借记卡是一种具有转账结算、存取现金、购物消费等功能的信用工具。借记卡不能透支。转账卡具有转账、存取现金和消费功能。专用卡是在特定区域专用用途（百货、餐饮、娱乐行业以外的用途）使用的借记卡，具有转账、存取现金的功能。储值卡是银行根据持卡人要求将资金转至卡内储存，交易时直接从卡内扣款的预付钱包式借记卡。

借记卡有如下功能。

1. 存取现金

借记卡大多具备本外币、定期、活期等储蓄功能，借记卡可在发卡银行网点、自助银行存取款，也可在全国乃至全球的 ATM 机（取款机）上取款。

2. 转账汇款

持卡人可通过银行网点、网上银行、自助银行等渠道将款项转账或汇款给其他账户。

3. 刷卡消费

持卡人可在商户用借记卡刷卡消费。

4. 代收代付

借记卡可用于代发工资，也可缴纳各种费用（如通信费、水费、电费、燃气费等）。

5. 资产管理

理财产品、开放式基金、保险、个人外汇买卖、贵金属交易等均可通过借记卡进行签约、交易和结算。

6. 其他服务

许多银行借记卡的服务已延伸到金融服务之外，如为持卡人提供机场贵宾通道、医疗健康服务等。

近年来，银行卡犯罪日益猖獗的关键原因在于磁条卡自身存在技术缺陷。由于技术简单，所以磁条信息很容易被盗取并复制到新的卡片上，如使用磁条信息盗录装置复制银行卡磁通信息，通过针孔摄像机在 ATM 终端上偷录持卡人密码，通过网上银行等电子渠道窃取持卡人敏感信息等。相比之下，芯片卡增加了读写保护和数据加密保护，在使用保护上采取个人密码、卡与读写器双向认证，复制、伪造的难度较高，安全性更强。

相较于磁条卡存储空间较小、没有运算能力，金融 IC 卡具备多应用加载的平台，功能扩展空间大，有利于丰富银行卡产品品类。对于商业银行来说，芯片卡已成为其业务创新的重要技术手段。

（三）储值卡

储值卡是一种支付卡，又称预付卡，是发卡银行或者其他经中国人民银行认可有权发卡的企业单位根据持卡人要求将其资金转至内储存，交易时直接从卡内扣款的预付钱包式借记卡。此类卡面值固定，一般不能续存金额，使用完后就丢弃，具有不记名、不挂失的特点。目前，也有部分储值卡是记名制，记名卡可挂失。储值卡用以支付小额花费，通常用在公共服务方面，如公交卡及电话卡等，消费者需先向业者购买一定金额之储值卡，所以消费者是先付款后消费，与信用卡不同。

商业预付卡按使用范围不同可划分为单用途预付卡和多用途预付卡。

1. 单用途预付卡

单用途预付卡由商务部监管，发卡企业应在开展单用途卡业务之日起 30 日内向各级商务部备案，购买者可以登录网站查询发卡机构是否备案。指导法规为《单用途商业预付卡管理办法（修订征求意见稿）》。

2. 多用途预付卡

多用途预付卡是由发卡机构发行，可以发行机构之外的企业或商户购买商品或服务用的一种预付卡，可跨地区、跨行业、跨法人使用。

多用途预付卡由中国人民银行监管，发卡企业需支付业务许可证，中国人民银行共发放四批支付业务许可证。指导法规为《支付机构预付卡业务管理办法》。

储值卡的优点如下。①灵活使用。持卡人可以把储值卡转赠他人，无论谁是持卡人，都可在指定商户使用。②固定金额。每张储值卡都含有固定的金额，方便企业向不同员工发放不同金额的福利，储值卡持卡人可以到对应商户购买自己所需要的物品。③储值卡的礼品自选模式，有着随身携带、方便馈赠、挑选自主、时尚个性、私家定制等特点。

储值卡的缺点如下。①不记名制储值卡丢失后无法挂失，发卡机构不选行补发，会直接产生经济损失。②一旦发行机构倒闭，储值卡将无法使用。中央银行为了保护储值卡持有者，会要求发行机构上交一定比例的保证金，但是不排除一些机构不按照规定擅自发行。电视中经常有报道一些美容美发机构发行储值卡后，因倒闭导致消费者无法使用储值卡的情况。③储值卡中的资金不产生利息。

（四）智能卡

智能卡即集成电路卡（IC 卡），在有些国家也称之为智慧卡、微芯片卡等。将一个专用的集成电路芯片镶嵌于符合 ISO7816 标准的 PVC（或 ABS 等）塑料基片中，封装成外形与磁卡类似的卡片形式，即制成一张 IC 卡。到了 21 世纪，随着超大规模集成电路技术、计算机技术以及信息安全技术等的发展，IC 卡种类更加丰富，技术也日趋成熟，已在国内外得到了广泛的应用。

由于智能卡结构上安装嵌入式微型集成电路，能够存储并且处理比较丰富、复杂的数据，如持卡人位置、身份证号码、住址、客户所持有的电子货币信息、客户账户信息等，这是一般磁卡所不具备的。此外，智能卡上还有安全的个人识别码 PIN 进行卡信息的保护，只有得到授权的消费者才能使用它，因此，智能卡的安全性是比较高的。智能卡所具有存储信息和进行复杂运算的功能，使它被广泛运用到金融领域和非金融领域。智能卡按不同使用场合可以分为：金融领域的信用卡和借记卡；非金融领域的公交一卡通、校园智能一卡通、小区智能一卡通、办公大楼智能一卡通、企业智能一卡通、酒店智能一卡通、智能大厦智能一卡通等，还包括社保卡、医保卡等。

三、网络支付工具

网上支付是电子支付的一种形式，它是通过第三方提供的与银行之间的支付接口进行的即时支付方式，这种方式的好处在于可以直接把资金从用户的银行卡中转账到网站账户中，汇款马上到账，不需要人工确认。客户和商家之间可采用信用卡、电子钱包、电子支票、电子现金等多种电子支付方式进行网上支付，采用在网上电子支付的方式节省了交易的开销。

（一）电子现金

电子现金是一种非常重要的电子支付工具，它可以被看作是现实货币的电子或数字模拟，电子现金以数字信息形式存在，通过互联网流通，比现实货币更加方便、经济。电子现金最简单的形式包括三个主体：商家、用户和银行；还包括四个安全协议过程：初始化协议、取款协议、支付协议和存款协议。

电子现金的分类如下。①根据其交易的载体可分为基于账户的电子现金系统和基于代金券的电子现金系统。②根据电子现金在花费时商家是否需要与银行进行联机验证分为联机电子现金系统和脱机电子现金系统。③根据一个电子现金是否可以合法地支付多次将电子现金分为可分电子现金和不可分电子现金。④根据电子现金的使用功能，可以把电子现金分为专门用途型电子现金和通用型电子现金。⑤根据电子现金的使用形式，可以把电子现金分为基于卡的预付款式电子现金和纯电子形式电子现金。

电子现金的特点如下。①独立性。电子现金的安全性不能只靠物理上的安全来保证，必须通过电子现金自身使用的各项密码技术来保证电子现金的安全。②不可重复花费。电子现金只能使用一次，重复花费能被轻易地检查出来。③匿名性。银行和商家互通也不能跟踪电子现金的使用，就是无法将电子现金的用户的购买行为联系到一起，从而隐蔽电子现金用户的购买历史。④不可伪造性。用户不能造假币，包括 3 种情况：一是用户不能凭空制造有效的电子现金；二是用户从银行提取 N 个有效的电子现金后，也不能根据提取和支付这 N 个电子现金的信息制造出有效的电子现金；三是身份验证是由电子现金本身完成的。电子现金银行在发放电子现金时使用了数字签名，商家在每次交易中，将电子现金传送给电子现金银行，由电子现金银行验证用户支持的电子现金是否有效（伪造或已经使用过等）。⑤可传递性。用户能将电子现金像普通现金一样，在用户之间任意转让，且不能被跟踪。⑥可分性。电子现金不仅作为整体使用，还应能被分为更小的部分多次使用，只要各部分的面额之和与原电子现金面额相等，就可以进行任意金额的支付。

电子现金支付过程的四个步骤。①用户在电子现金银行开立电子现金账户，用现金服务器账号预先存入的现金来购买电子现金证书，这些电子现金就有了价值，并被分成若干成包的"硬币"可以在商业领域中流通。②使用计算机电子现金终端软件从电子现金银行取出一定数量的电子现金存在硬盘上，通常少于 100 美元。③用户同意接受电子现金的厂商洽谈，签订订货合同，使用电子现金支付，货款。④接受电子现金的厂商与电子现金发放银行之间进行清算，电子现金银行将用户购买货物的钱支付给厂商。

电子现金的优点：一是可经过网络瞬时把现金送到远处，即它具有极大的移动性。因为电子现金是一种数字信息，所以它和通常数据一样，可以放在计算机中并由网络传送，从消费者终端直接送到商店终端，不必向中间的清算机构支付手续费。二是可实现支付的匿名性（即不知道这笔钱原先是谁的），而电子清算服务（如信用卡）难以实现匿名性。随着各种各样社会系统的电子化，出现了自动收集有关个人秘密信息的倾向。使用电子现金将是在电脑社会中，实现自卫（保守个人秘密）的有效手段。因此，电子现金在电子商务中作为支付工具将得到重点发展。同时，电子现金比起纸币等货币更难伪造。

电子现金的缺点是电子现金的匿名性使得无法将电子现金的用户的购买行为联系到一起，从而隐蔽电子现金用户的购买历史。因此，一些犯罪分子可以利用这个特性进行洗钱等行为。

相对于主账户，电子现金账户是独立存在的，其交易信息全部存在于信用卡芯片内，采取不联网模式，因而交易速度比传统联网模式快捷许多。主账户是银行给予客户授信额度的人民币账户。若消费金额超出电子现金账户额度，且商户机具支持，则自动转为传统联网消费模式。相当于直接从信用卡主账户中支付，不从电子现金账户内扣款。

圈存有以下两种方式。

1. 指定账户圈存

在任意交通银行自助柜员机（含自动存款机、取款机及存取款一体机）上将信用卡的可用额度圈存入电子现金账户内。每次圈存金额将会作为一笔消费列在信用卡账单上，仅需根据账单提示还款即可。

2. 现金圈存

到任意交通银行柜面直接以现金方式存入电子现金账户，通常银行不对持卡人存入的电子现金计将存款利息。

电子现金交易方式通过印有"Quick Pass 闪付"的 POS 机、自助售货机等支付终端上消费，一般分为感应式（在机具上选择"电子现金消费"，输入金额后，将卡片放置在感应区域，即可完成交易）和插卡式（在机具上插入卡片，选择"电子现金消费"，输入金额后按"确认"，即可完成交易）两种，交易时持卡人无需输入密码和签单，可快速完成支付。

如果想要了解近期电子现金账户变动情况（含消费交易、圈存金额、历史查询等），可以随时到任意交通银行自助柜员机上查看最近的 10 次交易信息。

如今的银行卡大部分都是 IC 卡，具有电子现金的功能，会有部分人在银行 ATM 机上操作时，误将存款存为电子现金，无法取现和转存，更不知如何使用。电子现金相当于电子钱包，这笔款项既不能取出，也无法转账，只能在支持闪付的 POS 机上使用，除非将该卡注销，方可取出卡内电子现金中实际数额现金。

（二）电子票据

电子票据是指出票人依托电子商业汇票系统，以数据电文形式制作的，委托付款人在指定日期无条件支付确定的金额给收款人或者持票人的票据，是以电子方式制成票据，以电子签章取代实体签名签章的支付工具。电子商业汇票分为电子银行承兑汇票和电子商业承兑汇票。

电子票据就是票据的电子化，严格意义上讲就是在票据的流转过程中添加电子化的操作步骤，传统票据业务中的签发、承兑、交付、托普、背书转让、贴现、质押、委托收款等各项票据业务的流程均没有改变，只是每一个环节都省去了纸质票据的媒介形态，完全由电子化方式处理整个票据信息的流转过程。

自20世纪80年代初期恢复办理商业汇票（下称票据）业务至今已逾多年，在社会经济建设中发挥着信用保证、支付结算、资金融通等多种重要作用，已成为中小企业融资的重要途径和银行优化资产负债结构、加强流动性管理的重要手段。从我国票据业务发展历程看，我国传统的票据业务以纸质票据为主。随着我国金融信息化程度的不断提高，票据业务已迈入电子化时代，近两年来电子商业汇票呈现跨越式发展作为票据市场基础设施，上海票交所对所有纸质票据和电子票据进行统一登记、托管、报价、交易、清算和托收。电子商业汇票签发、承兑、质押、保证、贴现等信息可以通过电子商业汇票系统同步传送至票交所系统，票据流转效率大幅提高。

1. 电子票据的开户申请

电子票据的所有运作流程都要求出票人先在网上银行申请开立电子账户，即付款行同时担当注册处所的责任，注册中心对出票人核发电子密钥（电子签名），出票人通过银行向认证中心申请电子凭证，认证中心通过注册银行核发出票申请人的电子凭证。

2. 电子票据出票行为

电子票据的签发要求出票人利用终端机进入银行的服务网站，如同实体票据加盖付款签章一样输入电子签名，付款行为检核票据的形式要件并核对客户留存的付款识别码，核对一致后，将相关电子信息送交交换所登录保管，交换所再以电子邮件方式通知受票人。这样，电子票据的出票行为才得以完成。电子票据的签出票据行为，必须要经过电子认证证书的申请，出票人要经过付款银行才得以完成票据的签发行为。纸质票据的出票人只要在银行取得票据样纸之后，可以不经过任何人的允许即可独立完成出票行为。

3. 电子票据背书行为

无论是纸质票据还是电子票据，背书行为都是使票据流通的关键。纸质背书只要在票据背面签名即可，过程简单但是容易被伪造，风险较高；电子票据的背书过程需要通过付款行和电子票据所的检核与转让记录的记载，有效的电子票据背书还会由票据交换所以电子邮件形式通知受票人，因此电子票据在保障流通性的同时安全性更高。

4. 电子票据付款行为

电子票据的付款流程比纸质票据复杂，电子票据的付款行为同样需要借助于付款行的存入托收，票据交换所对收款人通过付款行的申请进行身份核验，银行成为付款行为的中介机构。这与纸质票据付款时付款行只要对票据进行人工审核即可付款有很大不同。

电子票据运行中，银行与电子票据交换所发挥了绝对的主导作用，承担了更为广泛的法律义务和法律责任。电子票据不需要纸质票据的书面记载，但有其自己专有的电子记载方式，电子票据把易于伪造的纸质签名升级为更为安全的重复签名。

（三）电子支票

电子支票是纸质支票的电子替代物，电子支票将纸质支票改变为年有数字签名的电子报文，或利用其他数字电文代替纸质支票的全部信息。电子支票与纸质支票一样是用于支付的一种合法方式，它使用数字签名和自动验证技术来确定其合法性。支票上除了必须的收款人姓名、账号、金额和日期外，还隐含了加密信息。

电子支票的支付目前一般是通过专用网络、设备、软件及一套完整的用户识别、标准报文、数据验证等规范化协议完成数据传输，从而控制安全性，这种方式已经较为完善。

四、移动支付工具

移动支付是通过移动终端设备利用无线通信技术转移货币价值以清偿债务债权关系的一种支付方式。其中，移动终端设备包括智能手机、平板电脑在内的移动工具；无线通信技术包括各种近距离无线通信技术（如红外线、射频识别技术 RFID、近场通信 NFC、蓝牙等）和远距离无线通信技术（如短信、WAP）；目前，市场上最为常见的移动支付为手机支付。

手机支付就是允许移动用户使用其移动终端（通常是手机）对所消费的商品或服务进行账务支付的一种服务方式。手机为付的基本原理是将用户手机 SIM 卡与用户本人的银行卡账号建立一种一一对应的关系，手机支付这项个性化增值服务，可以实现众多支付功能，此项服务强调了移动缴费和消费。

短信支付：手机短信支付是手机支付的，最早应用，将用户手机 SIM 卡与用户本人的银行卡账号建立一种一一对应的关系，用户通过发送短信的方式在系统短信指令的引导下完成交易支付请求，操作简单，可以随时随地进行交易。手机短信支付服务强调了移动缴费和消费。

扫码支付：扫码支付是一种基于账户体系搭起来的新一代无线支付方案。在该支付方案下，首先，商家可把账号、商品价格等交易信息汇编成一个二维码，并印刷在各种报纸、杂志、广告、图书等载体上发布。然后，用户通过手机客户端扫拍二维码，便可实现与商家支付宝账户的支付结算。最后，商家根据支付交易信息中的用户收货、联系资料，就可以进行商品配送，完成交易。

指纹支付：指纹支付即指纹消费，是采用目前已成熟的指纹系统进行消费认证，即顾客使用指纹注册成为指纹消费折扣联盟平台会员，通过指纹识别即可完成消费支付。

声波支付：声波支付是利用声波的传输，完成两个设备的近场识别的支付方式。其具体过程是，在第三方支付产品的手机客户端里，内置有"声波支付"功能，用户打开此功能后，用手机麦克风对准收款方的麦克风，手机会播放一段"咻咻咻"的声音。

移动支付的运作模式主要有以下三类：移动运营商主导的移动支付商业模式、金融机构主导的移动支付商业模式和第三方移动支付运营商主导的移动支付商业模式。

1. 移动运营商主导的移动支付商业模式

移动运营商先根据自身优势选择搭建移动支付平台所采用的技术以及模式，然后选择有意向的银行进行合作，银行一方则搭建可以与其接口的移动商务平台，再由双方维护各自的平台部分，如中国移动与中国银行，中国工商银行以及招商银行的合作。

从网络结构来看，这套移动支付系统位于移动运营商所控制的网络区域内，可应用于包括 GSM 和 CDMA 在内的任何一种移动通信网络。配合一些加密手段，通过 SMS 网关或 WAP 网关与用户之间进行交互。这时用户的手机既是一个无线通信工具，又是一个移动电子钱包，该电子钱包信用额度由移动运营商（电子钱包与手机话费挂钩）或银行（电子钱包与银行卡挂钩）来控制。外界商户以及银行等可以通过互联网或 OON 专线与移动运营商相连，为系统提供具体内容和强大的银行平台。

在移动运营商主导的移动支付商业模式中，移动运营商不仅获得通信流量费，还收取用户与银行的信息传递费和银行与商户的移动支付平台使用费；银行收取用户的信息定制费，并向移动运营商和商户收取利益分成；商户从手机用户购买其商品中得益。

在移动运营商主导的移动支付商业模式中，移动运营商不仅是信息通道，而且是移动平台运营商，还可能是代理结算单位（如果小额支付费用直接从手机话费中扣除）；金融机构则是最终结算单位，账户管理者，并且要承担一部分平台维护工作。运营商主导的移动支付模式要求运营商调动和协调整个移动支付产业链。从运营商拥有的无线通信网络资源和手机客户资源来看，运营商具有产业链主导者的天然优势。

2. 金融机构主导的移动支付商业模式

在该种模式下，金融机构可以借助移动运营商的通信网络，也可以自己开发移动支付平台，但必须独立运营移动支付平台。所有交易以及信息流的控制均在金融机构一端，移动运营商只是充当此业务系统的信息通道。金融机构拥有丰富的账户管理和支付领域的业务运营经验，并拥有庞大的用户群体及客户信任度。在银行主导的移动支付模式中，移动运营商收取用户和银行的通信费；银行向商家收取平台使用费和利润分成，银行不对用户收取交易手续费，但可能收取金融信息定制费（包月形式）；商户付给银行平台使用费和交易手续费，从用户的商品购买中得益。

3. 第三方移动支付运营商主导的移动支付商业模式

在这种模式下，第三方移动支付运营商负责运营，移动运营商仅作为信息通道，或者代理结算单位（如果小额支付费用直接从手机话费账户中扣除）；银行是最终结算的单位，是账户管理者；移动平台提供商（也可能是第三方移动支付运营商自己），向第三方移动支付运营商提供移动支付平台。

第三方移动支付平台上的移动支付业务流程如下几个阶段。①用户发送支付消息到移动运营商移动商务平台，支付请求先送到短信网关或短信中心。②接入系统（短信网关或短信中心）把消息发送到移动运营商移动商务平台。③移动运营商移动商务平台将消费请求转发到银联或银行。④银联或银行验理用户，查询到用户对应的银行账号，扣除费用，将扣款请求处理结果返回移动运营商移动商务平台。⑤移动运营商移动商务平台将业务处理请求转发到 SP。⑥SP 回应业务处理结果。⑦移动运营商移动商务平台将支付处理结果转发到短信中心或短信网关。⑧短信中心或短信网关将支付处理结果转发到用户手机。

在第三方移动支付运营商主导的移动支付商业模式中，第三方移动支付运营商收取商家平台使用费和利润分成，并与金融机构分享利润分成；移动运营商收取用户和银行的移动通信费，银行从商家提取利润，也可以向用户提供金融信息以收取金融信息费；用户不用付给商家交易手续费，只付给移动运营商信息费。

　　在第三方移动支付运营商主导的移动支付商业模式中，当第三方移动支付运营商和银联合作的时候，用户不用考虑银行彼此互不相连的因素，在任何银行接受移动支付的 POS 机上都可以进行操作；金融机构和商家通过接入下多动商务平台，也可以共享不同运营商的用户。如果协调得当，这种模式的信息交流最广，资源共享范围比前两种模式都大。就第三方移动支付运营商本身而言，具有灵活的机制、敏锐的市场反应能力，还需要具备整合移动运营商、金融机构等各方面的资源并协调各方面关系的能力。

　　金融机构电子支付仍以网上支付为主，但移动支付成为增速最快的部分。银行业金融机构电子支付主要包括网上支付、移动支付和电话支付三种形式。

第四章　移动支付与电话支付

第一节　移动支付概述

一、移动支付相关概念

（一）移动支付

对移动支付的概念业界存在不同的观点，主要差别存在于以下两个方面。

1. 移动支付的工具

部分学者认为移动支付工具包括手机、PDA、移动 PC 等移动设备，另一部分学者认为移动支付工具就是手机。

2. 移动支付的支持网络

部分学者认为移动支付通过移动通信网络实现支付，另一部分学者认为移动支付通过无线通信网络进行支付。

另外，一个专业从事移动支付相关研究的全球性组织"移动支付论坛"对移动支付的定义是：移动支付是指交易双方为了某种商品或服务而通过移动设备交换金融价值的过程。综合上述学者们的观点，我们认为移动支付可以从广义和狭义两个方面进行界定，狭义的移动支付主要指利用手机进行的支付；广义的移动支付除包括手机支付外，还包括采用其他移动通信设备所进行的支付方式。

综上所述，移动支付就是通过移动设备利用无线通信技术转移货币价值以清偿债权债务关系的一种支付方式，其中"移动设备"包括手机、PDA、移动 PC 等，无线通信技术包括各种近距离无线通信技术（例如红外线、射频识别技术、蓝牙等）和远距离无线通信技术（例如短信、WAP 等）。

手机是目前移动支付中使用最普遍的移动设备，利用手机进行支付的支付方式通常称为手机支付。手机支付最早出现在美国，但是，美国和欧洲的移动运营商却都没有给予它太多重视与关注；相反，在日本和韩国，手机支付的发展变得最为迅速；无论是在业务量，还是在业务模式上，我国的手机支付还处于发展的初期，但发展势头非常迅猛，尤其在最近一年，手机电子钱包应用快速发展。

另外，以电子钱包方式支付的各种智能储值卡在交通、购物、校园等领域也日益普及，我国一些大城市已经开始运行一卡通项目，智能储值卡应用也成为移动支付领域的一个重要分支。

移动支付具有方便、快捷、安全、低廉等优点，日益受到电子商务商家和广大消费者的青睐，成为一种具有光明发展前途的电子支付结算方式。

（二）手机银行

手机银行就是通过移动通信网络与移动通信技术实现手机与银行的连接，通过手机界面操作或者发送短信完成各种金融服务的电子银行创新业务产品，是手机支付的一种实现方式，也是目前移动支付中使用比较普遍的一种支付方式。手机银行作为一种结合货币电子化与移动通信的服务，不仅可以使人们随时随地处理多种金融业务，而且极大地丰富了银行服务的内涵，使银行能以便利、高效而又较为安全的方式为客户提供传统和创新服务。

随着智能手机的不断改进和无线通信技术的发展，手机银行与网上银行在功能上的差距越来越小，甚至有人将手机银行称为"网上银行的手机版"或"移动银行"。

（三）手机钱包

手机钱包是手机与电子钱包的结合。电子钱包包括智能储值卡式电子钱包和纯软件式电子钱包。手机既可以通过与智能储值卡的物理融合成为电子钱包，也可以作为移动终端通过使用电子钱包软件成为手机钱包。但目前人们所称的手机钱包多指前者，即手机与智能储值卡的融合。

早在 21 世纪初，中国移动、中国银联、联动优势科技有限公司联合各大银行率先在我国推出软件式手机钱包服务，通过把客户的手机号码与银行卡等支付账户进行绑定，使用手机短信、语音、WAP、K-Java、USSD 等操作方式，随时随地为拥有中国移动手机的客户提供移动支付通道服务。使用该通道服务可完成手机缴费、手机理财、移动电子商务付费等类别个性化服务，具体包括：查缴手机话费、动感地带充值、个人账务查询、手机订报、购买数字点卡、电子邮箱付费、手机捐款、远程教育、手机投保、公共事业缴费等多项业务。

（四）手机支付

如前所述，凡是通过手机进行的支付都应该属于手机支付，既包括类似手机银行这种支付双方互不见面的手机远程支付，也包括支付双方面对面的手机现场支付。手机支付是我们平常所说的"移动支付"的代名词（即狭义的移动支付）。但中国移动公司的"手机支付"业务则是一种业务名称，仅指利用手机进行远程支付的方式，该公司手机现场支付业务称为手机钱包业务。

中国移动手机用户在开通手机支付业务后，可以通过短信、WAP、互联网等多种接入方式进行互联网购物、缴话费、生活缴费、手机订票、手机投注等各种远程消费；同时，还可以进行提现、查询、收付款、账户管理等多种操作。

二、移动支付分类

根据不同的分类标准，移动支付可以分为不同的种类，但比较有意义并且常用的分类是按照传输方式和技术进行的分类。不同类别在安全性、支付成本等方面都有不同的要求，应用领域也具有一定的差异，支付的实现模式也各有不同。

①根据移动支付基于的账户，移动支付可以分为基于银行卡账户的移动支付和基于后台账户（包括话费账户）的移动支付。银联开展的移动支付以及商业银行推广的手机银行属于基于银行卡账户的移动支付，而移动运营商的小额支付、各种储值卡的刷卡支付则是

基于后台账户的移动支付。②根据移动支付是否事先指定受付方，移动支付可以分为定向支付和非定向支付。例如，手机话费的支付属于定向支付，手机购物就属于非定向支付。③根据使用的传输方式和技术，移动支付可以分为远距离支付和近距离支付，或者称为远程支付和现场支付。例如：刷卡或刷手机乘坐公交车、支付停车费或加油费等属于现场移动支付，而通过手机购买数字化产品或者网上购物选择手机支付则属于远程移动支付。④根据移动支付金额的大小，移动支付可以分为大额支付、小额支付和微支付。

在不同国家和不同的发展阶段，大额支付、小额支付和微支付的划分标准有所差异，这主要取决于经济发展水平和支付业务的实际发展情况。目前的移动支付以微支付和小额支付为主。

三、移动支付产业链构成与运营模式

移动支付属于典型的技术驱动型业务，这类业务成功的基础是建立一个基本成型的产业链和合理的商业运营模式。

（一）移动支付的产业链构成

产业链是指围绕服务于某种特定需求或进行特定产品生产，一些相关资源通过多个产业环节不断向下游产业转移直至到达消费者的纵向链条。各个产业环节之间互为基础、相互依存，而且，每个产业环节都是一个相对独立的产业。据此，移动支付产业链可以定义为：为了满足消费者对移动支付的基本服务和增值服务的需求，由移动支付服务提供商（即发卡机构）、移动支付应用服务商、移动支付平台运营商、收单机构等多个产业环节共同组成，实现相关资源从上游到下游的不断转移并达到消费者的链条。只有建立并完善移动支付产业链，才能使产业链中各成员获得最大的利益，实现多赢，从而推动我国移动支付市场的健康发展。

1. 移动支付服务提供商（即发卡机构）

此处的发卡机构包括银行卡、储值卡（公交卡等）和虚拟卡（如 QQ 币）的发卡主体以及移动运营商。移动支付服务提供商向用户提供用于移动支付的载体。当然，这个载体已经摆脱了传统意义上的卡介质而完全数字化了。用户凭此载体进行支付。

2. 移动支付应用服务商

移动支付应用服务商向移动支付服务提供商提供支付产品的销售和管理平台，向用户提供挑选合适支付产品的卖场，例如：移动设备提供商。因此，从某种意义上来说，移动支付应用服务提供商可以视为移动支付服务提供商和用户之间的重要桥梁。移动支付应用服务商是面向用户的直接窗口，能够快速、及时地掌握用户对支付产品的需求及变化等信息，并将这些变化向上游企业传递。

3. 移动支付平台运营商

移动支付平台运营商的直接客户是各类发卡机构和收单机构，而最终客户则是用户和商户。其主要职责是跨行信息的转接和清算。目前，移动运营商和银行卡公司凭借现有的网络基础都可以进行移动支付平台的运营，成为移动支付平台运营商。

4. 收单机构

收单机构主要为特约商户（包括实体商户和网上商户）受理支付产品（包括银行卡）

提供授权和结算、交易后的对账查询和差错处理、监控收单交易等。收单机构包括金融机构以及有资质的专业化收单机构。对于移动远程支付而言，发卡、转接和收单的界限并不那么明显，尤其是收单环节可以和转接环节合为一体。

商户和用户虽然不包含在产业链中，但他们是移动支付服务的最终服务对象，商户提供产品和服务，用户是移动支付的使用者。商户的数量及提供产品的丰富程度，用户的使用习惯和接受程度也是决定移动支付发展的重要因素。

相对于其他新兴支付产业链，移动支付产业链的最突出特征就是主要环节间的关系更为复杂。一方面，现场移动支付和远程移动支付所涉及的产业环节、盈利模式甚至利益分配格局具有很大差异。在远程支付业务上，移动通信网络具有天然的联网通用特性，并且移动运营商已经拥有较为完善的计费系统，具有一定的优势；而在现场支付业务上，银行卡公司已经投入了大量人力、物力和财力，并已初步建成全国性的受理网络，具有优势。另一方面，移动运营商和银行为掌控用户资源（特别是用户的消费信息）的主导权展开争夺，因为谁掌握了用户的消费信息，就意味着谁可以展开有针对性的个性化增值服务（例如：产品营销）。

（二）移动支付商业运营模式

移动支付商业运营的主要模式有以下几种：以金融机构为主导的运营模式、以移动运营商为主导的运营模式、以第三方支付服务提供商为主导的运营模式、金融机构与移动运营商合作的运营模式。

1. 以金融机构为主导的运营模式

提供支付服务的金融机构主要是银行。在该种运营模式下，银行独立提供移动支付服务，消费者和银行之间利用手机借助移动运营商的通信网络传递支付信息。移动运营商不参与运营管理，只负责提供信息通道。用户将手机与银行账户进行绑定，直接通过语音、短信等形式将货款从消费者银行账户划转到商家银行账户，完成支付。

在这种模式中，银行的收益主要来自以下几个方面：①手机银行账户上的预存金额，可以增加存款额度；②对移动运营商、商户的移动支付业务利润分成；③降低银行支付渠道的经营成本（如网点、ATM）；④通过移动支付业务激活银行卡的使用，巩固和扩展客户群。

在该种运营模式下，各银行只能为本行用户提供手机银行服务，移动支付业务在银行之间不能互联互通；各银行都要购置自己的设备，通过与移动运营商搭建专线等通信线路，自建计费与认证系统，因而会造成较大的资源浪费；对终端设备的安全性要求很高，用户需要更换手机或 STK 卡。

2. 以移动运营商为主导的运营模式

这种运营模式以移动运营商代收费业务为主，银行完全不参与其中。消费者对其话费账户预先充值，当采用手机支付形式购买商品或服务时，将话费账户作为支付账户，交易费用直接从话费账户中扣除。这样货款支付先由电信话费进行扣除，最后由商家和移动运营公司进行统一结算。

在这种运营模式下，移动运营商主要从以下几方面获得利益：①服务提供商（即商户）的佣金；②带来基于语音、SMS、WAP 的移动支付业务，增加业务收入；③移动支付业务可以刺激用户产生更多的数据业务需求，同时稳定现有客户，并吸纳新用户。

在这种运营模式下，移动运营商直接与用户交流，不需要银行参与，技术实现简单；但移动运营商需要承担部分金融机构的责任，如果发生大额交易将与国家金融政策发生抵触；而且无法对非话费类业务出具发票，税务处理复杂。因此一般只能用于小额支付。

3. 以第三方支付服务提供商为主导的运营模式

这里的第三方支付服务提供商指独立于银行和移动运营商，利用移动通信网络和银行的支付结算资源进行支付的身份认证和支付确认的机构。第三方支付服务提供商可以是银联，也可以是别的手机支付平台，他们需要构建移动支付平台，并与银行相连完成支付，同时充当信用中介，并且为交易承担部分担保责任。货款通过第三方提供的移动支付账号进行划转。如通过上海捷银支付、联动优势科技的移动门户支付、手付通等平台进行的支付。

这种模式中，第三方支付服务提供商的利润主要来源于向移动运营商、银行和商户收取的信息交换佣金。

这种运营模式具有以下特点：①银行、移动运营商、第三方支付服务提供商、商户之间分工明确、关系简单；②第三方支付服务提供商发挥着"插转器"的作用，将银行、移动运营商等各利益群体之间错综复杂的关系简单化，从而大大提高了商务运作的效率；③实现了跨行支付；④第三方支付服务提供商可以平衡移动运营商和银行之间的关系；⑤对第三方支付服务提供商在技术能力、市场能力、资金运作能力方面都要求很高。

4. 金融机构与移动运营商合作的运营模式

金融机构和移动运营商发挥各自的优势，在移动支付技术安全和信用管理领域强强联手，综合了以金融机构为主导和以移动运营商为主导的两种运营模式。

在这种模式下，移动运营商与金融机构关注各自的核心产品，形成一种战略联盟关系，合作控制整条产业链；在信息安全、产品开发和资源共享方面合作更加紧密；运营商需要与各银行，或与银行合作组织（例如银联）建立联盟关系。

随着中国人民银行对电子支付服务提供商实行"牌照制"，移动支付的市场秩序将得到规范和整顿。在产业利益的驱动下，最好的运营模式将是以金融机构和移动运营商紧密合作为基础，以第三方支付服务提供商的协助支持为推动力的整合商业模式。

第二节　移动支付业务模式与技术

一、移动支付业务模式

下面分远距离移动支付和近距离移动支付分别介绍移动支付的业务模式。

（一）远距离移动支付（远程支付）业务模式

远距离移动支付是指通过无限移动网络进行接入的服务。消费者在购买商品或服务时，可以用短信、WAP 或客户端软件等方式将支付信息传递到支付平台的后台服务器，支付平台在相应账户中扣除相应的费用，并且向商家发出支付确认信息，商家发货或提供服务。远距离移动支付通常用于网上消费，其业务模式在我国目前主要分为以下几种类型。

1. 手机银行模式

手机银行是各商业银行提供的一种主要移动支付方式。一般对用户有两项要求：用户在该商业银行拥有合法账户；用户手机支持相应的技术和协议，例如招商银行手机银行要求手机支持 WAP1.1 或更高版本的 WAP 协议。

在使用手机银行之前，为保障用户的安全，部分商业银行要求客户持有效身份证件和账户凭证到账户所在地的营业网点办理注册或开通手续，或者对某些功能要求客户到柜台办理相关协议手续。

2. 后台账户（包括话费账户）模式

移动运营商为每个手机客户建立一个与手机号码绑定的后台支付账户，用户为该账户充值后，即可在远程合作商户购物，并通过 Web、短信、语音等方式从该账户进行支付。运营商将客户消费的金额从该支付账户中扣除，服务提供方则通过与移动运营商的结算来获得收益。

为后台支付账户充值可以通过营业厅现金充值、充值卡充值，这种情况下，整个支付过程中没有银行的参与；账户充值也可以通过银行卡转账进行，这就需要银行与移动运营商进行结算。

3. 银行卡绑定模式

这是一种移动用户通过手机号码和银行卡业务密码进行缴费和消费的业务模式。这种模式要求移动用户将银行卡与手机号码事先绑定，在移动支付交易过程中，手机号码代替了定制关系对应的银行卡，用户只需要输入银行卡业务密码就可以了。中国银联和大多数的第三方移动支付服务提供商采用的都是这类业务模式。

在这种业务模式中，移动运营商只为银行和用户提供信息通道，不参与支付过程。银行为用户提供交易平台和付款途径，并提供相应的安全机制。

4. 虚拟账户模式

这是一种移动用户使用在第三方支付机构开设的网上虚拟账户进行支付的业务模式。这种模式要求用户预先将资金转账或充值到后台服务器的虚拟账户内，或者将该虚拟账户与银行卡账户关联，在支付时使用该账户进行消费。使用时，用户在手机上安装第三方机构推出的具有第三方支付接口的手机客户端，通过该客户端操作虚拟账户完成支付。

（二）近距离支付（现场支付）业务模式

近距离移动支付不通过移动网络，利用近距离无线通信技术（例如：红外线、射频识别、蓝牙等技术）进行支付，包括接触式支付和非接触式支付。这种支付方式也就是储值卡式电子钱包支付，每个电子钱包有一个对应的后台支付账户。例如：刷卡或刷手机乘坐公交车、支付停车费或加油费等。

消费者在储值卡发行机构（例如公交公司、商场、加油站、商业银行等）预存资金并获取储值卡（相应建立与该储值卡对应的后台账户），在购买商品或服务时，通过刷卡完成支付，支付的处理在现场进行，支付完毕，消费者即可得到商品或服务。当储值卡内资金较少时，消费者可以通过充值机构对卡进行充值。这种业务模式被称为"电子钱包"模式。

近两年，这种电子钱包与手机加速融合，通过在手机终端内置 NFC（近距离通信）芯片，植入用户信息、账户信息或银行卡号等信息，将储值卡或银行卡功能集成到手机卡中，以手机作为储值卡的载体，通过刷手机就可以乘公交、地铁、出租等交通工具，还可以进行公共事业缴费、超市购物、医疗卫生、社会综合保险等功能应用。这种电子钱包与手机的融合方式目前主要有两种方式：贴片卡方式，将储值卡信息经过特殊工艺加工或异型，贴在手机 SIM 卡上；改造传统 S1M 卡，形成具有 RFID 卡和 SIM 卡两种功能的双界面智能卡 RFID-SIM 卡。

二、移动支付远距离支付技术及流程

按照移动支付远距离支付接入方式的不同，移动支付可以分为以下四类。

（一）基于短消息（SMS）方式（包括基于 STK 的支付接入方式）的支付

在以金融机构为主导的移动支付运营模式中，用户必须将手机原有的 SIM 卡换成 STK（用户识别应用工具）卡，STK 卡与 SIM 卡一样都能够在普通手机上使用，但是 STK 卡具有更高的存储量，能够运行应用软件。基于 STK 卡的支付方式与基于 SMS 的移动支付流程相似。中国银行、建设银行、招商银行等都曾提供过 STK 手机银行，但在随后的发展中，多数都被其他类型的手机银行所代替。

1. 短消息 SMS 业务

短消息分为两类：一类是点到点短消息（SMS），另一类是校区广播短消息（CBS），一般意义上提到的短消息主要指的是点到点短消息。

SMS 业务是一种在数字蜂窝终端上发送或接收长达 140 字符的消息，并具有存储和转发功能的服务。短消息并不是直接从发送人发送到接收人，而始终通过 SMS 中心进行转发。如果接收人处于未连接状态（可能电话已关闭或超出服务范围），则消息将在接收人再次连接时发送。

点对点短消息既是一种基本电信业务，又可以作为信息服务业务的数据传输载体提供增值业务，如信息点播服务及远程数据操作业务。由于短消息需在短消息中心存储转发，所以实时性较弱。

短消息业务以较低的延迟支持国际漫游，因此特别适合多用户寻呼、E-mail、语音邮件通知和消息类业务等应用，但具体提供给用户的各种功能和相应的收费在很大程度上仍依赖于网络运营商所提供的服务水平。已经有大量的应用可以使用计算机来接收和发送短消息。

2. 基于 SMS 的移动支付流程

①用户通过短消息形式向移动支付平台请求内容服务；②移动支付平台收到请求内容后认证用户的合法性及账户余额，如果合法则向增值服务提供商请求内容，不合法则返回相应错误信息；③增值服务提供商收到移动支付平台的内容请求后，认证移动支付平台的合法性，如果合法，则增值服务提供商发送请求的内容给移动支付平台，否则返回相应错误信息；④移动支付平台从用户的账户中扣除相应费用，然后把收到的内容转发给用户，同时告诉用户付款结果；⑤移动支付平台通知增值服务提供商转账成功。

在 SMS 系统中，费用从用户的话费中扣除，账户的处理由移动支付平台来完成，银行不参与，因此 SMS 系统仅适合小额的信息服务。SMS 方式移动支付的安全性主要由短消息的安全性决定。这种方式的优点是费用低廉、节省成本，符合手机使用群体以低成本享受高质量服务的期望。

（二）基于 USSD 方式的支付

非结构化补充业务数据（USSD）是基于 900/1800 MHz 数字蜂窝移动网络的一种应用，遵循 GSM02.90，GSM03.90，GSM04.90 标准。它是一种面向连接的基于会话的数据业务，在使用上与 SMS 非常类似。用户可以在移动终端上按照规定的格式编辑 USSD 字符串，然后发起 USSD 请求。USSD 在非通话状态下使用独立专用控制信道，每个 USSD 会话占用一个专用控制信道，传输速度约 600byte/s；在通话状态下使用快速随机控制信道，传输速度约 1000byte/s。USSD 第一阶段规范只支持移动台发起的 USSD 操作，且只支持一次交互，因此只适合简单的业务；第二阶段规范引入了对网络发起的 USSD 操作的支持，允许移动平台与网络间的持续会话。

USSD 是继短消息业务后在 GSM 移动通信网络上推出的又一新型增值业务。USSD 业务与 SMS 的主要区别在于 SMS 采用的是存储转发方式，而 USSD 业务系统采用的是面向连接，提供透明通道的交互式会话方式，是会话类业务的理想载体，具有响应速度快、交互能力强、可靠性高的特点，特别适合开展支付型、交易型的业务（如，银行转账、股票彩票业务、移动电子商务小额交易等）。大多数普通 GSM 手机支持 USSD 功能，可使手机用户在不换卡的情况下，采用菜单方式访问各项 USSD 业务，有利于降低用户操作难度。

（三）基于 K-JAVA 方式（包括基于 BREW 的支付接入方式）的支付

国内提供 K-JAVA 方式手机银行服务的典型代表是兴业银行和工商银行上海分行。兴业银行 K-JAVA 手机银行提供的服务主要包含两大类：外汇和银证。与基于短信方式的手机银行相比，基于 K-JAVA 方式的手机银行界面更友好，输入输出更方便，网络传输更快；而与基于 WAP 方式的手机银行相比，则存在必须先下载客户端的劣势。

1. K-JAVA 及其规范

K-JAVA 即 J2ME，是 Sun 公司专门用于嵌入式设备的 Java 软件。利用 K-JAVA 编程语言为手机开发应用程序，可以为手机用户提供游戏、个人信息处理、电子地图、股票等服务程序。J2ME 致力于消费产品和嵌入式设备的最佳解决方案，其遵循"对于各种不同的装置而造出一个单一的开发系统是没有意义的事"这个基本原则，将所有的嵌入式装置大体上区分为两种：一种是运算功能有限、电力供应也有限的嵌入式装置（例如：PDA、手机等）；另一种是运算能力相对较佳，并且在电力供应上相对比较充足的嵌入式装置（例如：冷气机、电冰箱等）。针对这两种嵌入式设备引入了两种规范：把上述运算功能有限、电力有限的嵌入式装置规范为 CLDC 规格；而另一种装置则规范为 CDC 规格。

2. 基于 K-JAVA 接入方式的移动支付流程

①用户挑选商品后，由商家服务人员录入所买商品的详细信息，并按固定格式形成订单。用户核对完订单后告诉服务人员手持设备的号码。②商家对该订单和手持设备（如手机号）加密、签名后通过安全互联网通道（SSL）发送给移动支付平台。③移动支付平台收到消息后确认消息的来源，如果消息确实来自指定商家则对消息处理（如加密签名）后发送给移动用户。④用户收到移动支付平台发来的消息后，进行验证，输入 PNI 码，同意使用移动支付系统，然后确认所买的商品、消费额、商家标识及消息来源，如果消息正确，则同意支付。消息处理后传送给移动支付平台。⑤移动支付平台确认消息正确后向银

行发起转账请求。⑥银行处理支付。⑦移动支付平台收到转账成功的消息。⑧用户收到电子发票或收据。⑨商家收到支付成功的通知。⑩商家为客户提供服务。

（四）基于 WAP 协议的方式的支付

1. WAP 简介

无线应用协议（WAP）是一种向移动终端提供互联网内容和先进增值服务的全球统一的开放式协议标准，是简化了的无线互联网协议。WAP 将互联网和移动电话技术结合起来，使随时随地访问丰富的互联网资源成为现实。WAP 服务是一种手机直接上网，通过手机 WAP "浏览器"浏览 WAP 站点的服务，可享受新闻浏览、股票查询、邮件收发、在线游戏、聊天等多种应用服务。WAP 由一系列协议组成，用来标准化无线通信设备。

WAP 论坛的成员占据着超过 90% 的全球手机市场，同时又是领先的基础设施提供商、软件提供商。正是由于 WAP 论坛成员有广泛的代表性，其制定的 WAP 规范具有多厂商设备可以互操作的特点，使 WAP 成为业界广泛接受和使用的无线信息网络连接方式。WAP 标准和其他技术文档可以直接从 WAP 论坛上下载。

WAP 无线应用协议的产生，使移动设备能够直接访问国际互联网上的资源，WAP 可以支持目前使用的绝大多数无线设备，包括移动电话、FLEX 寻呼机、双向无线电通信设备等。目前，WAP 已经成为移动通信业中的一大热点，具有以下特点：①WAP 是公开的全球无线协议标准，并且是基于现有的互联网标准制定的。②WAP 提供了一套开放、统一的技术平台。WAP 定义了一套软硬件的接口，实现了这些接口的移动设备和网站服务器可以使人们像使用 PC 机一样，使用移动电话收发电子邮件甚至浏览互联网。③WAP 定义了一种 XML 语言，被称作为无线标记语言 WML；WML 是专门为小屏幕和无键盘手持设备服务的语言。④WAP 协议可以广泛地运用于 GSM、CDMA、TDMA、3G 等多种网络。⑤为保持现有的巨大移动市场，WML 用户的界面直接映射到现有的手机界面上。

2. WAP 应用体系结构

WAP 的应用模型是基于 WWW 的客户/服务器结构（即 B/S 结构），客户方通过浏览器向互联网上的服务器请求以标准格式表示的 Web 页面内容；还针对无线和移动环境的特点对内容格式、通信协议等方面进行了优化和扩展；可以利用现有的大量应用开发工具（如 Web 服务器、XML 工具等）。

WAP 的目标是利用其在互联网上的对等 WEB 结构，使内容提供商和移动设备之间的通信比在单独使用情况下更有效和省时。因此 WAP 应用结构非常类似互联网结构。

在一个 WAP 应用系统中包括以下三种实体。

（1）具有 WAP 用户代理功能的移动终端。

典型的移动终端是 WAP 手机，它相当于互联网中的 PC 机，在它的显示屏上运行有微浏览器，用户可以采用简单的选择键来实现 WAP 服务请求，并以无线方式发送和接收所需的信息。WAP 终端使用 WML 显示各种文字图像数据。

（2）WAP 代理。

WAP 代理是联系 GSM 网与万维网的桥梁。它具有两方面的功能：一是进行协议的"翻译"，实现 WAP 协议栈（WSP，WTP，WTLS 和 WDP）与互联网协议栈之间的转换；二是作为内容编码器，WAP 网关利用信息内容编码和解码器把 WAP 数据压缩编码，减少了网络数据流量，最大限度地利用无线网络缓慢的数据传输速率。

同时，WAP 还采用了错误校正技术，确保网络浏览和数据过程不会因无线通信线路质量的变化而受到影响。

（3）应用服务器（或称为内容服务器）。

支持 WAP 的 Web 网站就存放在应用服务器上，服务器中存有用 WML Script 及 WML 编写的 WAP 应用，这些应用可以根据 WAP 移动终端的需要而被下载，在不需要时可以从 WAP 终端中卸载。

WAP 应用系统的基本工作过程如下。

WAP 移动终端上 WAE 用户代理将编码后的 HTTP 请求通过无线接口，经由无线通信网络发送给 WAP 代理。

WAP 代理解码请求后将其转换为标准的 HTTP 请求提交给内容服务器（即应用服务器）。响应信息经由应用服务器返回到 WAP 代理。

如果应用服务器提供的是 WAP 内容（即 WML），WAP 代理可以从应用服务器上直接取回；如果应用服务器提供的是 WWW 内容（即 HTML），则需要先使用过滤器（例如：HTML 过滤器），把 WWW 内容转化为 WAP 内容。

WAP 代理对响应信息进行编码并返回给移动客户端。

3. WAP 安全机制

WAP 环境的安全机制包括 WIM、WIM Script、WTLS、WPKI 四个安全标准。

（1）WIM

WIM 是安装在 WAP 设备里的微处理器芯片，能够保存一些关键信息（如 PKI 公钥和用户的私钥信息），WIM 通常使用智能卡实现。

（2）WIM Script

WIM Script 是 WIM Script Lib 库提供的应用编程接口，包含密钥产生、数字签名，以及处理一些常用的 PKI 对象的函数。

（3）WTLS

WTLS 是基于互联网中的 TLS 的传输层安全协议。WTLS 能够实现对通信参与方的认证，对 WML 数据加密，并能保证 WML 数据的完整性。WTLS 针对无线设备通信的低宽带特性进行了优化。

（4）WPKI

WPKI 为无线应用协议的 PKI，是传统 PKI 在无线应用环境中的优化扩展。

4. WAP 移动接入方式的支付流程

从移动客户端开始，经过商家、支付网关并最后到达银行端；银行经过验证、处理后，向商家及移动终端发出反馈说明本次交易状态。其中银行与商家不进行直接通信，而是通过商家在银行注册的支付网关进行转发；对于移动终端，则由银行向其发送签名消息来完成通知过程。

具体而言，WAP 移动接入方式的支付流程可以分为五个阶段。与有线交易不同的是，移动客户在整个交易过程中并不是一直处于连接状态，移动终端向商家提供订购信息后便断开网络连接，等待从银行发来的支付确认签名短信。这种做法有效地节约了无线网络的带宽，也从经济上为客户节省了开支，是目前一种可取的办法。

交易过程从移动终端用户开始，可能有以下两种情况。

（1）网上购物

客户从商家主页获取商品信息并做出选购，当商家发回确认信息后，再由客户生成交易数据。

（2）直接支付

客户不需要浏览商家网站，而只是进行一种简单的支付行为。例如，客户可能到某个超市进行购物，付款时发现身上没带现金，也没带银行卡，因此，客户选择移动支付方式，从商家获得代表本次交易的交易号，并将交易号、金额、商家账号等信息输入移动设备后向商家服务器提出支付请求。

不论哪种情况，真正的支付流程以商家向客户端发送支付确认为标志，以上述直接支付情况为例，支付流程图的各步骤具体含义如下：①客户端移动设备访问商家服务器，并与商家 WAP 网关建立安全连接。②商家提供未支付的交易查询，保证客户能够通过交易序列号查询出本次交易所需支付的金额。③商家向支付平台发出连接请求，支付平台收到请求后向其发送自己的数字证书。如果商家验证支付平台证书通过，则将数据以平台的公钥加密，将交易数据以及商家自己的证书发送给支付网关。支付网关利用商家证书验证商家身份，如果通过验证，则证明商家身份合法，可以进行通信；否则，发出警告并断开连接。④银行前置机是整个交易流程的最后一个处理环节，并且是银行内部系统的外部接口。银行前置机根据支付平台传过来的支付请求信息生成本行内部使用的命令，操纵内部数据库，完成转账过程。⑤支付结果反馈。完整的反馈过程由银行端发起，银行端会同时向支付平台及客户端发送支付确认消息。由于支付平台及客户端在银行均有注册，所以可以根据对象的不同使用其公钥进行加密，并附加上保证数据完整性的数字签名进行反馈。

三、移动支付近距离支付技术及流程

在近距离支付中，常采用的支付技术有红外线技术、蓝牙技术及射频识别技术三种。目前，基于 RFID 的非接触式移动支付正在逐步取代蓝牙、红外线等成为非接触式移动支付的新宠。

（一）红外线技术

红外线是一种光线，是波长在 750 nm 至 1 mm 之间的电磁波，由于它的波长比红光（750 nm）还长，超出了人眼可以识别的（可见光）范围，所以是不可见光线。

红外线传输是一种点对点的无线传输方式，传输对象间不能离得太远，要对准方向，且中间不能有障碍物，几乎无法控制信息传输的进度。

（二）蓝牙技术

蓝牙技术是一种无线数据与语音通信的开放性全球规范。它以低成本的近距离无线连接为基础，为固定设备与移动设备通信环境建立一个特别连接，同时形成一种个人身边的网络，使得身边各种信息化的移动便携设备都能无缝地实现资源共享。

（三）射频识别技术（RFID）与近距离通信技术（NFC）

射频识别技术（RFID）是 20 世纪 90 年代开始兴起的一种自动识别技术，是一项利

用射频信号通过空间耦合（交变磁场或电磁场）实现无接触信息传递并通过所传递的信息达到识别目的的技术。

RFID 产品的工作频率有低频、高频和超高频，根据频率可以定义符合不同标准的不同产品。不同频段的 RFID 产品有不同的特性。

RFID 是 20 世纪 90 年代兴起的一项自动识别技术。与传统识别方式相比，RFID 技术无须直接接触、无须光学可视、无须人工干预即可完成信息输入和处理，操作方便快捷。

采用 RF1D 技术的支付流程与采用蓝牙技术的移动支付流程类似。

目前近距离移动支付中应用广泛的近距离通信技术（NFC）是由 RFID 技术及互联互通技术整合演变而来的一种近距离无线通信技术。它在单一芯片上结合感应式读卡器、感应式卡片和点对点的功能，能在短距离内与兼容设备进行识别和数据交换。NFC 技术由飞利浦公司发起，诺基亚、索尼等著名厂商联合推广。

同 RFID 技术一样，NFC 也是通过频谱中无线频率部分的电磁感应耦合方式传递信息；但 NFC 与 RFID 两者之间也存在很大不同。第一，NFC 传输范围比 RFID 小。RFID 的传输范围可以达到几米，甚至几十米；NFC 的操作距离只有 10 cm 左右，NFC 具有距离近、带宽高、能耗低等特点。第二，NFC 与现有非接触智能卡技术兼容，目前已经成为主要厂商支持的正式标准。第三，NFC 是一种近距离连接协议，提供各种设备间轻松、安全、迅速而自动的通信。通过 NFC，电脑、数码相机、手机、PDA 等多个设备之间可以很方便快捷地进行无线连接，进而实现数据交换和服务。与无线世界中的其他连接方式相比，NFC 是一种近距离的私密通信方式。第四，RFID 更多地被应用在生产、物流、跟踪、资产管理上，而 NFC 则在门禁、公交、手机支付等领域内发挥着巨大的作用。

基于 NFC 技术的移动支付以移动终端为载体，把非接触式 IC 卡应用结合于 SIM/UIM 卡中，使用卡模拟、阅读器、点对点 3 种应用模式之一，实现手机支付应用。在移动终端中集成 NFC 控制芯片及天线，通过安装的射频天线，接收和发送 NFC 射频信号，实现非接触功能。NFC 控制芯片连接手机中的卡，并传输应用数据到卡中。包含 NFC 芯片的 RFID 模块即可以当作 RHD 无源标签使用（用来支付费用），也可以当作 RFID 读写器（用作数据交换与采集）。当 NFC 移动终端关机或者电池用尽以后，可以继续使用卡模拟方式进行移动支付业务。

第三节　电话支付概述

电话虽然很早就进入了人们的生活，但是用它来管理银行账户，进行资金的查询、划拨以及支付等还是近些年才逐渐兴起的。

一、电话银行基本概念

电话银行是指银行利用计算机电话集成技术，借助公共电话网络，通过电话语音自动应答和人工服务的方式为客户提供金融服务的系统。电话银行是金融机构提供的一种服务方式，它允许客户通过电话与银行进行交互。

目前，我们所指的电话银行大多意义上是指银行的呼叫中心，我国绝大多数银行都成立了自己的电话银行呼叫中心，它不仅是银行的一种服务方式，而且已经成为银行客户关系管理（CRM）的重要组成部分，对银行的发展起着至关重要的作用。

根据电话银行和手机银行的定义，我们可以得出以下结论：①上述所有种类的电话都可具有语音通话和按键输入应答的功能，因此，理论上讲，电话银行中的电话应该包括上述所有种类的电话，但是，它们的适用性和安全性不尽相同，特别是公用电话和办公电话，它与使用人之间不具有固定的对应关系，其"公用"性质和"重播"功能很容易造成客户信息的泄漏。因此，不是特殊情况，一般不用这类电话进行电话银行业务操作。②电话银行与手机银行是两个不同的概念，它们提供服务的技术和表现形式不同：电话银行的服务方式是语音服务，在语音提示下办理银行业务，同时用语音方式告知处理结果；而目前的手机银行大都采用 WAP 技术，服务方式为可视上网操作，在手机键盘输入数据，在屏幕看到提示和处理结果。

二、电话银行的产生与发展

自从第一部电话问世以来，经过一百多年的发展，电话已经成为人们生活的一部分。人们不再满足于将电话作为纯粹的通信工具，而对其寄予了更高的期望。它所扮演的角色也从最初的传递信息发展成为今天功能丰富的通信工具，电话银行就是一个对电话功能进行扩展的好例子。用户期望将电话和银行卡、商务支付有机地结合起来，让电话作为个人金融终端，用户只要拨几个号码就可轻松完成支付，不再受时间、地域的限制。而电信运营商也一直在努力寻找与其他行业联合开发增值业务的机会，向客户提供更全面、更便捷的通信服务。

随着技术的不断成熟和业务范围的不断完善，电话银行经历了人工服务、自动语音服务和电话银行呼叫中心三个阶段。目前各大银行均建立了自己的电话银行呼叫中心。

（一）人工服务阶段

电话银行人工服务最早出现于 1956 年。由于当时技术的限制，银行只是通过话务员接听电话，主要为客户提供一些预定、咨询、投诉等方面的简单业务。

（二）自动语音服务阶段

20 世纪 80 年代初期，计算机语音技术的成熟为电话银行自动语音服务创造了条件。这时的电话银行提供了一些简单服务，例如，账户余额、明细的查询以及公共金融信息查询等。客户可以通过语音提示来完成各种操作。

（三）Call center

20 世纪 80 年代末，自动语音服务已经不能满足客户多样化的需求。因此，能够同时提供自动语音服务和人工服务的电话银行呼叫中心应运而生。Call center 不仅功能更加丰富而且更加人性化，符合当今社会以人为本的宗旨。与单纯的人工服务、自动语音服务比较，Call center 具有以下特点。

1. 电话银行呼叫中心是人工和自动语音服务的有机结合

不仅人工和自动语音服务有机结合，而且两者之间可以相互转换，使用户既可以享受自动语音服务带来的便利，也可以感受到贴心的人工服务。

2. 电话银行呼叫中心的功能更加强大

由于一些交易比较复杂，必须要人工介入，因此人工和自动语音服务的结合使得电话银行的服务范围更加广泛，不仅可以处理银行的基本业务，还能够进行客户管理，提供决策支持等。

3. 电话银行呼叫中心有效地提高了工作效率

电话银行呼叫中心在技术上采用了先进的计算机电话集成技术，使声音信号与数据同步传输，客户个人资料、账户信息与话音可以同时由计算机与银行座席代表协同处理。

三、电话银行的功能

随着技术的不断成熟，电话银行的功能不断升级。无论走到哪里，只要一个电话，就可以完成大部分的银行业务，省掉了去银行柜台的不便。例如使用招商银行的信用卡，除了申请卡片以外的业务都可以由信用卡客户服务中心（电话银行）来完成。

具体而言，电话银行具有以下几个方面的功能。

（一）传统银行扩展类业务

包括开户；销户；设置、修改密码；账户查询（查询账户余额、明细）；转账；账户支付；账户挂失等。

（二）代理业务

主要是代理缴费。通过与收费部门联网，使用电话银行可以缴纳各种费用，如移动、联通手机费用等。

（三）投资理财业务

包括银证转账、银证通、银期转账、外汇买卖、国债、基金等。

（四）其他功能

1. 金融业务咨询

客户可以通过电话银行查询公共金融信息，包括利率、汇率，银行业务介绍等。

2. 处理客户投诉

电话银行中心是面向全社会开放的一个客户与银行沟通的平台，客户可以随时通过电话对银行的服务工作进行投诉。

3. 金融产品营销

电话银行可以根据掌握的客户资料，使用外拨功能主动向潜在客户推介金融产品。

可见，电话银行为客户提供了较为完善的交易处理功能，客户只需要一部电话就可以办理除现金交易外的各类金融业务。但值得注意的是，除了查询类的业务以外，其他涉及账户操作的功能都要经过身份验证才可以进行。

比较常见的身份验证方法是通过注册成为注册客户。所谓注册客户是指用户在银行营业网点凭有效身份证件、账户资料等进行登记，在电话银行客户数据库中留有记录的客户。注册后客户可以得到一个电话银行的客户账号和密码，客户通过自己的账号和密码对账户进行操作。客户身份验证在一定程度上保证了账户的安全，而且在身份认证后，电话银行中心座席代表使用的计算机就可以显示用户的个人信息（如果客户选择使用人工服务），使得座席代表可以对用户的情况有所了解，从而提供更全面合理的服务。

四、电话银行的优势

目前，即使已经出现了网上银行、手机银行等现代支付方式，使用传统电话工具的电话银行仍然受到各银行的重视，业务功能不断增强，业务量不断上升，这足以说明电话银行存在自己特有的优势。

（一）电话银行针对用户而言存在的优势

1. 使用方便快捷

目前我国固定电话、移动电话的普及率相当高，总数已经超过 9.76 亿台，电话已经成为人们生活中不可或缺的一部分。因此，使用电话作为金融交易的载体显然十分方便。

2. 交易成本低

按照现代市场营销理论的观点，客户交易成本不仅仅是他所支付的货币资金，还包括客户所消耗的时间、精力等。相对而言，电话银行的客户交易总成本是较低的。

3. 不受时间、空间的限制

电话银行向客户提供全年 365 天每天 24 小时不间断的金融服务，而且，可以说，有电话的地方就有电话银行。因此，客户可以根据自己的情况，随时随地拨通电话来办理业务。

4. 操作实时性较强

客户通过电话银行进行的操作可以很快生效。例如客户的银行卡被盗，可以在第一时间通过电话银行口头挂失，对这张卡的任何操作立即被限制，从而避免不必要的损失。另外，使用电话银行进行转账也十分快捷。

5. 服务种类丰富，个性化

随着技术的不断成熟，电话银行的功能也越来越强大，服务的品种也越来越多，基本上可以满足客户的各种需求。而且，电话银行的人工服务，可以根据不同的客户提供个性化的服务。

（二）电话银行存在的优势

1. 节省人力

电话银行的大部分业务可以由自动语音应答系统完成，因此节省了人力。

2. 降低成本

电话银行借助原有的电话线路，不需要再投资建立专门的网络，降低了银行的成本。

3. 为客户关系管理提供帮助

电话银行在满足客户各种需求的同时，通过电话银行的人工服务及时了解客户的需求和意见，加强了客户和银行的沟通，为客户提供个性化的服务，增强客户的忠诚度。

五、电话银行系统组成

电话银行系统的组成比较复杂，其中最核心的几大组成部分是：自动呼叫分配系统、交互式语音应答系统、计算机电话集成服务系统、人工座席系统、数据库服务器与应用服务器以及后台管理系统。

（一）自动呼叫分配系统（ACD）

自动呼叫分配系统也称排队机，是呼叫中心的前台接入系统，完成对接入呼叫的转接和分配，即将接入的呼叫中心系统的来电按特定规则自动转接到正确的座席员前或进行其他自动处理，如排队或留言等。其性能的优劣直接影响到呼叫中心的效率和顾客的满意

第四章 移动支付与电话支付

度，是呼叫中心有别于一般的电话系统的重要标志。

（二）交互式语音应答系统（IVR）

交互式语音应答系统是一种功能强大的电话自动服务系统。通俗地说，它也叫语音导航、欢迎词，通过预先录制或合成的语音对客户呼入的电话做出自动语音响应，为客户提供一种菜单导航的功能。客户可以根据提示，通过电话按键与电话银行系统进行信息交互。

（三）计算机电话集成服务系统（CTI）

计算机电话集成服务系统是计算机系统与电话系统的结合，能够通过计算机自动完成复杂的通信任务。它的功能包括自动拨号、语音数据处理以及通过呼入信息在计算机屏幕上显示呼叫的相关信息等。

（四）人工座席系统（CSR）

人工座席系统是人工处理客户电话的系统，一般由座席电脑、座席软件、座席耳麦、服务人员等组成。呼叫中心座席通过座席软件及硬件设备实现相关的控制功能，为客户提供服务。其基本型功能如下。

1. 来电接听、外呼

人工座席能通过呼叫中心系统实现客户来电接听，并通过外呼功能实现回访等主动沟通。这是系统最基本的功能。

2. 示忙、示闲

若座席临时离开座位或者临时不能接听电话，可将状态示忙，来电将不会被转入该座席位置。

3. 转接

如果某座席回答不了客户的问题，可将来电转给其他座席。

4. 座席权限

根据角色可以设置不同级别的座席。例如组长座席和普通座席，他们相应的操作权限也将不同。

5. 通话保持、通话恢复

在和客户通话过程中，如果座席 A 想暂时停顿（比如去寻求组长座席的帮助）和客户的通话，这时候可以给客户播放等待音乐，等座席 A 回来后再通过通话恢复继续和客户通话。

（五）数据库服务器与应用服务器

数据库服务器主要是提供系统的数据存储和访问功能。这里的数据包括客户的基本信息、账户信息、交易记录、银行的内部资料等。应用服务器是介于客户和银行数据库服务器之间的中间服务器，作用是提高呼叫中心的效率和安全性。

（六）后台管理系统

后台管理系统也被称为内部管理系统，它是银行管理电话银行业务的主要途径。技术人员通过后台管理系统进行日常系统管理和维护；客户服务中心管理人员利用后台管理系统进行业务统计和报表生成与查询，并通过技术手段对呼叫中心的工作人员进行有效的绩效考核。这不仅增加和丰富了银行的管理手段，也为呼叫中心的运营管理提供了有效的技术手段。

六、电话银行与电话支付

通过前面的介绍，我们已经对电话银行有了基本认识，那么电话支付是否就是电话银行呢？

从字面上讲，只要通过电话进行的支付应该都属于电话支付。实际上，通过电话支付的形式多种多样，例如：通过短信或WAP无线上网进行支付的手机银行支付，通过语音应答和人工座席服务的电话银行支付，通过除上述方式之外的其他方式的电话支付。由于手机银行支付方式与其他移动终端设备支付方式类似，我们一般将手机银行支付归为移动支付范畴，利用电话进行的其他方式的支付则归为电话支付范畴。由此可知，电话支付与电话银行并非一个概念，电话银行只是电话支付的一种重要方式。

第四节　电话银行支付流程与安全

一、电话银行支付流程

（一）银行与支付提供商合作提供的电话支付

使用电话银行支付，首先必须要开通电话银行的支付功能，也就是先要成为电话银行的注册用户。注册电话银行支付时一般会要求用户绑定电话，当然，也可以不绑定。注册用户如果已经绑定了电话，则必须使用该绑定电话来进行电话支付；如果没有绑定任何交易电话，则必须使用订购商品时预留电话号码所对应的电话来进行电话支付。

这种方式的电话银行支付过程包括下单和支付两部分，下面就通过电话方式下单和通过网络下单分别对电话支付进行介绍。

1. 电话下单过程

①支付卡开通电话支付功能；②持卡人拨打商户销售热线电话，订购产品或服务，告诉销售人员自己选择的银行，并留下个人手机号码；③商户销售人员通过商户的订单系统录入订单和支付信息，通过联机接口方式，将订单信息提交到第三方电话支付平台；④第三方电话支付平台根据持卡人选择的银行信息进行处理，将订单信息通过联机接口提交到银行平台；⑤银行处理订单之后，回复处理结果给第三方电话支付平台；⑥第三方电话支付平台修改订单状态，然后将处理结果通过联机接口返回给商户平台；⑦商户平台通过订单系统向电话销售人员反馈下单结果，商户电话销售人员根据第三方电话支付平台提供的支付说明和流程，引导持卡人进行支付。

2. 网站下单过程

①支付卡开通电话支付功能。②持卡人登录商户网站，订购产品或服务生成订单，并选择电话支付。③商户网站重定向到电话支付页面，持卡人选择支付银行，并选择确认支付。持卡人浏览器显示订单提交页面，要求持卡人输入电话号码，并选择提交。④第三方电话支付平台根据持卡人选择银行信息，进行处理，将订单信息通过联机接口提交到银行平台。⑤银行处理订单之后，回复第三方电话支付平台处理结果。⑥第三方电话支付平台修改订单状态之后，将处理结果通过联机接口返给商户平台。⑦第三方电话支付平台同时

将处理结果和支付流程引导信息通过浏览器返给持卡人。

3. 支付过程

①持卡人用绑定的电话拨打所选银行的电话银行中心电话，然后按照自动语音流程进行支付操作。②银行平台将支付结果通过联机接口反馈给第三方支付平台电话支付平台。③第三方支付平台电话支付平台修改订单支付结果状态后，将支付结果通过联机接口反馈给商户平台。④商户根据支付结果处理发货事宜。

（二）银行直接完成的电话银行支付

由银行电话系统直接完成的电话支付比较简单，不需要处理客户的购物下单环节，而只进行支付业务处理。客户只能面对一家特定的银行，支付种类与银行有着直接的关系，必须建立在银行已经与相应的商家有合作关系的基础上。例如，如果消费者要通过工商银行的电话银行缴电话费，那么首先要看工商银行是否提供了这项缴费服务，如果没有，那该项支付就无法进行。

由于不存在第三方支付提供商，而且收款机构与银行已经达成了协议，所以在客户支付完成以后，其余的工作都可由银行内部完成。

二、新型电话银行支付流程

（一）固网支付

电话银行支付虽然可以随时随地进行，但是相对于刷卡消费来说，要不停地输入账号等用户个人信息，这使得电话银行支付的过程比较复杂而且也存在安全隐患。那么，能不能避免输入卡号这个问题呢？通过电话刷卡的固网支付方式很好地解决了这一问题。

1. 固网支付概念和功能

固网支付是中国银联和中国电信共同推出的一种基于在固定电话上进行刷卡支付的电子支付模式。由于是在具有 POS 终端的电话机上进行刷卡支付，所以我们也称之为电话POS。此模式要求用户需要具备一部智能终端刷卡电话，这部电话与 POS 终端设备相结合，相当于一个安放在家中的终端 POS 机。

固网支付提供的服务除了网上购物、机票订购之外，还包括自助缴费、电子订单支付和信用卡还款、银联卡跨行转账、余额查询等金融服务。用户只需开通固网支付业务，便可在固网支付终端上使用所有包括工商、农业、中国、建设银行在内带有银联标记的信用卡和借记卡进行水、电、煤、电话、手机等公用事业账单缴付；实现包括工商、农业、中国、建设银行在内的所有带有银联标记的银联卡余额查询；更支持多种信用卡还款，和多家银行的跨行转账自助服务。

2. 固网支付的优势

固网支付具有以下几方面的优势。

（1）支付费用和商户扣率更加低廉

虽然由于各地政策的不同导致固网支付业务有不同的费率以及标准，但是大部分地区如果用合作银行借记卡作为支付工具时都可以享受费率优惠或者免费。而大部分使用固网支付的商户也可以获得比传统 POS 机具低的扣率，这无疑对小型商铺有更大的吸引力。

（2）支持跨行支付

固网支付是银联推出的服务，可以使用银联的跨行结算、清算网络，这意味着客户可以使用任何一种拥有银联标识的卡作为支付工具，支持借记卡对异行信用卡的还款等跨行支付交易，大大提高了终端客户的使用方便性。

（3）操作简便

固网支付的操作相对网络支付更加简单，而其使用的便捷性与商场刷卡消费一样，更符合目前人们的习惯。

（4）安全性更高

与开放性的互联网相比，固网拥有天然的安全优势。在固网支付中，账户信息是通过电信光缆进行传送，与公网开放式的传送相比，被盗取的概率几乎为零；当用户刷卡时，磁条信息自动被 PCM（一种信息加密格式）加密，即使出现信息泄露，被盗走的信息也只是一堆乱码，无法辨认；在交易过程中，无须输入卡号，只要刷一下银行卡，输入密码即可进行支付；另外固网支付中还设置有自毁功能的 PSAM 卡（终端安全控制模块），能够防止木马等网上攻击行为。

3. 固网支付流程

固网支付流程与一般刷卡支付方式有一定的区别：客户有可能是在网上购物，刷卡终端—电话 POS 并不一定在商家手中。因此，客户在网上下订单并选择电话刷卡后，系统会提示输入电话号码和客户的名字，然后该账单会发送到刚才输入的电话号码的电话机上，此时，客户才可以在电话 POS 上刷卡支付。

（1）下单

与其他电话支付方式一样，持卡人首先都要选择商品，提交订单，并且选择支付方式。

（2）选择固网支付方式

当持卡人选择了固网支付方式后，需要输入一个可以用来刷卡支付的电话号码和用于账单识别的姓名。

（3）支付账单发送到持卡人固网电话终端 POS

商家确定账单后把支付账单发送到刷卡电话 POS 上，刷卡电话则会接收到刚才的账单信息，这时，电话 POS 会显示收到一笔新的业务，包括具体交易明细等项目。

（4）持卡人在固网电话 POS 上支付

持卡人根据账单信息提示按电话 POS 上的"支付"键，根据提示进行刷卡，然后输入密码进行支付。

（5）支付信息加密传送到发卡行

电话 POS 将持卡人的账号及密码信息打包送往发卡行，数据经过电话支付平台、终端设备前置系统（POSP）以及银联卡跨行信息交换系统（CUPS）逐级传送。

（6）发卡行验证支付卡信息

发卡行验证持卡人账号、密码信息，检查持卡人账户余额是否足够进行支付，并将信息返回到电话 POS（同样经过 CUPS、POSP、电话支付平台逐级传送）。

（7）在电话 POS 上显示支付成功信息，持卡人确认支付成功

（二）MOTOpay 支付

邮件和电话订购（MOTOpay）是我国领先的第三方电子支付企业网银在线推出的线下支付服务产品，是一种专门针对信用卡的电子支付方式。消费者只需通过电话、传真或邮件等形式将信用卡卡号和有效期报给商家，就可以实现产品服务从咨询、预订到支付的全程服务，三秒钟之内即可完成支付。MOTOpay 具有非面对面、脱离网络等特点，这不但帮助银行扩充了信用卡消费渠道，更重要的是彻底解决了长期困扰电子机票、酒店预订、电视购物、网上购物等行业的一大难题：商户无法通过电话等非面对面的手段受理信用卡支付业务，而消费者又不方便上网支付。MOTOpay 有效提升了持卡用户的刷卡率及消费金额。

与之前介绍的电话银行支付相比，MOTOpay 具有以下几个特点。

1. 针对信用卡用户

MOTOpay 主要是针对信用卡用户，而电话银行支付主要是针对借记卡用户。

2. 支付更方便

使用 MOTOpay 只需信用卡卡号和有效期即可完成支付，见不到实体卡也可以进行信用卡支付，并且只需要一个电话就可以完成购物、支付的全过程。而电话银行支付需要先拨打商家电话（或者网上）下单，挂断后再拨打电话银行才能完成支付。

3. 没有支付金额的限制

MOTOpay 支付不受支付限额的限制，但是电话银行支付要受到当日单笔额度的限定。

4. 商户可跟踪支付过程

MOTOpay 商户可以实施跟踪购物、支付的过程，一旦发现问题能及时解决。而电话银行支付时，商户是无法控制支付过程的。

5. 服务更加周到

实现产品服务从咨询、预订到支付的全程服务，解决了因支付环节致使销售过程不完整的问题。

（三）e-Billing 电话支付

电子支付方式可谓是百花齐放，仅以电话为工具的电话支付方式就有很多种不同的支付模式，但在比较了这些支付方式后，会发现尽管它们在便捷、安全程度方面各有千秋，但在用户进行小额支付时（例如：购买网游点卡、电子图书、音像作品下载或在线点播）还是显得有点麻烦，需要银行卡、认证、支付手续费等。e-Billing 电话支付给人们带来了新的小额支付的快捷体验。

e-Billing 是由韩国第一大电信运营商——KT（韩国电信）旗下的 Softfamily 公司在 1998 年研发而成的互联网付费系统。它是一种电话支付系统，适用于固定电话和移动电话。

互联网用户在使用收费内容时，无须信用卡或银行转账，更无须记录卡号密码，只要提交付费申请、简单拨打一个电话即可完成付费。也就是说不需要开通任何电子支付业务，不需要绑定任何银行账户，只需要一部电话就可以完成支付。用户在网上消费的收费内容直接从电信、移动的电话账单（信息使用费）中扣除，由运营商代收该使用费。

1. e-Billing 电话支付的优点

电话小额支付虽然可能不会成为网上消费的主流支付方式，但却可以在小额支付领域大放异彩。它主要有以下一些优点。

（1）方便

打一个电话即可完成整个操作，十分方便。

（2）快捷

从网上输入付费电话到拨打特服号确认支付电话号码付费成功，只需 20 秒即可完成。

（3）安全

无须输入其他个人资料，即使电话号码被泄露，也无须担心被盗用。

（4）最成熟的电话付费服务

该技术在韩国已有多年的运营经验，是十分成熟的电话支付服务。

2. e-Billing 支付流程

①用户登录网站，点击要购买的内容，选择 e-Billing 电话支付。②用户在网站上输入用于付费的电话号码。③用户根据页面提示拨打 ARS：ARS 电话是声讯电话的一种电话号码，并确认付费。④认证通过，支付完成。⑤网站提示用户支付成功。

三、电话支付的安全性问题和保障措施

相对于互联网具有的发散性和强大的交互性特点，电话银行支付的产品开发设计理念建立在"封闭系统"之上，因此，电话支付是独立、封闭的语音系统；同时，电话是专线系统，是点对点的数据传输，其安全性更有保证。尽管如此，电话支付仍然存在一定的安全性问题，同样需要采取一定的安全措施来防范这些问题，降低风险。

（一）电话支付存在的安全性问题

1. 客户缺乏安全意识

客户对电话银行交易的安全了解较少，在缺乏安全机制或措施的环境中进行电话支付，导致登录账号和密码被窃取、资金被划走的状况。例如利用公用电话支付等。

2. 电话的键盘存在安全隐患

我们平时使用的 POS、ATM 等交易终端输入键盘，都是采用通过中国人民银行严格安全检测的加密键盘模式，每个数字键在操作时候所发出的声音频率和电子辐射都是一样的。而我们日常使用的手机、固定电话和小灵通，其数字输入键盘都没有经过加密处理，也没有经过安全测试和检验。在操作的时候，每个数字键所发出声音的频率大小不一样，电子辐射也不一样，容易被人通过声音接收设备或电子辐射接收设备，轻易地辨别出操作的是哪一个数字键，这就造成了电话支付在商业应用或在公共场合的应用中，存在极大的安全隐患。

3. 密码简单，易被破解

由于输入字母不便，电话银行的密码相对简单，在先进设备和技术下，其被破解的难度也大打折扣。另外，由于电话银行和网络银行的关联性，用户往往用网络银行的密码兼当电话银行的密码，使黑客知晓银行卡密码后能轻松盗取电话银行的密码。

4. 易受木马程序攻击

如果客户使用智能手机进行电话支付，犯罪分子可以通过电脑或手机木马程序盗取密

码，而智能手机终端的杀毒、防毒工作还远远不及智能手机的普及速度，这显然制造了一个漏洞。

5. 客户不能及时获取资金变动情况

除非用户办理相关业务，否则使用电话银行支付后，银行是不会就用户的资金变动情况与用户主动沟通的，这大大降低了用户追回损失的可能性。

(二) 电话支付的安全性保障措施

如何才能使简便、快捷的电话支付更加安全呢？下面将从几个方面进行探讨。

1. 客户应采取的安全防护措施

客户要提高自身的安全意识，不给犯罪分子任何可乘之机。保护好自己的卡号、密码等重要信息。

（1）尽量在安全的环境下进行电话支付

要尽量避免使用公用电话等公共通信设备；避免使用免提电话，以防他人偷听。

（2）客户在申请电话银行支付时，最好绑定一个特定的电话

在这种情况下，即使不法分子偷听到了银行卡的卡号和密码，也不能对客户电话银行的账户进行任何操作。因为电话银行支付必须要通过用户绑定的电话进行支付，也就是说账号、密码，以及绑定电话缺一不可，所以其他人是无法盗用的。这就类似于网上支付时的电子口令卡等手段，同密码一起为支付提供双保险，手机号码、密码的双重验证保证了电话支付的安全性。

（3）设置科学的密码，并且与其他支付环境尽量使用不同的密码

客户在设置电话银行密码时，不要使用过于简单的数字（如6个6、6个8等），不要使用自己的出生日期、电话号码等容易被人猜中的数字作为密码；密码最好定期进行修改。另外，客户在使用 ATM、POS、网上银行以及电话银行时，尽量使用不同的密码。这样，就算不法分子通过偷听设备等手段获得了客户的银行卡卡号和电话银行的支付密码，并且复制了银行卡，也无法得到交易密码。

（4）注意防治木马病毒

如果客户使用的是智能手机，那么就要注意这个高科技产物的安全性了。由于现在智能手机已经逐渐地向掌上电脑的方向发展，其功能不断完善，一方面为客户提供了更多的功能，另一方面也为木马病毒提供了生存的土壤。

2. 银行应采取的防范措施

在电话支付过程中，银行有责任为客户提供一个安全的支付环境，这一方面需要严格的管理措施，另一方面也需要一定的技术支持。

银行保险监督管理委员会在《关于商业银行电话银行业务风险提示的通知》中对商业银行提出了几项要求：①商业银行应面向客户开展各种形式的电话银行风险教育和安全提示，明示电话银行业务操作应注意的各类安全事项，帮助客户培养良好的密码设置习惯和密码保护意识；②商业银行应积极开展电话银行转账功能风险评估和分类，依据收款账户的潜在风险高低，相应设置不同的转账额度和次数限制；③对应用银行卡卡号和密码相组合完成登录的电话银行业务，商业银行应在客户使用潜在风险较高的转账功能时，增加其他身份信息检验要求，如银行卡 CW 码、身份证信息或其他预注册信息等；④商业银行应

严格控制规定时间内同一卡号、账号、密码等登录信息在电话银行操作中的输入次数，避免无次数限制的允许输入错误登录信息，严格防范犯罪分子采用试探手段获取密码信息；⑤商业银行应建立电话银行异常交易监测预警机制。

除此之外，银行也应该做好其客户关系管理。银行有责任及时通知客户的账户支出情况，一旦发生资金变动，就应当及时通知客户，不过这需要客户事先绑定了电话。

电话银行计算机系统主要处理客户通过电话提出的各种服务请求，必须满足较高的安全性要求，特别是数据的正确性、保密性和完整性。

（1）保证数据库安全

数据库是所有计算机应用系统的核心。数据库中保存了客户的各种相关数据，一旦数据库遭到篡改或破坏，会给银行和客户的利益带来严重的损害，甚至使整个电子银行陷于瘫痪，引起十分严重的后果。在保证数据库安全方面采用了以下技术措施。

①校验数据的真实、合法性

电话银行计算机系统所有客户在进入系统操作之前，必须经过验证；用户密码全部采用密文方式保存在数据库中；一旦发生验证失败，系统要做出安全处理。另外，为了防止恶意破译密码，系统中还设置了验证错误次数的限制，如果超过次数，禁止客户再试。

②进行访问控制

对不同类别的客户采用不同的标记。例如，将注册客户与非注册客户用不同的标记来区分对待，他们的操作权限也根据标记的不同而有所差异。

③保护数据的完整性

这里数据的完整性保护包括存储数据的完整性保护和传输数据的完整性保护。

对于存储数据的完整性保护，采用对关键数据进行 MAC 校验的方式。关键数据包括：客户号、客户密码、证件号码、账号、更新日期等。将这些数据组成一个字符串，通过调用函数，生成 MAC，保存数据的同时，将 MAC 也保存下来。在需要进行关键数据操作时，首先需要校验 MAC，如果 MAC 不正确，禁止该操作，MAC 校验通过后，才能够继续进行操作。如果关键数据进行更改后，MAC 也需要重新计算，更新到数据库中。

对于传输数据的完整性保护主要包括两部分：IVR（交互语音应答系统）交易平台的数据交互和交易平台与后台业务系统的数据交互。这两种数据交互方式都采用 MAC 校验来保证数据传输的完整性。

（2）保证网络安全

网络安全是信息安全的基础，也是银行数据安全、系统安全的前提条件。客户的基本信息和账户资料都存放在银行的数据库中，而数据库与银行系统却是通过网络连接起来的，不论是银行内部网络还是银行外部网络，都可能存在着对电话银行系统的威胁。保证电话银行系统的网络安全可以采用以下措施。

①数据加密

网络中为了保证数据的安全传输，首要的就是对数据加密。数据加密是利用数据加密算法来实现数据保密的方法和技术。与数据加密紧密相关的就是密钥管理机制，它主要考虑密钥的产生、分发和存储的安全。

②信息认证

信息的认证性是信息安全的另一个重要方面，它要验证信息的确来自授权方。网络中互不认识的双方要进行通信，必须事先取得权威认证机构的身份证书，才能取得对方的信任。

③信息的完整性保护

信息在网络中传输是可能会被篡改、重播或迟延。为了防止这些情况的发生，就要采取信息的完整性控制。序号机制、信息识别码和数字签名都可以有效地用于数据完整性控制。

④访问控制

与数据库中的访问控制类似，给每个客户赋予适当的操作和访问权限，目的是拒绝非法访问和使用网络资源，以保障网络系统的安全。每个网络资源（如各种服务器、文件系统和数据库等）都有访问控制表（ACL），通过 ACL 规定客户的访问权限。

⑤路由控制

路由控制一般由网络服务商提供，使信息通过安全可靠的子网、中继网或节点进行传送。当发现或怀疑信息受到监视或非法处理时，就重新建立路由。正确的路由控制可以避免敏感数据进入危险的节点和链路。

第五章　第三方支付

第一节　第三方支付与支付平台

近年来发展起来的新型支付模式——第三方支付——以无与伦比的优势既满足了社会的需求，为社会创造了价值，又为电子商务提供了强有力的支撑，受到越来越多企业和消费者的青睐。与此同时，网联的新模式也给第三方支付带来了新的冲击。

一、第三方支付概述

电子支付在中国的发展始于20世纪末招商银行推出的网上银行业务，随后各大银行的网上缴费、移动银行业务和网上交易等逐渐发展起来。银行在初期完全主导着电子支付，大型企业用户与银行之间建立支付接口是最主要的支付模式。但银行在处理中小型商户的业务方面显得能力不足，于是非银行类的企业开始介入支付领域，第三方支付平台应运而生。北京首信（现更名为北京首信易支付）、上海环迅、网银在线、支付宝等诸多具有较强银行接口技术的服务商，在银行基础支付层提供的统一平台和接口的基础上，提供网上支付通道，并通过与银行的二次结算获得分成。这类第三方支付模式是目前国内比较成熟的电子商务支付模式。

（一）第三方支付的基本概念

在有关第三方支付的研究文献和书籍中，经常出现"第三方支付""第三方支付系统""第三方支付平台""第三方支付企业/机构""第三方网上支付中介"等一系列名词，它们有怎样的区别和联系呢？

1. 第三方支付

第三方支付是具备一定实力和信誉保障的独立机构，采用与各大银行签约的方式，提供与银行支付结算系统接口的交易支持平台的网络支付模式C在第三方支付模式中，买方选购商品后，使用第三方平台提供的账户进行货款支付，并由第三方通知卖家货款到账和发货；买方收到货物，并检验商品进行确认后，就可以通知第三方付款给卖家，第三方再将款项转至卖家账户上。

第三方支付是电子支付产业链中重要的纽带，一方面连接银行，处理资金结算、客户服务、差错处理等一系列工作；另一方面连接商户和消费者，使客户的支付交易能顺利接入，由于拥有款项收付的便利性、功能的可拓展性、信用中介的信誉保证等优势，第三方支付较好地解决了长期困扰电子商务领域的诚信、物流、现金流问题，在电子商务的发展中发挥着重要作用。

第三方支付服务商与多家银行合作，提供统一的应用接口。这样，无须分别安装各银行的专用接口，商家就能够利用不同银行的支付通道，在支付手段上为顾客提供更多选择。同时，第三方支付也帮助银行节省网关开发费用，创造了更大的利润空间。因此，第三方支付既可节省买卖双方的交易成本，也能节约资源，降低社会交易成本，有利于提高网上交易的效率，促进电子商务的拓展，创造更多的社会价值

随着电子商务的快速发展，人们对电子支付的需求进一步提升，而第三方支付凭借其对交易过程的监控和交易双方利益的保障，获得了广大个人用户及商户的青睐此外，企业逐渐开始利用第三方电子支付进行跨地区收款及各类资金流管理，行业应用逐渐普及以互联网支付、手机支付、预付费卡、POS收单等为首的第三方支付业务蓬勃发展。

2. 第三方支付平台与第三方支付系统

第三方支付平台是指平台提供商通过通信、计算机和信息安全技术，在商家和银行之间建立连接，实现从消费者到金融机构以及商家之间货币支付、现金流转、资金清算、查询统计的一个系统，其本质是一个支付系统，即第三方支付系统。

随着电子商务的蓬勃发展，网上购物、在线交易对于消费者而言已经从一个新鲜的事物变成了日常生活的一部分。相关调查表明：由于远离拥挤、堵车、排队付款等麻烦，且随着电子商务活动交易制度的日渐规范和安全保障的日益完善，更多的消费者正在走出国美、家乐福等大型卖场、超市，而选择在易趣、淘宝等线上通道进行在线购物对于网络商家而言，传统的支付方式如银行汇款、邮政汇款等，都需要购买者去银行或邮局办理烦琐的汇款业务，而如果采用货到付款方式，又会给商家带来一定的风险和昂贵的物流成本，因此第三方支付平台在这种需求下逐步诞生。第三方支付平台将交易信息和物流信息进行整合，为电子商务的资金流、信息流、物流三大瓶颈问题提供一致的解决方案通过第三方支付平台，商家网站能够进行实时的交易查询和交易系统分析，提供及时的退款和止付服务，便于客户查询交易动态信息、物流状态，以及对交易进行相应处理等。第三方支付平台有关于交易信息的详细记录，可以防止交易双方对交易行为的抵赖，也为售后可能出现的纠纷问题提供相应的证据，维护双方权益。

第三方支付平台是在网络安全平台之上建立的在线支付服务平台一作为买卖双方交易过程中的"中间件"，第三方支付平台旨在通过一定手段为交易双方提供信用担保，从而化解网上交易风险的不确定性，有效防止电子交易中的欺诈行为，增加网上交易成交的可能性，并在交易后提供相应的增值服务。有了它，买卖双方的交易得以轻松地进行它伴随着网上交易而来，只要拥有一个或多个在线支付平台账号，就能够在一个相对安全的网络环境里享受购物的乐趣。

3. 第三方支付与第三方支付平台的区别和联系

通过上述对第三方支付与第三方支付平台的简单介绍，可以得出结论：第三方支付与第三方支付平台不是一个概念，但它们之间存在着密切的关系。

首先，第三方支付是一种支付方式，或者说是一种支付渠道。在这种支付方式中，由第三方独立机构担当买卖双方的"信用中介"，同时提供与多家银行支付结算系统的对接，保障了买卖双方的合法权益。第三方支付平台则是一种由网络、技术、软件、服务等构成的实现第三方支付的平台系统。不同的第三方机构可以建立不同的第三方支付平台。

其次，第三方支付平台是第三方支付这种支付方式得以实现所必需的媒介，或者说，第三方支付平台是看得见的第三方支付形式。没有第三方支付平台，第三方支付也就只能

停留在理论层面，而不能付诸实施。正因为第三方支付平台和第三方支付之间存在如此紧密的关系，所以人们在平时谈到第三方支付和第三方支付平台时，有时并没有对二者进行严格的区分。

综上，第三方支付实际上是第三方支付服务公司，第二方支付平台实际上是第三方支付系统第三方支付系统由第三方支付服务公司来运营。

（二）第三方支付的特点

第三方支付服务主要有以下特点。

1. 支付中介

具体形式是付款人和收款人不直接发生货款往来，借助第三方支付平台完成款项在付款人、银行、第三方支付机构、收款人之间的转移。这种方式对网上商户来说，可以不用安装各个银行的认证软件，简化其操作，降低开发和维护成本；对银行来说，可以节省网关开发成本等。

2. 技术中间件

第三方支付平台通过连接多家银行，使银行系统与互联网之间能够加密传输数据，向商家提供统一支付接口，使商家不需要与各家银行一一谈判，就能够同时使用多家银行的支付通道。

3. 信用保证

运行规范的第三方支付平台，只向合法注册的企业提供支付网关服务，不向个人网站提供服务，在很大程度上避免了交易欺诈的发生，使消费者更有信心采用网上支付方式。对双方交易的详细记录，也可以防止交易双方对交易行为的抵赖，减少可能产生的交易纠纷。

4. 个性化与增值服务

第三方支付可以根据商户的业务发展和市场竞争情况创造新的商业模式，制定个性化的支付结算服务，如为航空商户提供的分账服务等。

（三）第三方支付价值链

在完成第三方支付服务过程中，有众多的参与者，形成了第三方支付价值链。在支付价值链中，前端是在线商户和网络消费者（统称为第三方支付服务的消费者），中间是各第三方支付平台，而后端是以银行为代表的金融机构。

基础支付层：处在这层的主要是以银行为代表的金融机构，负责搭建基础的支付平台，实现银行层面的互联互通，并为第三方支付企业提供统一的网关。基础支付层的重点是提供安全、稳定的金融服务。

中间支付层：该层是具有较强银行接口技术的企业在基础支付层提供的统一平台和接口基础上进行集成、封装等二次开发而形成的中间支付平台。中间支付平台可以承载很大数据量，具有极高的支付成功率，银行和网上用户通过中间支付平台可以实现二次结算。

应用支付层：该层为第三方支付平台的终端用户服务，展现支付终端和页面应用支付层终端用户强大的市场需求，推动了第三方支付价值链的发展。

（四）第三方支付的参与主体

通过对第三方支付价值链的分析，可知第三方支付重要的参与者有消费者、金融机构、第三方支付机构。

1. 消费者

第三方支付的消费者主要包括用户和商户两种。

用户是指为满足生产、生活消费而需要购买、使用商品或者接受服务的个人客户群体和企业客户群体，是支付工具的被动接受者和使用者，只能选择满足其生活用品或服务的商户所提供的支付方式。

商户是指那些为用户提供其生产、销售、生活所需的商品或服务的经营群体，是第三方支付的直接客户，是电子支付服务的直接购买者。

2. 金融机构

金融机构是指以银行为主体、其他非银行金融机构为补充的金融服务体。在网上支付领域，银行具有无法替代的优势，第三方支付离不开银行，必须以银行为基础。然而银行与第三方支付机构合作，也能提升用户使用网上银行的频率。

3. 第三方支付机构

第三方支付机构通过与银行合作，以银行的支付结算功能为基础，向政府、企业和个人提供个性化的支付清算与增值服务。它的存在，会为第三方支付价值链中的用户、商户以及金融机构都带来不可替代的价值。

（五）第三方支付的优势与劣势

1. 第三方支付的优势

（1）解决了网络时代物流和资金流在时间与空间上的不对称问题

第三方支付在商家与顾客之间建立了一个安全、有效、便捷、低成本的资金划拨方式，保证了交易过程中资金流和物流的正常双向流动，有效缓解了电子商务发展的支付压力，成为解开"支付死扣"的一种有益尝试。

（2）有效地减少了电子商务交易中的欺诈行为

传统支付方式只具备资金的传递功能，交易以款到发货或货到付款的方式进行，存在非常大的信用风险，第三方支付不仅解决了物流和资金流双向流动的问题，而且可以对交易双方进行约束和监督，增加了网上交易的可信度，在一定程度上消除了人们对网上交易和网上购物的疑虑，让越来越多的人相信并使用网络交易功能。另外，第三方支付平台可以对交易双方的交易进行详细记录，从而防止交易双方对交易行为可能发生的抵赖，并且为在后续交易中可能出现的纠纷问题提供相应的证据。

（3）节约交易成本，缩短交易周期，提高电子商务的效率

传统支付方式如银行汇款、邮政汇款等需要买家去银行或邮局办理烦琐的汇款业务，浪费时间，耗费精力，而第三方支付依托银行系统，只要通过互联网就可以完成支付的整个过程，大大缩减了电子商务的交易周期，节约时间成本和办公成本。

（4）促进银行业务的拓展和服务质量的提高

作为金融服务的一种创新业务，网上支付不仅节约了银行成本，有利于银行业务处理速度的提高和服务业务的拓展，增加了银行中间业务的收入。更重要的是，第三方支付平台改变了银行的支付处理方式，使消费者随时随地都可以通过互联网获得银行业务服务。

（5）能够较好地突破网上交易中出现的信用问题

第三方支付本身依附于大型的门户网站，且以与其合作的银行的信用作为其信用依

托，能够较好地突破网上交易中的信用问题，有利于推动电子商务的快速发展。

（6）操作简便可靠

第三方支付平台与银行的交易接口直接对接，支持多家银行的多卡支付，采用先进的加密模式，在银行、消费者和商家之间传输与存储信息资料，还根据不同用户需要对界面、功能进行调整，更加个性化和人性化。同时，有了第三方支付平台，商家和客户之间的交涉由第三方来完成，使网上交易变得更加简单。

2. 第三方支付的劣势

（1）用户不信任

在第三方支付模式中，第三方支付企业作为独立机构从事金融服务，用户出于固有观念，对其不十分信任，认为安全系数低。

（2）盈利少

第三方支付平台企业运行维护成本高，没有很好的盈利模式，部分第三方支付平台甚至处于不盈利状态。

（3）银行依赖性强

第三方支付平台账户资金的流动依赖于银行，同时，由于缺乏认证系统，为了支付信息的安全，第三方支付平台必须依赖银行的专业技术。

（4）结算周期长

由于各种原因，部分第三方支付企业不提供实时结算，结算周期长，进而引起商家资金流动不畅。第三方支付的一般结算方式有两种：一是直接结算到银行卡（部分支付公司已停用）；二是结算到新开的第三方支付账户中，然后自提到银行卡。第三方支付的结算周期根据交易额度的不同，可分为 T+0 结算、T+1 结算、T+3 结算等。部分特殊行业和节假日，结算周期可能会延长。

（5）面临强势竞争

目前国内提供网上支付的机构主要有各大商业银行、银联和第三方支付平台企业。国内各家商业银行都在大力推进网上支付，网上支付已成为各银行网上银行业务的新亮点。未来几年网上支付将成为各银行电子银行服务竞争的主要领域。银行由于专门从事金融服务，信誉和用户认可度高，并且资金和技术实力强。银联本身具有政府背景，银联电子支付方式也比较简单，消费者比较容易接受且大部分银行卡网上支付功能的开通无须申请，方便快捷，外卡受理，接入费用较低因此，独立的第三方支付平台企业面临银行和银联强大的竞争压力。

（六）发展特点

中国第三方支付发展中呈现出以下特点。

1. 非独立的支付服务商（某一电子商务网站旗下提供支付服务的子公司）占主流地位

以支付宝、财付通和银联在线为代表的非独立支付服务商目前在我国的第三方支付市场中占据绝对主流的地位，其中仅支付宝一家就已占领了中国网上支付市场的半壁江山非独立的支付企业的成功在很大程度上是借助其背后集团企业强大的商业资源、技术背景以及品牌实力，这一点是很多独立第三方支付服务商（独立的、不隶属于任何电子商务网站的支付企业）在短时间内很难赶上的。

2. 支付服务商趋向行业细分化

随着网上支付市场的发展，第三方支付服务商行业细分化的趋势越来越明显，支付的行业化和专业化服务迹象已经出现，未来一些支付服务商很可能成为行业性的支付平台，针对不同的行业领域提供不同的专业支付产品。比如，易宝支付在机票行业、支付宝在购物行业、环迅支付在游戏行业、财付通在彩票行业、首信易支付在教育行业等都成为极具竞争优势的支付平台。未来中国第三方支付平台的发展趋势必然是以行业支付需求为导向，逐步走向专业化。

3. 银行与支付服务商的竞争日益凸显

在目前第三方支付的产业链上，既有第三方支付企业之间为争夺商户和用户所展开的竞争，也有各大银行的网上银行服务不断改进和提高后形成的竞争，尤其是在网联成立之后，第三方支付的发展趋于规范和统一，竞争也更为激烈。

二、第三方支付平台的发展特点

（一）进入成本低

随着商业银行网上银行业务的纷纷推出，第三方支付平台连接银行的成本越来越低（技术、投入设备和商务谈判方面），进入门槛降低；第三方网上支付平台属于高风险行业，退出壁垒较高，因此网上支付服务提供商并不能轻易退出，而是在行业内维持竞争状态。

（二）竞争激烈

由于产业处于发展初期，出现了上下游之间、第三方网上支付平台之间对优质商户的争夺：①上下游互相渗透，产业链中的各方为了争夺市场纷纷向上、向下渗透。大型商户向第三方支付渗透，网上银行直联优质大型商户，C2C 的第三方支付向 B2C 发展商户。②差异化、专业化经营，市场日益细分。第三方支付在支付安全、快捷和方便上发展出了有中国特色的业务模式。针对行业特点，在航空客票、游戏点卡、公用付费、E-mail 汇款等方面纷纷推出了自己的特色业务。③竞争加剧和市场广阔的矛盾。C2C 获得爆发性发展，而 B2C 也迅速发展，但从行业和收入模式上都呈现集中化与同质化倾向，各种业务模式多，能够达到规模实现盈利的少，急需找到"蓝海"。

第二节　第三方支付的支付模式与流程

一、传统第三方支付的支付模式与流程

传统第三方支付按照不同的维度，有不同的分类。按服务对象分为独立第三方支付和非独立第三方支付；按服务特色分为网关支付模式、账户支付模式和特殊的第三方支付，其中，账户支付模式是指用户在支付平台用 E-mail 或手机号开设虚拟账户，用户可以对虚拟账户进行充值和取现，并用虚拟账户中的资金进行交易支付，它按照是否具有担保功能可以分为具有担保的账户支付模式（间付支付模式）和不具有担保的账户支付模式（直付支付模式）。

从服务对象角度来说，支付宝（淘宝）、财付通（拍拍）、安付通（易趣）和银联在

线等第三方支付机构属非独立第三方支付机构，目前在我国的第三方支付市场中占据绝对主流的地位，其他的则为独立第三方支付机构、不隶属于任何电子商务网站，不为特定的电子商务平台服务。

（一）网关支付模式

网关支付模式是指第三方支付平台仅作为支付通道将买方发出的支付指令传递给银行，银行完成转账后，再将信息传递给支付平台，支付平台将支付结果通知商户并进行结算支付网关位于互联网和传统银行专网之间，其主要作用是安全连接互联网和银行专网，将不安全的互联网上交易信息通过安全转换传给银行专网，起到隔离和保护银行专网的作用一在网关支付模式下，第三方支付平台只提供了银行到用户的简单支付通道，把银行和用户连接起来。

在网关支付模式下的第三方支付机构的特点是：有独立的网关，灵活性大，一般都有政府背景或者行业背景，根据客户不同规模和特点提供不同的产品，收取不同组合年服务费和交易手续费，客户为中小型商户或者有结算需求的政企单位，集中在 B2B、B2C 和 C2C 市场上但这类机构没有完善的信用评价体系，抵御信用风险能力较弱，增值服务开发空间小，技术含量不大，容易被同行复制。

（二）账户支付模式

1. 直付支付模式

直付支付模式支付流程与传统转账、汇款流程类似，只是屏蔽了银行账户，交易双方以虚拟账户资金进行交易付款。

在直付支付模式下：①买方向支付平台账户充值，实体资金流向，此时实体资金是从买方银行账户转移到第三方支付平台用户清算银行账户；②买方向支付平台账户充值，平台虚拟资金流向，在买方充值成功后，第一方平台增加买方虚拟账户资金；③进行交易时，买方向卖方支付货款资金流向在买方向卖方支付货款时，实体资金不发生变化，发生的是支付平台虚拟资金的转移，减少了买方虚拟账户资金，增加了卖方虚拟账户资金；④卖方取现时，平台虚拟资金流向：卖方取现成功后，第三方支付平台减少卖方虚拟账户资金；⑤卖方取现时，实体资金流向卖方发出取现指令时，实体资金从第三方支付平台用户清算银行账户转移到卖方银行账户。

2. 间付支付模式

间付支付模式的支付平台是指由电子商务平台独立或者合作开发，同各大银行建立合作关系，凭借其公司的实力和信誉承担买卖双方中间担保的第三方支付平台，利用自身的电子商务平台和中介担保支付平台吸引商家开展经营业务买方选购商品后，使用该平台提供的账户进行货款支付，并由第三方通知卖家货款到达、进行发货；买方检验物品后，就可以通知第三方支付平台付款给卖家，第三方再将款项转至卖方账户。

在间付支付模式下：①买方向支付平台账户充值，实体资金流向此时实体资金是从买方银行账户转移到第三方支付平台用户清算银行账户；②买方向支付平台账户充值，平台虚拟资金流向在买方充值成功后，第三方平台增加买方虚拟账户资金；③进行交易时，买方向卖方支付货款资金流向，在买方向卖方支付货款时，实体资金不发生变化，而是支付平台虚拟资金发生转移，减少买方虚拟账户资金，增加第三方支付平台担保账户虚拟资金；④当买方收到货物，通知第三方支付平台放款时，实体资金同样不发生变化，只是虚拟资金从第三方支付平台担保账户转移至卖方虚拟账户；⑤卖方取现时，平台虚拟资金流向卖方取现成功后，第三方支付平台减少卖方虚拟账户资金；⑥卖方取现时，实体资金流向卖方发出取现指令时，实体资金从第三方支付平台用户清算银行账户转移到卖方银行账户

（三）特殊的第三方支付——银联电子支付

银联电子支付平台（ChinaPay）是中国银联旗下的银联电子支付有限公司提供的第三方支付平台作为非金融机构提供的第三方支付平台，ChinaPay 依托于中国银联，而且在中国人民银行及中国银联的业务指导和政策支持下迅速发展，因此它是特殊的第三方支付平台。

ChinaPay 拥有面向全国的统一支付平台，主要从事以互联网等新兴渠道为基础的网上支付、企业 R2B 账户支付、电话支付、网上跨行转账、网上基金交易、企业公对私资金代付、自助终端支付等银行卡网上支付及增值业务。

ChinaPay 充分利用中国银联全国性的品牌、网络、市场等优势资源，整合银联体系的系统资源、银行资源、商户资源和品牌影响力，实现强强联合、资源共享和优势互补，将先进的支付科技与专业的金融服务紧密结合，通过业务创新形成多元化的支付服务体系，为广大持卡人和各类商户提供安全、方便、快捷的银行卡支付及资金结算服务。

在银联电子支付模式下：①消费者浏览商户网站，选购商品，放入购物车，进入收银台；②网上商户根据购物车内容，生成付款单，并调用 ChinaPay 支付网关商户端接口插件对付款单进行数字签名；③网上商户将付款单和商户对该付款单的数字签名一起交消费者确认；④一旦消费者确认支付，则该付款单和商户对该付款单的数字签名将自动转发至 ChinaPay 支付网关；⑤支付网关验证该付款单的商户身份及数据一致性，生成支付页面显示给消费者，同时在消费者浏览器与支付网关之间建立 SSL 连接；⑥消费者填写银行卡卡号、密码和有效期（适合信用卡），通过支付页面将支付信息加密后提交支付网关；⑦支付网关验证交易数据后，按照银联交换中心的要求转换数据格式后封装支付信息，并通过硬件加密机加密后提交银联交换中心；⑧银联交换中心根据支付银行卡信息将交易请求路由到消费者发卡银行，银行系统进行交易处理后将交易结果返回到银联交换中心；⑨银联交换中心将支付结果回传到 ChinaPay 支付网关；⑩支付网关验证交易应答，并进行数字签名后，发送给商户，同时向消费者显示支付结果。

二、网联支付新模式

（一）网联的产生背景

网联全称"网联清算有限公司"，是由中国支付清算协会发起的一个线上支付统一清算平台网联成立的主要目的是应对和解决。目前第三方支付市场由支付清算混乱、信息透明度不高而产生的问题，对第三方支付公司资金流向进行严厉监管，目前，第三方支付机构直接与银行相连，进行线上线下的支付业务，资金在其内部进行清算网联运营后，支付机构与银行之间必须通过网联进行对接，使监管机构能够了解到非银行支付机构的资金流向，整顿各种各样的监管漏洞和备付金风险的一系列问题，从而能够更好地规范第三方支

付市场，促进第三方支付业务的稳健发展。

（二）网联的支付模式

当前，网联模式处于逐步推广过渡的阶段，第三方支付领域中的叫大巨头（支付宝、财付通、百度百付宝、京东网银在线）成为第一批接入网联的第三方支付平台网联的首笔签约交易和跨行清算交易分别由京东旗下的网银在线和腾讯的财付通完成；支付宝也已经完成了相关的开发和联合调试工作。从 2018 年 6 月 30 日开始，支付宝和微信等各大第三方支付软件将接入网联，整个第三方支付的流程将会由国家监管，加强了资金的安全性。

网联的成立，将对支付清算产业链产生一定的影响虽然随着网联的出现，产业链被进一步拉长，但是支付清算的效率却会进一步加强，支付产业链将会更加稳定网联的成立给整个产业链的结构和交互模式都带来了一些变化。

第三节　第三方支付的安全问题与保障措施

一、第三方支付的安全问题与保障措施

（一）第三方支付的安全问题

分析第三方支付面临的安全问题，主要是依据对第三方支付整个运作过程的考察，确定支付流程中可能出现的各种安全问题，分析其危害性，发现第三方支付过程中潜在的安全隐患和安全漏洞，从而使第三方支付的安全管理做到有的放矢概括起来，第三方支付的安全问题主要涉及信息的安全问题、信用的安全问题、安全的管理问题以及安全的法律和法规保障问题下面从宏观层次和微观层次分别进行分析。

1. 第三方支付宏观层次存在的安全风险

（1）信息不对称带来的违约风险

网络经济是一种虚拟的经济形态，交易者无法确切知道交易对手的真实情况和身份在交易过程中，商品和资金的流动从时间上、空间上都存在着不对称的情况，这些都增加了人们鉴别信息的成本，使得买卖双方的博弈更加复杂，导致了交易双方的安全感不足。

博弈论中有一个著名的结果，即无限重复博弈可以带来合作均衡，交易双方都不会违约，而有限重复博弈的均衡结果总是不合作的，即必然会有人违约，导致合同中断，这一理论的前提是违约的一次性收益大于合作的一次性收益，即如果只交易一次，行为人选择违约所得到的好处要大于选择遵守合约的好处，按照这一理论，双方的交易应该建立在长期的基础之上；反过来，如果交易一方并不期望长期的合作，只追求眼前的高额短期利益而放弃诚信，利用网络的隐蔽性选择欺诈和违约也就不足为奇按照这样的思路，面对网络对面不可测知的交易对手，当交易者没有长期的交易愿望时，很可能会选择违约，获得不义之财后就消失在虚拟的网络中。

（2）安全技术风险

一方面，第三方支付服务的核心是在线提供支付服务，产业链中的任何一个环节出现了安全隐患，都有可能转嫁到支付平台上；另一方面，网络技术的变化日新月异，对于提供钱包支付的服务商，其安全级别不及银行的安全级别，需要不断投入，时刻监控，对各种纠纷进行应急处理等，根据国外已经取得的实际经验，支付的经营预算中有相当的收入

比例是用来解决安全纠纷的。国内第三方支付机构在几乎没有盈利的背景下，对这种不确定风险的抵御能力不足，经营压力增大。

如何保障交易数据安全是用户关注的焦点，也应是法律关注的焦点，当前，各第三方支付平台使用不同的技术方法拥有庞大的用户数据，如个人档案、交易记录、银行授权资料等，这些数据极其隐私却也处于极大的风险中，没有相应的风险防范与救济手段提供支付的服务商应对其提供的支付服务采取相当于银行的安全级别，但事实上，目前没有法律做出这种规定，也无专门部门对此进行管理。

（3）道德信用风险

在虚拟空间内完成物权和资金的转移，信用问题就显得尤为突出第三方支付平台存在的信用风险主要是买卖双方对对方信用的怀疑和商家担心来自第三方支付平台的欺诈买卖交易双方的行为受到必要的约束和控制，是交易顺利执行的前提口之前，大多数第三方支付机构都采用了二次清算的模式，这就形成了客户资金在第三方支付机构账户中的沉淀，随着用户数量的急剧增长，这个资金沉淀量会非常巨大，第三方支付机构可直接支配交易款项，因而可能发生超越监管而越权调用资金的风险一旦第三方组织携款出逃，对商家和消费者所造成的损失将是无法估量的，随着网联模式的推广，此类风险会在一定程度上降低。

（4）涉及银行业务带来的安全问题

①沉淀资金

在传统第三方支付系统中，支付流程是资金先由买方到第三方支付平台，等买方确认授权付款或到一定时间默认付款后，再经第三方平台转给收款方，这样的支付流程决定了支付资金无论如何都会在第三方支付平台做一定时间的支付停留在当下比较流行的第三方支付平台中。一般都有一个结算周期，时间为一周或一个月不等，无形之中加大了第三方支付平台中的资金沉淀。如果缺乏有效的流动性管理，则可能存在资金安全问题，并可能引发支付风险和道德风险除支付宝等少数几个支付平台不直接经手和管理来往资金，而是将其存在专用账户外，其他公司大多代行银行职能，可直接支配交易款项，这就可能出现非法占有和挪用往来资金的风险。

②洗黑钱、信用卡套现等

第三方支付机构提供的非交易型支付平台账户资金划拨，以及交易型支付平台账户支付模式中的虚假交易支付平台账户资金划拨，很可能成为资金非法转移、套现以及洗钱等违法犯罪活动的工具，此外，在税收方面也存在黑洞，如何加强风险监督、打击网上洗钱等犯罪行为，也是第三方支付市场面临的一个挑战。

（5）监管体系不健全

目前，对第三方支付的监管配套法规还不健全、不完备，造成查处问题后定性难、执行难、处罚不严，甚至"以罚代管"等问题，使得其监管执法大打折扣，难以产生应有的法律威慑力，明显弱化了监管的功效此外。我国目前银行的监管内容主要是机构的审批和经营的合法性，对第三方支付日常经营的风险性监管相对较弱，在此方面的立法严重滞后，给依法规范和管理市场、保护当事人合法权利、严惩支付违法和违规行为带来一定的困难。

2. 第三方支付微观层次存在的安全风险

（1）卖家面临的安全问题

①入侵者的破坏

入侵者假冒成合法用户来改变用户数据（如商品送达地址）、解除用户订单等。

②竞争者的信息窃取

恶意竞争者以他人名义订购商品，从而了解有关商品的递送状况和货物的库存情况，或者冒名该企业，损害其名义。

③买家的恶意退货

尽管不存在产品质量问题，但部分买家收货后对货物不满意，找各种理由退货，卖家为了自己的信誉不得不接受退货，有时还要承担运费部分买家虽然顺利收到货物，但在确认收货后却不给卖家好评。

④虚假交易及交易诈骗

在 B2C 和 C2C 模式下，最常见的违约方式是个人在网上注册信息不真实，下虚假订单，或进行虚假拍卖，操纵交易结果由于网站无法对个人的真实信息进行核实，最后的确认信息也只是依托于用户已经申请的电子邮箱，而提供电子邮箱的网站也不会进行用户的真实信息确认。所以给一些居心不良的交易者以可乘之机，致使商家遭遇无效订货（查无此人）或送货地址不符等问题从另一方面来说，有一部分交易者由于不信任网站对于隐私性的保障，也不会完全把自己的真实信息提供给网站，这也为个人日后取消不想要的交易创造了条件。

（2）买家面临的安全问题

①虚假信息

在网络经济这一新兴媒体中，发布信息不像传统媒体受到那么多的制约，从而一般消费者即使已经觉察到信息有误，也很难向发布信息的商家进行追究，甚至根本就不知道商家的地址。而很多网站和支付平台为了吸引交易者，不断简化注册手续和验证程序，因此，一些不良卖家肆无忌惮地在网上发布各种虚假信息，对商品做虚假宣传，致使商品品质、声音、色彩、形状等与实物存在较大差异，借此欺骗买家下订单。部分商家还制造虚假的商品销售排行榜、所谓的让利促销活动等，借此吸引买家或者创造更多的点击率，以扩大自己的商业影响，谋求经济效益。

②卖方不履行服务承诺

交易中买家付款后收不到商品，或者即使卖方履行了交易承诺，但是在送货时间、方式或者售后服务、退货等方面没有按照网上的条款或者承诺进行，根据北京消费者协会的投诉统计，关于企业不履行服务承诺的投诉主要有经营者不提供票据、产品本身存在质量瑕疵、送货拖沓等方面由于商品从卖方仓库发出到消费者手中要经过配送过程，而很多情况下配送由第三方物流企业执行，因此关于产品污损等质量问题的纠纷解决比较困难。送货拖沓一方面可能是由于不可抗力造成的时间延迟，但更多的是卖方的诚信意识淡薄，而买方出于投诉成本的考虑对于一定限度内的延迟并不会进行投诉，因此卖方有意延迟发货的现象比较多见。

③机密性丧失

买家可能将秘密的个人数据或自己的身份数据发送给冒名为销售商的机构。同时，这些信息在传递过程中也有可能受到窃听的威胁。

（二）第三方支付的安全保障措施

1. 宏观层面采取的安全保障措施

（1）制度安全规范

第三方支付平台掌握了大量的用户数据，如身份资料、银行信息、交易记录，这些数据属于用户的隐私，而且可能影响到用户的人身与财产安全相关监管部门与行业自律组织应对数据的采集、加密、存储、查询、使用、删除、备份等环节制定严格的制度规范或行业标准，确保用户信息不被非法收集与使用，其安全级别应与银行相当：根据《电子签名法》，逐步在第三方推行第三方认证，通过权威的第三方认证中心（CA）对数据传输过程进行加密，保证用户数据不仅在服务器上不会被窃取或非授权使用，而且在开放网络传输过程中也不会被监听破译在条件不成熟的情况下，应规定第三方支付平台在提供支付服务时必须使用一定标准的加密协议，如 SET、SSL，这种加密措施应通过有关部门的验证审核。不仅如此，21 世纪初的《国务院办公厅关于加快电子商务发展的若干意见》中也指出了要建立健全我国电子商务的安全认证体系，并按照有关法律规定制定电子商务安全认证管理办法，进一步规范对密钥、证书、认证机构的管理、注重责任体系建设，发展和采用具有自主知识产权的加密和认证技术；整合现有资源，完善安全认证基础设施，建立布局合理的安全认证体系，实现行业、地方等安全认证机构的交叉认证，为社会提供可靠的电子商务安全认证服务同时，为保证这些安全规范能够贯彻落实，应规定民法、行政法、刑法上的责任，使商家和消费者权益都能得到有效的保护。

（2）完善社会信用体系

个人诚信调查和网上商户的诚信调查都是开展电子商务的前提条件作为支付过程中公正的第三方，第三方支付机构多少都起到一个信用担保的作用，虽然个别的第三方支付平台搭建了自身的信用评级档案供用户参考，但是整体社会信用体系的完善和提高无疑将成为刺激电子商务进一步发展的强大动力建立合理的信用评价指标和评价体系。根据第三方支付业务中涉及的资金和货物的转移，提供和公布的公允的信用评定方法，可以在一定程度上约束买卖双方的诚信意识在第三方支付机构的引导和辅助下，建立多方合作的第三方评级机构，可以增加对网上交易的制约和约束。

同时，应该加强对银行卡的管理中国人民银行应加快个人征信系统的建设，加强对发卡执行制度和服务准入的管理，注重对银行卡信息安全、数据加密、系统安全等方面的调研，对银行卡网络及其终端设备采取安全措施，堵塞漏洞。

此外，还应该建立和完善社会信用体系运用法律、经济、道德等各种手段来提升整个社会的信用水平，设立完善的信用体系，并制定和完善与之相适应的信用激励和惩罚制度。

（3）加强风险准备

第三方支付承担着保障交易安全与资金安全的责任，面对着庞大的用户群，其风险不再仅仅是企业的经营风险，而是国家的金融风险与经济风险，甚至会演变为社会风险。因此，第三方支付应建立风险准备制度，以作为防范风险损失的最后防线和对生存的保障。目前我国只有少数第三方支付机构拥有风险管理体系，但也不完整，风险管理水平也不高：在这种第三方支付机构不能主动管理风险的情况下，只能由法律规定并强制执行风险准备制度。例如，按照其注册资本的百分比提取保证金存入监管部门指定的银行，保证金除清算时用于清偿债务外，不得动用，这种风险准备是必要的，但不能套用银行的标准，可以参照同等规模的其他非银行金融机构（如证券公司）的标准执行。

（4）加强资金监管

对滞留在第三方支付机构内部的客户资金，通过法规明确其所有权属于客户，严格区分客户自己的资金和第三方支付机构自身的资金，采取类似证券交易保证金账户的监管要求，实行银行专户存放和定向流动，禁止将客户资金用于第三方支付公司运营或者其他目的，明确第三方支付机构在破产等退出市场的情况下对客户资金的保全责任通过立法明确商业银行在第三方支付市场中的代位监管义务，即对于第三方支付机构开立在银行的支付结算专户，商业银行必须履行相关监管规定，监控该账户的资金流动情况，确保资金的合法使用。

（5）严格市场准入

由于支付企业对线下移动支付场景的持续投入，第三方支付交易规模近年呈现爆发性增长。在网联模式逐步推行的情况下，第三方支付不再是无人监管的灰色地带，行业发展逐渐正规化，国家会严格规范和监管行业，加强市场准入的审核：严格的市场准入制度有利于网上支付市场环境的形成和对消费者权益的保护，但中国人民银行在第三方支付机构市场准入的审批过程中也应该把握一定的审批标准。

（6）明确法律地位

在电子商务中，第三方支付主体与买卖双方当事人的法律地位的根本区别是它在买卖关系中并不具有直接利害关系。它面向的不是特定的公众，提供的是一种公共性服务，但又区别于公共服务型的机构，因为其提供的这种公共服务是有偿的，而且由于其技术含量极高，具有自身的特殊利益要求，所以它是作为商业组织参加到一定的电子商务过程中的，但在这个过程中，它必须对电子商务的安全性、可靠性承担主要责任在每一项第三方支付交易中，买卖双方与第三方支付主体具有不可分割的依赖性，因此第三方支付主体不能等同于一般的商事主体，也有别于一般的公共企业。第三方支付主体所提供的服务与金融业务相关，是银行业务的补充和延伸。

2. 微观层面采取的安全保障措施

（1）卖家诚信经营

卖家是第三方支付交易中实现诚信的主体，因此全社会诚信意识的树立，卖家必须走在前列，率先建立诚信自律机制口支付经济是一种信用经济，信誉对于企业的生存和成长至关重要。有了良好的诚信记录，才可能与客户建立起长期的关系。良好的信誉可以降低客户的搜索成本以及鉴别信息的成本，有助于整个社会资源的高效利用。市场经济从某种意义上说就是品牌经济，电子商务第三方支付市场也一样，由于网络的虚拟性，消费者更愿意相信一些信誉好的商家。卖家应该避免短视行为，从长远发展考虑制定品牌战略，建立良好的商业信誉，诚实买卖、合法经营，为客户提供优质的产品和服务，将诚信原则渗透到每个经营环节，走良性循环的道路。

在卖家贯彻诚信经营的过程中，应做到以下两点。

①落实承诺

在第三方支付交易中，卖家履行承诺的能力就是对诚信最好的诠释。卖家应该按照与客户签订的电子合约履行交易，在规定时间内将商品送达客户手中，妥善处理投诉和退货，并在此过程中保证客户私人信息不被泄露。

②提高网络技术水平

良好的安全技术保障措施也是促进信任建立的重要影响因素一有研究显示，知名度不大的商家，必须利用良好的导航系统和高效的履行能力来获得和争取买家的信任度，企业应该建立方便易用的导航系统，增加页面的友好度，吸引消费者选择其网站商品，同时，可靠的安全保障技术也能增强客户的安全感。

（2）买家诚信消费

诚信消费是在人们诚实守信的基础上产生的，消费者除了要求卖家在交易中诚信经营之外，自身也应该遵守诚信消费的原则，不注册虚假信息，不下虚假订单，注意保持自己良好的信用记录，要采用先进的诚信消费手段，接受电子信用支付模式，并逐渐将这种消费行为演化成习惯。因为这种习惯不仅能够提高支付的效率，还能提高人们的诚信意识，推进第三方支付交易诚信机制的不断完善。

第六章　微信公众号与服务商支付

第一节　微信支付与微信公众号支付申请

一、微信支付介绍

微信支付，是微信 5.0 之后推出的一个热门功能，已是腾讯公司的支付业务品牌，用户可在微信公众号、App 中完成线上选购支付，也可以把商品网页生成二维码完成线下支付，极大地丰富了用户的日常生活。微信支付包括微信公众号支付、App 支付、扫码支付、刷卡支付等支付方式，详细说明如下。

1. 微信公众号支付

即用户在微信中打开商户的 H5 页面，商户在 H5 页面通过调用微信支付提供的 JSAPI 接口调起微信支付，用户支付结果将以同步通知和异步通知的方式通知商户，适用于在公众号、朋友圈、聊天窗口等微信内完成支付的场景。

2. App 支付

App 支付是指商户在移动端应用 App 中集成微信支付 SDK 调起微信支付模块来完成支付的过程，适用于在移动端 App 中集成微信支付功能的场景。

3. 扫码支付

商户系统按微信支付协议生成支付二维码，用户使用微信"扫一扫"完成支付的过程，适用于 PC 网站支付、实体店单品支付等场景。

4. 刷卡支付

用户展示微信钱包内的"刷卡条码/二维码"给商户系统，商户系统扫描后完成支付的过程，适用于线下面对面收银的场景，如超市、便利店等。

5. 微信买单

微信买单是一款可自助开通、免开发的微信支付收款产品。微信买单帮助商户生成收款二维码，商户下载收款二维码并张贴在门店内，消费者扫描收款二维码向商户付钱，适用于无开发能力的商户。

二、微信公众号支付申请

了解微信支付后接下来来学习如何申请微信公众号支付，微信公众号支付的申请需要已认证的服务号才能够申请，申请主要分为填写基本资料、上传企业资质、填写对公账户、提交审核、对公账户打款验证、签署协议完成支付申请。

备注：微信公众号支付目前对部分订阅号开放，认证的政府与媒体类订阅号可以单击左侧导航"微信支付"进行申请。

1. 申请开通微信支付

单击左侧菜单【微信支付】｜【支付申请】｜【开通】进入支付申请页面。

2. 填写基本资料

基本资料分为联系人信息和经营信息两类。

第一，联系人信息也被称为经办人信息，是微信公众账号的超级管理员，能够申请微信支付认证以及增加运营管理账号等，填写信息有联系人姓名、手机号码、邮箱。

第二，经营信息主要包括公众号企业类型以及企业名称等。

备注：经办人联系方式一定要确保有效性、安全性。在 1~5 个工作日申请中，微信工作人员将通过该手机号码验证企业信息，请确保手机的畅通。邮箱将用于接收微信商户账号、密码等信息，请开发者确保邮箱的安全性，切勿使用个人邮箱。

3. 填写商户资料

基本信息填写完毕后，进入企业资质填写界面，需要经办人准备营业执照照片、组织机构照片（三证合一的营业执照照片）以及经办人身份证照片等。

4. 填写结算账户

接下来是对公账户的填写，需要填写企业开户名称、开户银行、银行账号信息等，用于微信打款验证，确保企业信息的正确性。

备注：微信打款验证是微信向企业对公账户转一笔低于 1 元的随机金额，通过企业自行填写验证或微信客服电话确认的方式开通微信支付。

5. 提交申请

完成信息填写并确认无误后，便可以提交微信支付申请资料，审核日期为 1~5 个工作日，期间可通过微信公众平台进行查询进度。

6. 接收商户信息邮件

审核通过后，将收到含有微信商户账号、密码等信息的邮件。

7. 账户验证

收到商户邮件后，便可以登录微信商户平台进行对公账户的金额验证。

8. 完成申请

微信支付最后一步，单击签署协议后便能够正式开通微信公众号支付。

备注：微信支付分为微信商户、服务商和特约商户，其中服务商无支付能力，微信商户与特约商户具有支付能力，一个微信公众账号能够申请一个微信支付商户账号和一个微信服务商，可以绑定一个对公账户，如需绑定多个对公账户实现分账可通过特约商户的方式实现。

第二节　微信公众号支付流程

一、开发配置

（一）配置商户密钥

开发者登录微信商户平台，依次单击【微信商户平台】｜【账户设置】｜【API 安全】｜【设置密钥】，安装证书后设置商户密钥。

备注：密钥用于统一下订单，进行订单签名。商户密钥的设置需要在开发者电脑中安装设置操作证书，否则无法设置证书密钥。操作证书是使用账户资金的身份凭证，只有在安装了操作证书的电脑上，才能使用你的账户进行转账、提现等操作，以保障资金不被盗用。同一账号最多安装 10 台电脑设备；安装时，系统会短信校验账户绑定的手机，通过验证即可完成证书的安装，方便快捷。

（二）配置域名信息

为了能够在微信内置浏览器中使用微信（WX）对象以及 OAuth2.0 身份验证，需要设置如下域名信息。

1. 网页授权域名

依次单击【公众号设置】|【功能设置】|【网页授权域名】|【设置】，用于获得 open ID（用户在服务号中的唯一标识）进而完成微信支付统一下单。

2. JS 安全域名

依次单击【公众号设置】|【功能设置】|【JS 接口安全域名】|【设置】，用于调用微信内置浏览器中的内置对象 WX，进而调用微信支付 JS 接口发起微信支付。

3. 业务域名

依次单击【公众号设置】|【功能设置】|【业务域名】|【设置】，用于在支付过程中提升用户体验，避免重新排版和风险提示。

（三）设置支付目录

微信支付目录分为测试目录和正式目录，通过依次单击【微信支付】|【开发配置】进行设置。

设置微信支付正式目录时，需要注意以下几点：所有使用 JSAPI 方式发起支付请求的链接地址，都必须在支付授权目录之下。最多设置 3 个支付授权目录，且域名必须通过 ICP 备案。头部要包含 http 或 https，须细化到二级或三级目录，以左斜杠"/"结尾。修改生效时间大约为十分钟，尽量避免交易高峰期操作。

支付测试目录用户读者测试开发，在支付测试状态下，读者需要满足以下条件才能够发起支付：设置支付的页面目录，该目录需要精确匹配支付发起页面，需要精确到二级或者三级目录。将测试人的微信号添加到白名单，白名单内最多 20 人。将支付链接发到对应的公众号会话窗口中。

注意：测试目录和正式目录分别设置成为两个不同的目录。

二、统一下单

不论微信公众号支付，还是 App、扫码微信支付，在发起支付之前，都必须通过"统一下单"接口生成预支付交易单，通过正确的预支付交易单才能够调用并发起微信支付。

（一）接口介绍

微信支付统一下单接口与主动发送消息接口相似，通过向 URL 中发送数据库完成接口调用，详细说明如下。

1. 接口链接

https：//api.mch.weixin.qq.com/pay/unifiedorder

2. 是否需要证书

不需要证书。

备注：证书是使用账户资金的身份凭证，只有在安装了操作证书的电脑上，才能进行转账、提现等特殊操作，以保障资金不被盗用。

3. 请求参数

订单请求参数较多，读者可根据自身开发需要填写非必须参数。

备注：请求参数为 XML 格式，其中 CDATA 标签用于说明数据，但不被 XML 解析器解析。

4. 返回数据

返回值中当 return code 和 result_code 都为是时，表示成功生成预付订单，并返回预支订单号（prepay_id）。

备注：预支付交易会话标识（prepay_id）用于后续支付签名以及发起支付，有效期为 2 小时。

（二）订单签名

为保证消息的正确性，微信统一下单接口调用需要通过商户密钥生成数据签名，签名生成的通用步骤如下。

注意：微信支付开发中签名共分两部分：下订单签名和发起支付签名，读者开发时需要正确填写请求中的签名。

第一步：设所有发送或者接收到的数据为集合 M，将集合 M 内非空参数值的参数按照参数名 ASCII 码从小到大排序（字典序），使用 URL 键值对的格式（即 key1＝value 1 和 key2＝value2……）拼接成字符串 stringA。

签名数据需要注意以下事项：参数名 ASC Ⅱ 码从小到大排序（字典序）。如果参数的值为空不参与签名。参数名区分大小写。验证调用返回或微信主动通知签名时，传送的 sign 参数不参与签名，将生成的签名与该 sign 值做校验。微信接口可能增加字段，验证签名时必须支持增加的扩展字段。

第二步：在 stringA 最后拼接上 key 得到 stringSignTemp 字符串，并对 stringSignTemp 进行 MD5 运算，再将得到的字符串所有字符转换为大写，得到 sign 值 signValue。

三、发起支付

微信公众号的发起支付功能，与下订单功能相似，开发者在后台首先生成签名，将签名、时间戳、随机字符串等信息传递至页面，由页面调用微信内置浏览器中的 JS 方法，发起 H5 支付。

读者通过"统一下单接口"获得预支付订单号后，首先与微信唯一标识、时间戳、随机字符串、订单详细扩展字符串（packageVal）以及签名类型生成签名数据，存入 paySign 中。

四、支付结果

微信用户完成支付后，微信将向开发者系统推送两类消息：同步通知和异步通知。同步通知为页面通知，该通知主要表示接口是否调用成功，方便开发者系统继续下一步操作；而实际支付结果需要以异步通知为准；异步通知是后台被动接受微信推送的支付结果，该结果中包含了相关支付内容和用户信息，用于系统的实际结算。

备注：一般情况下，同步通知返回支付成功，异步结果也会返回成功，但为防止异常情况的发生还是采用异步通知结算较为稳妥，结算时注意验签、验金额、验用户、排重等。

在支付结果结算处理中，用户支付完成后，微信会把相关支付结果和用户信息发送给商户后台系统，商户后台系统接收、处理并返回应答，这是异步通知的工作机制。对商户后台通知交互时，如果微信收到商户的应答是非成功或超时，微信会认为通知失败，接下来会通过一定的策略定期重新发起通知，尽可能提高通知的成功率，但微信不保证通知最终能成功，通知频率为 15/15/30/180/1800/1800/1800/1800/3600，单位：秒，因此开发者在开发时需要做好数据的排重工作。

读者在收到支付结果处理时，首先需要进行排重，检查对应业务数据的状态，判断该通知是否已经处理过，如果没有处理过再进行验签处理；如果处理过直接返回成功即可。在对业务数据进行状态检查和处理之前，要采用数据锁进行并发控制，对数据库操作需要能够事务异常回滚，以避免函数重入造成的数据混乱。

注意：开发者在排重完成后，对支付结果必须进行签名验证，并校验微信支付订单金额与商户系统订单金额是否一致，防止接口泄露而导致的"假通知"问题。

异步通知的 URL 是通过"统一下单接口"中提交的 notify_url 进行设置，如果链接无法访问，商户将无法接收到微信通知，并且 URL 链接中不能携带参数，示例：notify_url：uhttps：//pay. weixin. qq. com/wxpay/pay. action 接口调用中不需要安装证书。

五、获取对账单文件

开发商户系统时，部分商户会需要电子对账或者账单统计功能，微信针对此类需求开放了"下载对账单接口"，商户可以通过该接口下载历史交易清单。对于掉单、系统错误等而导致的商户侧和微信侧数据不一致，也可以通过对账单核对后校正支付状态。

（一）接口介绍

微信下载对账单通过 URL 获得数据流，进而解析数据流文件，详细说明如下。

1. 接口链接

https：//api. mch. weixin. qq. com/pay/downloadbill

2. 是否需要证书

不需要证书。

3. 请求参数

请求数据以 XML 格式发送，对于非必填数据读者可以根据项目需要自行设置。

4. 响应参数

数据请求成功后数据以文本表格的方式返回，第一行为表头，从第二行起，为数据记录，各参数以逗号分隔，倒数第二行为订单统计标题，最后一行为统计数据。

第一行为表头，根据请求下载的对账单类型不同而不同（由 bill_type 决定），目前有：当日所有订单（ALL）：当日所有订单具体内容参考下面的示例数据。

当日成功支付的订单（SUCCESS）：当日成功支付的订单内容相较当日所有订单内容少了微信退款单号、商户退款单号、退款金额、代金券或立减优惠退款金额、退款类型与退款状态等项。

当日退款的订单（REFUND）：当日退款的订单内容相较于当日所有订单内容多了退款申请时间和退款成功时间两项。

示例数据（当日所有订单）如下：交易时间，公众账号 ID，商户号，子商户号，设备号，微信订单号，商户订单号，用户标识，交易类型，交易状态，付款银行，货币种类，总金额，代金券或立减优惠金额，微信退款单号，商户退款单号，退款金额，代金券或立减优惠退款金额，退款类型，退款状态，商品名称，商户数据包，手续费，费率。

备注：账单数据中各参数以逗号分隔，参数前增加符号，为标准键盘数字 1 左边键的字符，字段顺序与表头一致。

当账单获取失败时，将返回 XML 格式的数据信息。读者可以根据 retum_msg 返回信息，判断接口请求情况，进而快速定位自身问题。

NO Bill Exist 账单不存在当前商户号没有已成交的订单，不生成对账单请检查当前商户号在指定日期内是否有成功的交易。

Bill Creating 账单未生成当前商户号没有已成交的订单或对账单尚未生成请先检查当前商户号在指定日期内是否有成功的交易，如指定日期有交易则表示账单正在生成中，请在上午 10 点以后再下载。

Error 账单压缩失败账单压缩失败，请稍后重试账单压缩失败，请稍后重试

注意：关于对账单功能有以下几点要注意：

微信侧未成功下单的交易不会出现在对账单中。支付成功后撤销的交易会出现在对账单中，跟原支付单订单号一致。微信在次日 9 点启动，开始生成前一天的对账单，建议 10 点后再获取。对账单中涉及金额的字段单位为"元"。对账单接口只能下载三个月以内的账单。

（二）账单签名

除了下订单、发起支付两个环节需要签名之外，在下载对账单时也需要对请求数据进行签名。对所有请求的数据（除 sign 之外）进行签名。

备注：签名算法 WxPayUtil、getSign 与支付签名相同，对所有请求数据排序后进行 MD5 加密生成大写加密字符串。

第三节　微信服务商支付

微信服务商是指有技术开发能力的第三方开发者为普通商户提供微信支付技术开发、营销方案，即服务商可在微信支付开放的服务商高级接口的基础上，为商户完成支付申请、技术开发、机具调试、活动营销等全生态链服务，而微信服务商公众号支付能够实现同一微信公众号下对不同对公账户的支付，简单地说就是服务商能够为普通商户提供微信支付服务，普通商户无需开发，只需提供企业资质材料即可。

一、微信服务商

微信支付与微信服务商属于两个独立不同的功能，读者在公众号中申请成功微信支付后不代表已经开通微信服务商，这里将为读者介绍详细介绍什么是微信服务商，以及了解如何开通服务商功能。

（一）微信商户类型

微信商户分为普通商户、服务商和特约商户（子商户）。普通商户是通过微信公众平台或微信开发平台中申请的具有微信支付能力的商户；服务商是有技术开发能力的第三方开发者，能够为特约商户提供微信支付技术开发、营销方案的商户；特约商户是商户在服务商注册的具有支付能力的子商户，商户只需提供企业资质材料无需开发，详细介绍请参照表6-1所示。

表6-1　微信服务商、普通商户、特约商户对比

		服务商及特约商户	普通商户
申请前置	申请入口	公众平台	公众平台、微信开放平台
	申请条件	企业类型认证通过的服务号	已微信认证的服务号
			政府、媒体的订阅号
申请流程	经营信息	联系信息、服务描述、客服电话	联系信息、商户简称、类目信息、商品描述、客服电话
	企业信息	从微信认证资料中拉取	
	银行卡信息	与营业执照同名的对公账户	个体户：与营业执照同名对公账户或法人对私账户
			普通企业：与营业执照同名的对公账户
			政府事业单位：可不同名的对公账户
申请流程	打款验证	银行打款金额随机，查收款项，输入金额，通过账户验证	
	在线签约	在线确认信息后，线上签署协议	
技术开发		在服务商管理页面配置子商户开发参数	在微信公众平台或开放平台配置开发参数
交易功能		服务商本身无法发起普通商户交易，只能用于受理模式代子商户发起交易	用商户号即可发起普通商户交易
结算功能		无结算	按照对应类目标准进行结算
账单功能		支持账单获取	

注：服务商自身无法作为一个普通商户直接发起交易，其发起交易必须传入相关特约商户号的参数信息，同时服务商的商户号无结算功能，发起交易时，对应交易款直接进入其特约商户的商户号账户。在费用问题上，已认证的服务号申请成为服务商不收取任何费用。

（二）申请服务商

申请微信服务商必须是已认证的服务号，对于非认证、非服务号的读者无法开通服务商功能，依次单击【微信支付】|【服务商申请】|【开通】，开通情况可通过微信公众号查看。

注：服务商资料填写流程与微信支付相同，填写基本资料之后，依次进行对公账户打款，客服电话认证，在线验证金额及签署协议。

（三）服务商平台

服务商开通成功后，便可以通过商户平台（https：//pay.weixin.qq.com）查看服务商功能，能够新增子商户、维护子商户、查看服务商奖励等。

注：普通商户、服务商、特约商户都是通过商户平台（https：//pay.weixin.qq.com）登录，登录后显示控制台各不相同。

二、微信特约商户

微信特约商户，又被称为服务商子商户或者子商户，只需向服务商提供企业资质材料即可，是由服务商代为开通微信支付并提供支付开发能力的子商户。普通商户号无法直接转成特约商户，需要通过服务商平台重新录入资料生成新的商户号（特约商户）。

（一）申请特约商户

特约商户的申请需要服务商进行提交资料，服务商登录商户平台依次单击【服务商功能】|【子商户管理】|【新增商户】，提交微信特约商户认证资料。

注：申请开通特约商户、服务商、普通商户的流程相同，开发服务商的读者需要及时查看邮件以免影响项目进度。

（二）特约商户平台

特约商户通过商户平台（https：//pay.weixin.qq.com）能够进行账户验证签约，还可以查看交易记录等。

注：特约商户可以不开通微信公众号。

三、服务商开发配置

服务商及特约商户申请成功后，需要进入服务商管理平台进行开发配置，依次单击【服务商功能】|【子商户管理】|【开发配置】，便可打开配置页面。

选择需要接入的特约商户，单击"开发配置"即可进入特约商户配置页面，包括：推荐关注公众号、支付权限设置以及特约商户APPID设置等。

注：推荐关注公众号、特约商户APPID为非必填项，如果需要设置特约商户为已通过微信认证的服务号，其认证主体需与特约商户企业全称一致。特约商户无需开通公众号也可以进行微信支付。

第七章　电子商务支付系统

第一节　电子商务系统中的支付结算

一、电子商务的概述

（一）电子商务概念

电子商务于 20 世纪 80 年代初兴起于美国、加拿大等国。电子商务的实施可以分为两个阶段，其中基于 EDI 的电子商务始于 20 世纪 80 年代中期，基于 Internet 的电子商务始于 20 世纪 90 年代初期。

狭义上讲，电子商务（EC，简称电商）是指：通过使用互联网等电子工具（这些工具包括电报、电话、广播、电视、传真、计算机、计算机网络、移动通信等）在全球范围内进行的商务贸易活动，是以计算机网络为基础所进行的各种商务活动，包括商品和服务的提供者、广告商、消费者、中介商等有关各方行为的总和。人们一般理解的电子商务是指狭义上的电子商务。

广义上讲，电子商务一词源自就是通过电子手段进行的商业事务活动。具体来说，就是通过使用互联网等电子工具，使公司内部、供应商、客户和合作伙伴之间，利用电子业务共享信息，实现企业间业务流程的电子化，配合企业内部的电子化生产管理系统，提高企业的生产、库存、流通和资金等各个环节的效率。

电子商务伴随着计算机技术、网络技术及通信技术的迅速发展出现在人们生活中，企业实施电子商务经历了从单纯的网上发布信息、传递信息到在网上完成供、产、销全部业务流程的电子商务虚拟市场；从封闭的银行金融系统到开放的网络电子银行，从传统的电子商务网站到移动商品平台应用等各个发展阶段，目前，电子商务作为商业贸易领域中一种高效、先进的交易方式，对该领域中传统的观念和行为方式产生了巨大的冲击和影响。

电子商务环境下，买卖双方的交易都在网络这个虚拟市场中进行，而一笔交易的完成必须经过支付才能最终实现。因此，网上电子支付是电子商务最重要的环节之一，也是电子商务得以顺利发展的基础与平台支持，电子商务环境下的支付环节通常包含买卖双方支付信息的传输与交易支付资金的划拨，同时还可以进行支付交易的信息记录及查询。

（二）电子商务支付系统概念

电子商务支付系统是指支持消费者、商家和金融机构之间使用安全电子手段交换商品或服务的支付系统，即把新型支付手段包括电子现金、信用卡、借记卡、智能卡等支付信息通过网络安全传送到银行或相应的处理机构来实现电子支付，是融购物流程、支付工具、安全技术、认证体系、信用体系以及现代的金融体系为一体的综合大系统。

电子商务的支付系统由客户、商家、认证中心、支付网关、客户银行、商家银行和金融专用网络七个部分构成。

客户是指利用电子支付工具进行电子商务交易的单位或个人，客户在确定交易订单后，用自己拥有的支付工具发起支付，它是电子支付系统运转的原因和起点；商家是拥有债权的商品交易的另一方，它向客户提供商品和服务。

认证中心就是通常所说的第三方非银行金融机构，它是交易各方都信任的公正的第三方中介机构，它用于确认客户商家双发真实身份的验证，为整个交易工程提供安全保障；支付网关是公用互联网平台和银行内部的金融专用网络平台之间的桥梁，它为银行网络和因特网之间的通信、协议转换和进行数据加、解密提供技术服务，是专门用来保护银行内部网络安全的。

客户银行是指客户在其中拥有账户的银行，客户的资金账户和电子支付工具都是由客户银行提供的，在利用卡基作为支付工具的电子支付体系中，客户银行又被称为发卡行，客户银行保证了支付工具的真实性，确保了每一笔认证成功交易的付款；商家银行是指商家在其中拥有账户的银行，商家收到客户发送的订单和支付指令后，将客户的支付指令提交给商家银行，之后商家银行和客户银行进行清算工作，由于商家银行是依据商家提供的合法账单（客户的支付指令）来工作的，因此又称为收单行。

金融专用网络是网络银行与其他各银行交流信息的封闭式的专用网络，拥有很强的稳定性和安全性。我国银行的金融专用网发展很迅速，为逐步开展电子商务提供了必要的条件。

（三）电子商务支付系统的功能

1. 更加安全的认证和加密功能

为实现交易的安全性，电子支付商务系统对参与贸易的各方身份使用数字签名和数字证书实现对各方的认证，通过认证机构或注册机构向参与各方发放数字证书，以证实其身份的合法性。同时，电子商务支付系统还是用各种先进的加密技术单钥体制或双钥体制对业务进行加密，并采用数字信封、数字签字等技术来加强数据传输想保密性，以防止未被授权的第三者获取消息的真正含义，确保了交易的安全进行。

2. 先进的数字摘要算法功能

电子商务支付系统采用数据加密技术来保护数据不被未授权者建立、嵌入、删除、篡改、重放，从而完整无缺地到达接收者一方，通过先进的数字摘要算法，可以使得电子商务信息的传递更加安全，接收者可以通过数字摘要来判断所接受的消息是否完整，接受者一旦发现消息不完整，就可以要求发送端重发以保证其完整性。

3. 存储交易记录的功能

由于电子商务支付系统对交易的全程存储记录，当交易双方出现纠纷时，电子商务支付系统就可以调出交易记录提供足够充分的证据来迅速辨别纠纷中的是非，这样保证交易双方对业务的不可否认性。

4. 能够处理贸易业务的多边支付问题的功能

网上贸易的支付要牵涉到客户、商家和银行等多方，其中传送的购货信息与支付指令必须连接在一起，因为商家只有确认了支付指令后才会继续交易，银行也只有确认了支付指令后才会提供支付。但同时，商家不能读取客户的支付指令，银行不能读取商家的购货信息，这种多边支付的关系就可以通过双重签名等技术来实现。

二、商品交易方式的发展

随着电子商务的发展和广泛应用，人们的交易方式逐渐从传统以现金和实物为主的方式转变为以互联网为基础的交易方式，这时，传统意义上的现金、支票等都将以电子现金和电子支票等电子货币的形态参与到整个电子商务交易流程之中。

（一）从传统货币到电子货币

货币的产生是生产力发展的必然结果。当生产力发展到一定阶段，人类有了剩余产品，就产生了产品交换。起初的产品交换是以物易物，但是，这种方式受主观意识的影响很大，如果交易双方在产品价值上没有达到一致性的认可，那么交易双方就很难达成最终的交易。人们需要一种可以交换任何商品的媒介物，于是货币就产生了。此后，随着人类社会经济和科学技术的发展，货币的表现形式经历了几次大的变革。

1. 商品货币

商品货币以普通商品的形式出现，如贝壳、兽皮、牲畜等都充当过一般等价物，但是这种货币难保存、易损耗，不便于携带和流通。

随着交易范围的扩大，逐渐出现了以金银等贵重金属铸造的货币，这种货币具有质地均匀、不易腐烂、体积小、价值大、便于携带等优点。后来，国家以政治强权铸造和推行贵金属货币，由此，产生了具有一定重量和成色以及形状的金属货币，称金属铸币。典型的金属货币的特点是，它实际价值与名义价值相等，它是以自身所包含的实际价值同商品世界的其他一切商品相交换，一般具有自发调节货币流通的功能。

2. 纸币（代用货币）

典型意义上的纸币是指国家发行并强制流通的货币符号。由于流通中不足值铸币仍然可以充当流通手段，国家便利用这种货币名义价值与实际价值相分离的现象，有意识地铸造不足值铸币，以致后来发展为发行没有内在价值的纸币。纸币是金属货币的代表，相对它代表的价值来说，它本身只是一个符号，因而纸币的流通有着特殊的规律。一个国家无论发行多少纸币，它只能代表商品流通中所需要的金属货币量，纸币发行数量与金属货币必要量是相一致的。发行纸币过多，会引起纸币贬值、通货膨胀；发行纸币过少，则不能保证正常的商品流通需要。

3. 信用货币

从形式上来看，信用货币也是一种纸制货币。信用货币本身已脱离了金属货币，成为纯粹的货币价值符号，它本身不能与金属货币相兑换，因而信用货币是一种债务型的货币。20世纪30年代，世界各国因经济危机与金融危机先后脱离金本位，纸币成为不可兑换的信用货币，目前已是世界上绝大多数国家采用的货币形态。信用货币的主要形式有纸币、辅币和银行存款货币。

4. 电子货币

电子货币是计算机介入货币流通领域后产生的，是现代商品经济高度发展要求资金快速流通的产物。电子货币利用银行的电子存款系统和各种电子清算系统记录来转移资金，它使纸币和金属货币在整个货币供应量中所占的比例越来越小。电子货币使用方便、流通快速，而且成本较低。电子货币的出现彻底改变了银行传统的手工记账、手工算账、邮寄凭证等操作方式。同时，电子货币的广泛使用也给普通消费者在购物、饮食、旅游和娱乐等方面的付款带来了更多的便利。

（二）电子货币的特点和功能

电子货币是以计算机技术和通信技术为手段，以金融电子化网络为基础，以商用电子化设备和各类交易卡为媒介，以电子数据（二进制数据）形式存储在银行的计算机系统中，并通过计算机网络系统以电子信息传递形式实现流通和支付功能的货币。

1. 电子货币的特点

①电子货币是一种电子符号，其存在形式随处理的媒介变化而变化。②电子货币的流通以相关的设备正常运行为前提，新的技术和设备也引发了电子货币新的业务形式的出现。③电子货币的安全性不是依靠普通的防伪技术，而是通过用户密码、软硬件加密、解密系统及网络设备的安全保护功能来实现的。④电子货币集储蓄、信贷和非现金结算等功能于一体，可广泛应用于生产、交换、分配和消费领域。⑤电子货币无须实体交换，从而简化异地支付手续，节省流通费用，特别是节省了处理现金、支票的人力和物力。

2. 电子货币的功能

（1）转账结算功能

直接消费结算代替现金转账。

（2）储蓄功能

使用电子货币存款和取款。

（3）兑现功能

异地使用货币时，进行货币汇兑。

（4）消费信贷功能

先向银行贷款，提前使用货币，这是传统货币所不具备的。

（三）电子货币能否取代信用货币

从货币理论的角度来看，货币是商品经济发展到一定阶段的必然产物，它是由国家法律确定的、被广泛接受的、固定的充当一般等价物的金融资产。有些学者把电子货币视为一般等价物，即真实货币，也具有交换媒介、价值尺度和储藏手段等货币职能。然而，从目前电子货币的应用现状来看，电子货币只是蕴涵着可以执行货币职能的某种可能性，还不能完全地被视为硬通货。

就交换媒介而言，首先，现在大多数电子货币还没有被广泛地用于支付，只能在愿意接受这种电子货币的场所使用，而且在向特约商户支付时，特约商户并没有完成款项的收回，他们还需从电子货币的发行机构收取实体货币之后才真正完成款项的收回；其次，电子货币是以现金、存款的既有价值为前提，通过发行主体将货币的价值信息化之后制造出来的，人们愿意接受电子货币，并不是基于电子货币本身，而是其所代表的等额法定货币。从这个意义上说，电子货币是以既有通货为基础的二次货币。

就价值尺度和储藏手段而言，单凭电子货币本身也不能实现这两种货币职能，只有当电子货币能随时兑换成等值的实体货币时才能充分地发挥这两种货币职能。而实际上，有些电子货币是由非国家的经济主体发行的，当发行主体出现财务危机时，就难以保证电子货币兑换成等值的实体货币，甚至变得一文不值。

因此，现阶段的电子货币还不能作为一种独立的货币形式完全地取代信用货币。

（四）电子货币的形式及其应用

电子货币根据不同的标准可以进行不同的类型划分，不同类型的电子货币具有不同的特征。按照电子货币价值的存储媒介，可以将其分为卡基型电子货币和网基型电子货币；按照在流通和支付过程中，是否需要同中央数据库进行联机授权，可以将其分为联机型电子货币和脱机型电子货币；按照电子货币与银行账户的关系，可以将其分为存款型电子货币和现钞型电子货币，按照电子货币的发行人的行业性质，可以分为金融型电子货币和商业型电子货币；按照电子货币的使用范围，可以分为单一型电子货币和复合型电子货币。

1. 卡基型和网基型电子货币

卡基型电子货币是以各种类型的含有计算机芯片的塑料卡为货币价值的存储媒介的电子货币。该种电子货币内嵌集成电路芯片，利用芯片的计算、存储等功能来实现货币价值的转移。

网基型电子货币是以计算机为基础的电子货币，它是将特殊的软件装在用户的计算机上，通过计算机网络同银行和商户相连，并通过计算机网络传输货币的一种支付手段。

2. 联机型和脱机型电子货币

联机型电子货币通常存在一个中央数据库，这个数据库可以是电子货币的发行人设立的，也可以是委托第三人设立的，它的主要作用是对电子货币使用者的电子货币进行确认。

脱机型电子货币：在使用这种电子货币进行交易时不需要提前联机授权，在这种电子货币系统中没有中央数据库，鉴别这种电子货币的真伪主要依靠货币卡、交易终端本身的技术措施，也就是利用加密技术和数字签名技术来保证这种电子货币的真实性。

3. 存款型和现钞型电子货币

存款型电子货币是指以特定账户为载体，只能在不同账户中流动的电子货币。这种电子货币不能脱离账户而独立存在，只能在账户之间实现货币价值的转移，不能像现钞货币一样由其拥有主体直接掌握和支配并完全独立地进行各种直接的支付。

现钞型电子货币是指具有电子货币的独立载体，并且该载体可以直接由电子货币拥有主体控制和支配的电子货币。它由使用者直接持有，在实际使用中也可以像现钞货币一样直接用于支付，货币流通和支付行为可以在交易双方直接完成，不需要委托第三方代理其支付活动。

4. 金融型和商业型电子货币

电子货币的发行主体并不完全局限于金融机构，它既可以由金融机构发行也可以由非金融机构发行。金融型电子货币是指以金融机构为发行主体发行的电子货币，金融机构作为社会法律体系中的特殊主体，有着严格的设立制度、经营制度、挽救制度和破产保护制度，同时也受到法律的严格规范和监督，因此，在通常情况下，不会出现用户的财产权利经常受到威胁的情况。

商业型电子货币是指以非金融机构为主体发行的电子货币，商业组织作为社会法律体系中的普通主体，其设立制度、经营制度和破产制度都是一般性的，这就使得商业组织在法律上和实际上都难以达到和金融机构相同的信用水平，从而使其发行的电子货币难以像金融机构发行的电子货币一样具有比较完善的法律体系保护。

5. 单一型和复合型电子货币

单一型电子货币和复合型电子货币的区别主要在于流通与支付领域的不同。单一型电子货币是指只能用于某一特定领域或特定类型的流通与支付的电子货币。复合型电子货币则是可以用于两个以上特定领域或特定类型的流通与支付的电子货币，使用者可以根据其需要选择其中最满意的方式进行电子货币的支付。

三、常用的电子商务支付形式

电子商务出现至今，针对不同的用户需求，常用的支付形式按照交易中的货币形态可分为两种：传统货币支付和电子支付方式。

（一）传统货币支付方式

1. 货到付款

消费者在网站上购买商品以后，在"付款方式"中选择"货到付款"，当商品配送人员送货上门的时候，双方当场验收商品，确认无误之后消费者将全额货款以现金的方式支付给配送人员。由于"货到付款"的环节比较简单，又必须通过当面验货来确保商品的完好，所以这种方式至今在电子商务领域还是很多客户经常选择的交易支付模式。

2. 银行转账

银行转账需要消费者到全国任何一家的银行柜面去办理，同样也要携带身份证和现金，根据商卖家提供的银行账号进行转账电汇单的填写，汇款人要填写自己的真实姓名、汇出地点和汇出行名称，同时也要填写商家收款人的姓名全称或者公司名称、转账账号、汇入地点和汇入行名称等，到款时间需要花费1~5天。和邮局汇款一样，银行转账上是将货款事先汇给商家，如果商家出现诚信问题，也会造成交易的风险。而且，银行转账也会产生一定的转账手续费用，交易成本较高。

（二）电子支付方式

电子支付是电子商务的基础与平台，指交易双方通过电子终端，直接或间接地向金融机构发出支付指令，实现货币支付与资金转移的一种支付方式，它是以电子方式处理交易的各种支付方式的总称。与传统的支付方式相比，电子支付具有以下特征：①电子支付通过数字流转完成信息传输，各种款项的支付都采用数字化的方式进行，货币形态为电子货币形式；而传统支付则通过现金的流转、票据的转让及以后的汇兑等物理实体的流转方式完成。③电子支付的工作环境基于一个开放的系统平台（如互联网）；而传统的支付则是在较为封闭的系统中运作。③电子支付对软、硬件设施的要求很高，需要相关的安全技术及安全协议支持。④电子支付具有方便、快捷、高效、经济的优势。

（三）网上支付工具简介

1. 银行卡在线支付

（1）无安全措施的银行卡网上支付

该模式是指客户与商家确立订单后，直接通过电话、传真等手段进行交易付账。它是客户在用银行卡进行支付时几乎没有采取技术上的安全措施就把银行卡号码和密码等敏感信息直接传送给商家，然后由商家负责后续处理的模式。

在这种交易模式中，持卡人的银行卡信息主要依靠商家的诚信来保护，商家有义务妥善保护用户的银行卡等客户隐私信息，但也存在着不法商家会把消费者的信息透露给第三方或者商家数据库被人盗取导致的客户信息遭到侵犯及丢失等风险。无安全措施的银行卡网上支付模式主要是在 20 世纪 90 年代初期，电子商务各方面发展还不太成熟，特别是银行对电子商务的支持还不完善的情况下出现的，因此这种交易模式安全性非常薄弱。

（2）基于 SSL 协议的银行卡网上支付

该模式是在利用银行卡进行网上支付时遵守 SSL 协议，通过它实现银行卡的即时、安全可靠的在线支付。SSL 协议是对计算机之间整个会话过程进行加密的协议，在 SSL 协议中采用了公开密钥和私有密钥两种加密方法，持卡人通过对银行卡账号、密码等数据的加密，在开放的互联网上，安全地与银行间进行相关信息的交互，实现快速安全支付的目的。SSL 协议已成为事实上的工业标准，在网上支付中应用非常广泛。

在 SSL 协议支付过程中，经过加密的客户信息只有业务提供商或第三方付费处理才能够识别，杜绝了商家泄露用户隐私的可能性，这种模型只要保证了业务服务器和专用网络的安全就可以使整个系统处于比较安全的状态。消费者只要拥有一个有效的信用卡号就能进行电子商务交易，更方便快捷。但是为了确保用户在交易时的安全，这种模型需要对信用卡等关键信息加密，使用对称或非对称加密技术，可能还要启用身份认证系统，以数字签名确认信息的真实性，需要业务服务器和服务软件的支持等这一系列的加密、授权、认证及相关信息传送，因此该种方式的交易成本较高。

（3）基于 SET 协议的银行卡网上支付

SET 是安全电子交易的简称，SET 模型是在开放的互联网上实现安全电子交易的国际协议和标准。SET 协议最初是由 Visa Card 和 Master Card 合作开发完成的，其他合作开发伙伴还包括 GTE、IBM、Microsoft、NetscapeSAIC、Terisa 和 VeriSign 等。

SET 协议是以信用卡为基础的网上支付系统规范，实现银行卡的即时、安全可靠的在线支付，确保信息在互联网上安全传输，不能被窃听或被篡改；用户资料要妥善保护，商家只能看到订货信息，看不到客户的账户信息；持卡人和商家相互认证，以确定对方身份；软件遵循相同的协议和消息格式，具有兼容性和互操作性。

该协议是专门针对使用银行卡进行网上支付而设计的支付规范，是目前最安全，同时也是最复杂的互联网上支付方式。电子交易各方都必须拥有由可信赖的 CA 中心签发的数字证书，来证明自己的身份。SET 具有加密和认证功能，确保交易双方的信息传递的安全性和对双方的身份认证。SET 协议使用的主要技术包括：对称密钥加密、公开密钥加密、Hash 算法、数字签名以及公开密钥授权机制等。SET 通过使用公开密钥和对称密钥方式加密，保证了数据的保密性，通过使用数字签名来确定数据是否被篡改，保证数据的一致性和完整性，并可以防止交易方抵赖。交易各方之间的信息传送都使用 SET 协议以保证其安全性。电子钱包是 SET 协议在用户端的实现，电子商家是 SET 协议在商家端的实现，支付网关是银行金融系统和互联网之间的接口，负责完成来往数据在 SET 协议和现存银行卡交易系统协议（如 ISO 8583 协议）之间的转换。IBM 公司宣布其电子商务产品

Net. commerce 支持 SETO IBM 建立了世界第一个互联网环境下的 SET 付款系统——丹麦 SET 付款系统，此外微软公司、Cyber Cash 公司和 Oracle 公司也宣布他们的电子商务产品支持 SET 协议。

2. 电子现金

电子现金，又称数字现金，是纸币现金的电子化。广义上来说是指那些以数字（电子）的形式储存的货币，它可以直接用于电子购物。狭义上通常是指一种以数字（电子）形式存储并流通的货币，它把用户银行账户中的资金转换为一系列的加密序列数，通过这些序列数来表示现实中各种金额的币值。用户在开展电子现金业务的银行开设账户，并在账户内存钱后，就可以在互联网上在允许接受电子现金的商店购物了。电子现金不同于银行卡，它具备纸币的基本特点，具有货币价值、可交换性、可存储性和不可重复性等四个基本属性。客户与商家在运用电子现金支付结算过程中，基本无需银行的直接参与，也不需要经过一系列特殊的认证，这不但方便了交易双方，提高了交易与支付效率，而且还能够降低支付成本，最终能降低消费者购物的费用。电子现金主要应用于力、币值的电子交易中。

E-cash 是一种匿名的电子现金系统，由 20 世纪末成立的 DiditCash 公司开发，使用的是纯数字形式的电子现金。使用 E-cash 时，客户和商家都必须在 E-cash 的发行银行开设账户，并安装客户端软件，用于管理和传送 E-cash。客户要先将银行账户上的一定数量的存款金额换成电子现金，电子现金是一些序列数，分别表示币值和电子现金的原始序列号以及致盲系数，致盲系数的目的是使银行无法将电子现金的序列号和用户账户联系起来，从而实现匿名性，整个过程使用盲签名。这类似于客户将现金和复写纸放进一个信封交给银行签名，银行在信封上签名，透过复写纸，印到现金上，该现金就可以使用了，但银行看不到现金的序列号，从而实现现金的匿名性。购物付款时，客户直接将其发送给接受电子现金的商家，商家可以直接从银行兑换等值金额到特定账户，也可以将其作为货币转发给其他商家使用。

电子现金兼有纸质现金和数字化的优势，具有安全性、匿名性、不可伪造性、方便性、成本低等特点，具体表现如下。

（1）安全性

电子现金是高科技发展的产物，它融合了现代密码技术，提供了加密、认证、授权等机制，只限于合法人使用，能够避免重复使用，因此，防伪能力强；纸币有遗失、被偷窃的风险，而电子现金不用携带，没有遗失、被偷窃的风险。

（2）匿名性

电子现金由于运用了数字签名、认证等技术，也确保了它实现支付交易时的匿名性和不可跟踪性，维护交易双方的隐私权。

（3）不可伪造性

一是用户不能凭空制造有效的电子现金；二是用户从银行提取 N 个有效的电子现金后，也不能根据提取和支付这 N 个电子现金的信息制造出有效的电子现金。

（4）方便性。纸币支付必须定时、定点，而电子现金完全脱离实物载体，既不用纸张、磁带，也不用智能卡，使得用户在支付过程不受时间、地点的限制，也不需要像电子信用卡那样的认证处理，使用起来更加方便。

（5）成本低

纸币的交易费用与交易金额成正比，随着交易量的不断增加，纸币的发行成本、运输成本、交易成本越来越高，而电子现金的发行成本、交易成本都比较低，而且不需要运输成本。

3. 电子支票

电子支票是网络银行常用的一种电子支付工具。支票一直是银行大量采用的支付工具之一。将支票改变为带有数字签名的电子报文，或利用其他数字电文代替传统支付的全部信息，就是所谓的电子支票。电子支票借鉴了纸张支票转移支付的特点，利用数字传递将钱款从一个账户转移到另一个账户中。电子支票和传统支票工作方式相同，客户易于理解和接受。不同于传统的支票人为签名，电子支票需要经过数字签名，被支付人数字签名背书，使用数字凭证确认支付者、被支付者身份、支付银行和账户。从伪造签名的意义上说，伪造一个电子支票远远比伪造一个传统的支票的签名难度大，所以安全度上电子支票比传统支票高。在网上进行大额币值的支付时，电子支票比银行卡和电子现金更具有优势。

电子支票不仅事务处理费用较低，而且银行也能为参与思子商务的商户提供标准化的资金信息，因此电子支票是最有效率的支付手段之一。

电子支票系统包含三个实体——客户、商家及金融中介。在客户和商家达成一笔交易后，商家要求客户付款。客户从金融中介那里获得一个唯一凭证（相当于一张支票），这个电子形式的付款证明表示客户账户欠金融中介的钱。客户在购买时把这个付款证明交给商家，商家再交给金融中介。整个事务处理过程与传统支票查证过程一致。但作为电子方式，付款证明是一个由金融中介出文证明的电子流，而且付款证明的传输及账户的负债和信用几乎是同步发生的，如果客户和商家没有使用同一家金融中介，那么交易过程就会使用金融中介之间的标准化票据交换系统，这通常由国家中央银行（国内贸易）或国际金融机构（国际事务）协同控制。

在电子商务交易过程中，客户通过互联网访问网上的商城，当商品选择完毕进行电子支票支付时，由三个阶段完成整个支付过程。

（1）第一阶段，购买商品

客户访问商家的网站，进行商品的选购，当商品选购完毕以后，客户向商家发出电子支票；商家通过开户银行对支付进行认证，验证客户支票的有效性；如果支票有效，商家将认可该笔交易生效。

（2）第二阶段，支票存入商家开户行

商家根据自己的需要，将收到的电子支票发送到商家开户行。

（3）第三阶段，银行之间交换支票

商家开户行把电子支票发送给票据交易所，以兑换现金；票据交易所向客户的开户行兑换支票，并把现金发送给商家的开户银行，同时，客户的开户行将客户账户变动情况进行明细记录。

电子支票支付目前一般通过专用网络、设备、软件将一套完整的用户识别、标准报文数据验证等规范化协议完成数据传输，从而控制安全性。电子支票支付现在发展的主要方向是逐步过渡至在公共因特网络上进行传输。目前的电子资金转账 EFT 或网络银行服务方式是将传统的银行转账应用到公共网络上进行资金转账。一般在专用网络上的应用具有成熟的模式（例如：SWIFT 系统），目前大约 80% 的电子商务仍属于贸易上的转账业务。

4. 第三方支付平台结算支付

在电子商务的整个流程中，信息流、资金流和物流是组成电子商务的最基本的三个要素。作为电子商务最为关键的资金流，第三方支付平台在电子商务的资金支付中起到了重要的作用。

第三方支付模式的典型业务流程为：①客户访问主页，浏览商品，验证商户数字证书，申请空白订货单。②客户挑选商品，填写订单，同时输入信用卡信息和身份识别码，经浏览器扩展部分验证无误后，读取信用卡信息，并由用户形成支付指令，与订单同时发往商户。③商户后端服务器中的支付处理模块在收到订单信息和支付信息之后，初步确认客户的交易意图，在对客户身份认证完成之后，将两种信息发往信用卡信息中心进行确认并申请授权。④经支付平台检查过的合法支付指令被传送到信用卡信息中心进行联机实时处理，经过卡片真实性、持卡人身份合法性以及信用额度的确认后，信用卡信息中心决定是否授权，并将结果传回商户服务器。⑤接到信用卡授权之后，商户便可继续交易，向客户发送货物，并向客户索取交易完成的标志。⑥信用卡信息中心在当日、次日或约定的一定时间间隔内将信用卡授权产生的转账结算数据传往收单行，进行账务处理。⑦收单行将转账数据及相关信息传往发卡行进行认证（在信用卡信息中心认证基础上的认证，充分保证支付系统的安全性）。⑧转账业务经发卡行认证传回收单行，同时发卡行将客户的消费金额记入其消费信贷账户中并开始计息；收单行则把商户的货款收入记入其存款账户中。⑨转账结果再分别由发卡行和收单行传往信用卡信息中心，以便其更新数据库，从而方便商户和客户查询。

目前，第三方支付平台大致可以分为以下两类。

第一类，网关型第三方支付平台。

网关型第三方支付平台没有内部交易功能，只是银行网关代理的第三方支付平台。所谓的支付网关是指连接银行内部的金融专用网络与互联网公用网络的一组服务器，其主要作用是完成两者之间的通信、协议转换和对数据进行加密、解密，以保护银行内部数据安全。

在这种模式下，支付平台之作用支付通道将客户发出的支付指令传递给银行，银行完成转账后再将信息传递给支付平台，支付平台将此信息通知商户并与商户进行账户结算。网上消费者的付款直接进入支付平台的银行账户，然后由支付平台与商户的银行进行结算，中间没有经过虚拟账户，而是由银行完成转账。在支付过程中，交易双方不能看到对方银行卡号码等支付信息，商品种类、规格等交易中信息也不能让交易双方以外的人获取。

第二类，信用担保型第三方支付平台。

为了建立网上交易双方的信任关系，保证资金流和货物流的顺利对流，实行"代收代付"和"信用担保"的第三方支付平台应运而生。信用担保型第三方支付平台通过改造支付流程，起到交易保证和货物安全保障的作用。

在该种第三方支付平台中，买卖双方必须在第三方支付平台开设虚拟账户（通常可以运用客户的 E-mail 作为账户），消费者需要将实体资金转移到支付平台的支付账户中（可以使用开通了网上银行功能的银行卡进行账户充值）。当消费者发出支付请求时，第三方支付平台将消费者账户中相应的资金转移到自己的平台上，然后通知商家已经收到货款，可以发货。通过物流，消费者收到商品并检查是否存在缺损等问题，如果没有问题则确认收货，第三方平台收到收货确认信息之后将临时保管的商品资金划拨到商家账户中。最后商家可以将账户中的款项通过第三方支付平台和实际支付层的支付平台兑换到银行的账户中保管。

5. 移动支付

移动支付，是指交易双方通过移动设备，采用无线方式所进行的银行转账、缴费和购物等商业交易活动。通常移动支付所使用的移动终端是手机、掌上电脑、个人商务助理 PDA 和笔记本电脑。作为新兴的电子支付方式，移动支付具有随时随地、方便、快捷和安全等诸多特点，消费者只要通过便携的手机等就可以完成理财或交易等金融业务，享受移动支付带来的便利。移动支付的应用领域包括充值、缴费、小商品买卖、银证业务、商场购物和网上服务等。

根据移动支付业务产生的历史和现状，可以将移动支付的运营模式分为以下四类：以移动运营商为运营主体的运营模式、以银行为运营主体的运营模式、以独立的第三方支付平台为运营主体的运营模式，以及银行与移动运营商合作的运营模式。

第一，以移动运营商为运营主体的运营模式。

当移动运营商作为移动支付平台的运营主体时，移动运营商会以用户的手机话费账户或专门的小额账户作为移动支付账户，用户所发生的移动支付交易费用全部从用户的话费账户或小额账户中扣减。在以移动运营商为运营主体的移动支付业务模式中，移动运营商除了承担基础网络服务和内容增值服务外，还承担了账户系统的责任，不需要银行的参与。

以移动运营商为运营主体的运营模式具有如下特点：直接与用户发生关系，不需要银行参与，技术实现简便。

第二，以银行为运营主体的运营模式。

银行通过专线与移动通信网络实现互联，将银行账户与手机账户绑定，用户通过银行卡账户进行移动支付。银行为用户提供交易平台和付款途径，移动运营商只为银行和用户提供信息通道，不参与支付过程。当前，我国大部分提供手机银行业务的银行（如招商银行、广发银行、工商银行等）都由自己运营移动支付平台。

以银行为运营主体的运营模式具有以下几个特点：各银行只能为本行用户提供手机银行服务，移动支付业务在银行之间不能互联互通；各银行都要购置设备并开发自己的系统，因而会造成较大的资源浪费；对终端设备的安全性要求很高。

第三，以独立的第三方支付平台为运营主体的运营模式。

移动支付服务提供商是独立于银行和移动运营商的第三方支付平台，同时也是连接移动运营商、银行和商家的桥梁和纽带。通过独立的第三方支付平台，用户可以轻松实现跨银行的移动支付服务。

以独立的第三方支付平台为运营主体的运营模式的主要特点是：银行、移动运营商、平台运营商以及 SP 之间分工简单明确，从而大大提高了商务运作的效率；用户有多种选择，只要加入到平台中即可实现跨行之间的支付交易，但需要独立的第三方支付平台具有很强的技术能力、市场能力和资金运作能力。

第四，银行与移动运营商合作的运营模式。

这种模式是指移动运营商与商业银行业务互补、取长补短，共同运营移动支付服务的模式。这种模式的特点是：移动运营商和银行发挥自己核心的优势产品，进行业务整合，合作开展移动支付；在信息安全、产品开发和资源共享方面相互依赖。

第二节　B2B 网络交易的结算

一、B2B 网络交易

B2B 网络交易即企业对企业，是电子商务的基本模式之一。具体是指企业与企业之间通过互联网进行产品、服务及信息的交换。它将企业内部网和企业的产品及服务，通过 B2B 网站或移动客户端与客户紧密结合起来，通过网络的快速反应，为客户提供更好的服务，从而促进企业的业务发展。

B2B 网络交易从其交易量和交易成本来看，业务量大、操作量小，对于降低疏通成本，提高市场效率，改善国民经济运行质量有着明显的作用。通常，企业间单笔成交额是个人的上百倍乃至上万倍。它所涉及的交易金额，交互信息的规模与参与企业的主体数量巨大，先进信息技术介入企业间交易，可以提高速度，节省传统业务中人员往返、住宿、交易设施投入等费用。此外，B2B 网络交易可以分阶段进行，线上线下结合便于操作。相对 B2C 业务而言，B2B 交易对于支付和配送体系的配套性要求较低，在起步和操作两个阶段可以分步实施。

（一）国内 B2B 模式

1. 行业垂直类 B2B 模式

这类行业垂直类 B2B 网络交易网站，针对一，个行业做深入、做透，如中国化工网、全球五金网等。此类网站无疑在专业上更具权威性、精确性。

这类模式可以分为两个方向，即上游和下游。生产商或商业零售商可以与上游的供应商之间的形成供货关系，生产商与下游的经销商可以形成销货关系。垂直类的网站服务和专业化网站服务因其易出奇、出新、灵活而将成为各个 B2B 公司和大型企业争夺的焦点，也是未来 B2B 市场的另一新的发展方向。虽然现在垂直类 B2B 模式中的企业占中国 B2B 份额小，但却是许多风险投资家所看好的模式。比如，海尔推出的 B2B 网站，面向的对象就是同行业的垂直类公司，通过在海尔的 B2B 网站注册，利用采购平台和定制平台与供应商和销售终端建立紧密的互联网关系，建立起动态企业联盟，最终达到双赢的目标，提高双方的市场竞争力。

2. 面向中间交易市场的 B2B 模式

这类水平型的 B2B 网络交易网站，将各个行业中相近的交易过程集中到一个场所，为企业的采购方和供应方提供了一个交易的机会，如阿里巴巴、环球资源网等。此模式相较垂直类 B2B 模式更加成熟、风险低，但模式单一、陈旧，包括以"供求商机信息服务"为主的、以"行业咨询服务"为主的、以"招商加盟服务"为主的、以"项目外包服务"为主的、以"在线服务"为主的、以"技术社区服务"为主的模式，如中企动力等。

3. 行业龙头企业自建 B2B 模式

这是大型行业龙头企业基于自身的信息化建设程度，搭建以自身产品供应链为核心的行业化电子商务平台。行业龙头企业通过自身的电子商务平台，串联起行业整条产业链，供应链上下游企业通过该平台实现资讯、沟通、交易。但此类电子商务平台过于封闭，缺少产业链的深度整合。

4. 关联模式

这是行业为了提升电子商务交易平台信息的广泛程度和准确性，整合行业龙头企业自建 B2B 模式和行业垂直类 B2B 模式而建立起来的跨行业电子商务平台。

（二）B2B 网络交易发展特征

①大型企业电子商务建设快速发展，但还处于内部流程整合阶段，向企业外部延伸（上下游和行业的横向扩张）比较少，这与我国大型企业 IT 建设起步相对较晚有关。②中小型企业电子商务发展迅速，尤其是定位于满足中小企业需求的 B2B 网络交易平台发展迅猛，第三方 B2B 网络交易平台行业竞争加剧。③市场细分趋势更加明显，市场发展由初级阶段的重视信息宽度向深度演进。垂直类行业网站的网络交易与产业融合程度较深，理解行业需求，提供精细化服务在专一领域具有一定发展优势。④第三方网络交易平台不断升级优化，交易平台由早期的信息发布型向交易撮合型升级，在满足商家搜索用户信息的前提下，围绕客户需求提供增值服务以延伸产品生命周期，注重网站在搜索引擎中的排名，通过对网站进行相关优化提高其搜索引擎排名，从而提高网站访问量并最终提升网站的销售能力或宣传能力。⑤买方和卖方双赢。通过 B2B 电子商务提供个性化的服务，买方可以在众多的供应商中进行挑选，同时产品价格更加透明，可以清楚地了解原材料的市场供应情况，卖方可以了解市场需求，减少了产品推广的成本和由于对买方的要求不了解造成的错误。同时对中小企业则有机会平等地参与到产品销售的竞争中，降低了进入市场的门槛。⑥供应链管理大大改善。供应链是企业得以生存的重要商业循环系统。降低供应链的运营成本对企业提高利润有重要影响。B2B 电子商务技术通过互联网，动态维持企业的供货、合同制造、分销、运输和与其他贸易合作伙伴的关系，真正建立高效的全球供应链系统。⑦配送和结算相对比较容易。B2B 电子商务大多为企业之间大批量交易，可以利用企业现有的配送网络或第三方物流实现大批量的集中配送。此外，企业间电子商务的交易额也一般较大，而且涉及的交易主体都是企业，相对于其他电子商务系统来说客户群较小，信用容易控制。随着社会信用体系的逐渐完善和电子结算的发展，不论是采用电子结算方式，还是传统结算方式，B2B 的交易结算都能较方便地进行。

（三）我国 B2B 电子商务的发展趋势

1. 我国 B2B 平台呈现寡头垄断的行业格局

随着中国电子商务的飞速发展，B2B 电子商务市场规模将会以几何级数扩大，综合类的 B2B 网络交易平台将得到更好的发展，阿里巴巴仍将处于寡头垄断地位。

2. 垂直 B2B 电子商务平台迎来发展机遇

垂直 B2B 电子商务深入到了各个产业链的上下游中，特别是以前市场相对比较封闭的钢铁、煤炭、工业品、物流、化工、涂料、玻璃、卫生用品、电子元器件等领域。垂直 B2B 电子商务平台终将会成为未来国内 B2B 市场的后发力量，具有巨大的发展空间，并且开始受到更多投资商青睐。

3. B2B 平台功能开发走向深入

随着 B2B 平台的不断成熟，B2B 平台将更加重视企业用户的实际应用。大量中小企业的 B2B 电子商务意识的增长，促使 B2B 平台功能开发向纵深发展，需要更加专业更加细化的功能模块，未来 B2B 平台功能开发将围绕企业用户实际应用需求展开，最直接的应用包括：大数据智能分析，通过大数据平台的个性化分析使得企业"按需采购"成为可能，同时让智能化仓库管理和精准营销准时达至企业，帮助企业提前做好采购计划和安排，也帮助企业作出更好的决策。

4. 行业 B2B 平台将会被重新定义或优化

随着越来越多的中国企业运用 B2B 平台，企业类型的不同、行业类型的不同，将促使现有的行业 B2B 平台在服务内容等方面做出革新，逐渐渗透 B2C 等内容，B2B 平台模式将会被重新定义或优化。

5. 行业 B2B 网站将在更多环节充当行业服务角色

对供应商、采购商的信用、实力评估体系进一步完善，并得到创新，随着行业 B2B 门户网站的逐步深入行业，行业企业的信用、实力得到进一步透明化。让采购商有更多机会选择更多最合适的供应商，许多线下服务会深入到企业内部，比如：一对一的培训服务、实地评估、考察工厂、市场调查、人才招聘，行业软件服务等将会获得更多的应用。

总之，B2B 网络交易作为电子商务的一种最主要的应用模式，市场潜力巨大，蕴涵着无限的商机。随着 B2B 电子商务的环境（网络基础建设等运行环境、法律环境、市场环境、信息安全、认证中心建设等条件）逐步完善，国家有关电子商务网络交易的各项政策、法规日益健全，政府机构、商业银行、认证服务等更加完备，多方条件为我国 B2B 网络交易的规范和高速前行提供了推力。B2B 网络交易必将为我国企业提供更广阔的发展空间，我国的 B2B 网络交易也将发展得日趋成熟。

二、B2B 网络交易结算的主要形式

（一）商业银行 B2B 电子支付业务创新

商业银行是最早的 B2B 电子支付服务提供方。随着电子商务的深化和发展，各家银行都在寻求新的业务增长点，银行在线交易的功能成为银行最为关注旳新业务。电子商务网上支付业务通过银行支付网关与电子商务网站对接，提供与交易订单紧密捆绑的在线支付服务，使买家通过网上银行安全、轻松地完成在线交易和支付。

20 世纪初，工商银行在率先推出 B2B 在线支付业务，即利用企业与企业之间电子商务活动产生的订单信息通过因特网实时办理资金转账结算。工商银行 B2B 在线支付业务的开办手续简便，只要企业是工商银行网上银行的客户，均可使用工商银行在线支付功能。在线支付业务不仅适用于撮合型网站（为买卖双方提供交易平台的资金结算），也适用于

网上采购及分销型网站（由卖方搭建的网上商城的资金结算）。企业可以通过电子商城或直接在工商银行支付平台提交加密的电子支付指令，工商银行将在接到指令并解密后即时向交易双方及中间网站反馈处理信息，企业随时可以上网追踪查询支付信息，掌握交易进度。

1. B2B 协议支付

该服务为具有多币种支付业务的进出口企业及货代公司提供服务，可支持国际贸易进出口交易中海运费等费用支付，支付币种支持人民币及其他币种（英镑、香港元、美元、瑞士法郎、新加坡元、瑞典克朗、挪威克朗、日元、加元、澳大利亚元、欧元、澳门元、新西兰元等）。

该服务目前主要为进出口企业及货代公司提供多币种支付业务，用于支付海运费等进出口费用。客户在中国银行进行企业信息维护并通过中国银行合作的支付平台完成账户备案后，可通过电子化的处理流程完成支付交易（其中人民币业务全自动处理，外币业务需到柜台进行单据审核），提升企业的进出口业务效率。

2. B2B 直付

中国银行 B2B 直付服务面向通过自有 B2B 电子商务平台直接向买方企业客户提供商品及服务的电子商务企业。B2B 直付服务包括订单采购、订单复核、订单授权、订单查询、文件下载、订单批量退货、订单联机退货、订单时效控制等功能。

B2B 直付服务为进行 B2B 电子商务交易的企业双方提供在线支付、资金结算、订单查询、交易对账、订单退货等功能。B2B 电子商务平台企业（或第三方支付公司）签约成为中国银行 B2B 网上支付商户后，中国银行对基于商户电子商务平台（或第三方支付公司支付服务）进行 B2B 交易的买方企业客户和商户之间提供交易资金结算服务。

3. B2B 保付

B2B 保付服务主要面向通过自有 B2B 电子商务平台向买方和卖方企业客户提供电子交易渠道，但自身不直接向客户提供商品及服务的独立第三方 B2B 电子商务平台企业。B2B 保付服务为进行 B2B 电子商务交易的企业双方提供在线支付、资金结算、订单查询、订单实付、交易对账等功能。B2B 保付通产品不仅能够保证买方企业资金的安全性，同时也能对卖方企业提供商品或服务后的货款回收提供保障。

买方企业采购人员在商户网站上选购商品，选择"中国银行网上银行"作为支付方式，并下订单；买方企业财务人员登录企业网银对订单进行复核、授权，确定支付；支付成功后，资金会从买方账户划转至银行监管账户；待买方验货完毕并通知商户、商户向中国银行发送实付指令后，中国银行根据商户的指令，再将款项从监管账户实付至卖方账户，完成整个支付过程。

4. 报关即时通——税费 e 支付

报关即时通是中国银行率先推出的、用于进出口企业缴纳海关税费的网上支付服务。在与海关总署的长期深度合作过程中，中国银行全新推出"报关即时通——税费 e 支付"，服务内容更丰富、签约流程更简便，可以为客户提供即时报关及网上税费支付担保功能。

报关即时通具有简化通关手续、提供换税便利、方便异地报关、提高资金效率、交易权限控制、税费种类丰富、提供代理支付、签约手续简便、功能全面实用、税单流转简化、技术安全可靠等特点。

（二）第三方支付平台服务 B2B 交易

第三方支付平台财付通、支付宝、首信易支付等也在积极开展 B2B 网上支付业务。

财付通相继与中国南方航空股份有限公司（以下简称"南航"）、中国东方航空股份有限公司（以下简称"东航"）成为战略伙伴之后，全面支持中国国际航空股份有限公司（以下简称"国航"）的 B2B 网站的在线支付业务，财付通根据航空公司代理和直销两个渠道的不同业务需求，为航空公司量身定制安全、便捷、专业的支付解决方案。财付通针对机票平台、供应商及分销商之间复杂的支付结算需求，提供定制化、安全、专业的机票行业支付解决方案。财付通针对机票代理人快速出票、大额支付、对账准确、资金管理便捷等需求，提供专业化、多元化、定制化的解决方案。

财付通除了为机票行业提供 B2B 支付解决方案以外，还在物流行业、保险行业、钢铁行业、游戏行业等行业提供专业的支付解决方案。

交易金额限制的存在，不能满足传统企业间赊账、预付款等交易模式的需要。为了更好地促进 B2B 电子商务的发展，作为中国 B2B 电子商务的领头羊和全球较为成熟的 B2B 网站阿里巴巴推出了预存款交易方式。预存款交易是一种新的在线交易方式，是从现有的线下预存款交易模式演变而来的。总体来说，就是买家向供应商缴纳预存款，专项用于购买此供应商的产品。

其操作流程如下：①根据供应商设置的"首次预存款充值金额"和"可用余额退还比例"，买家可预先充值一定额度的款项到供应商的预存款账户中。买家充入的预存款金额将成为其绑定的支付宝账户中的不可用金额，仅限用于该买家在阿里巴巴中国站与该供应商达成的预存款交易订单，以后购买时可直接使用该预存款进行付款。②交易状态为"等待卖家发货"的预存款订单总额，将作为买家的预存款冻结余额。当供应商声明发货后，无须买家确认，该笔订单金额将会在 24 小时后转入供应商绑定的支付宝账户中。当买家希望与某个预存款供应商结束预存款交易关系时，买家可以根据充值时所确认的"可用余额退还比例"，主动退还预存款可用余额。

三、B2B 网络融资

（一）信息平台模式

该类服务以生意宝"贷款通"、敦煌网、全球网等 B2B 电子商务服务商为代表，服务商主要为双方构建信息平台，使企业用户可以在线向银行递交融资申请。

（二）仓单质押模式

该类服务以金银岛、欧浦等大宗交易平台为代表，通过将仓单电子化的方式极大提升了融资效率。

（三）保理模式

1. 阿里贷款

阿里贷款引入了其平台上的"网商网上行为参数"加入授信审核体系，同时"资金风险池"的设立有助于提高贷款成功率。阿里贷款无须提供任何抵押，即可获贷；每家企业最高可获得 200 万元贷款；贷款利率远远低于其他无抵押民间借贷；普通会员、诚信通会员及中国供应商会员都可以申请贷款，通过门槛设置有助于提高贷款需求信息的准确性和有效性。

2. 网盛生意宝"贷款通"

网盛生意宝的"贷款通"是针对初创期和成长初期的小企业、微小企业，甚至个体户的开放式融资平台，作为"开放式"的银企第三方服务平台，可接受多家银行合作，帮助银行了解行业特性，实现达成小额贷款的去人工化操作。网盛生意宝平台尚缺乏采用信用评价体系，初期发展是参照自身电子商务平台的供需对接模式，其放贷对象群体不限于会员企业，与电子商务结合度较低，但在处理小额贷款零售业务时显现出灵活机动等亮点。

3. 一达通外贸融资服务

深圳市一达通企业服务有限公司（以下简称"一达通"）成立于2001年，为中国第一家面向中小企业外贸综合服务平台，通过互联网一站式为中小企业和个人提供金融、通关、物流、退税、外汇等所有外贸交易所需的进出口环节服务，改变传统外贸经营模式，集约分散的外贸交易服务资源为广大中小企业和个人减轻外贸经营压力、降低外贸交易成本、解决贸易融资难题。

由中国银行对一达通进行综合授信，然后由一达通的企业客户进行无抵押、无担保的贷款，信贷风险由中国银行和一达通共同承担，包含进口综合贷款、出口信用贷款、出口退税贷款三项服务。

一达通进入了进出口交易环节，为企业代办报关、收付外汇、物流等进出口服务，根据客户提供的产品发票和装箱信息，以及出口环节需求，预计各项环节效果包括时间和开支，办理通关和物流手续，向海外买家交付货物、办理收汇、退税、融资手续，并利用进出口管理软件，将贸易融资所需的调查、跟进、资金使用监管等全部执行，掌握对外贸易的货权以及应收应付账款，增强了融资贷款归还的保障性。

4. 敦煌网"e保通"

"e保通"降低了传统贷款业务对于小企业的准入门槛，无须实物抵押、无须第三方担保，只要在敦煌网诚实经营的卖家，都有望依靠在敦煌网积累的信誉向建设银行申请贷款。根据申请人在平台的交易情况和资信记录，建设银行线上信贷审核后，申请人便可以获取资金。

5. 金银岛"e单通"

金银岛"e单通"业务是金银岛与建设银行、中远物流三方系统对接，通过对企业"资金流""信息流""物流"的监控，为金银岛交易商办理全流程网上操作的短期融资服务。受益于平台封闭式交易的特殊性，交易商通过大宗商品质押的形式达成供应链融资，同时全流程网上操作极大缩短了放款时间。

B2B网络融资对于银行而言，线上数据的整合（整合的信息包括企业工商、环保、质检、法律记录等），保证了数据的真实性，减免了银行线下审核步骤甚至达成全程的线上授信审核。平台完成信用体系自建后，银行可以对平台进行集合授信，再由平台对用户分别授信。通过这种方式，银行可以对风险进行批量管理，平台则掌控贷款流程，完全把握用户体验。

对于企业而言，在当前情况下，用生产设备、半成品、原材料向银行进行抵押融资，往往抵押率过低甚至不予受理，通过电子商务平台发布进行评估或者是反担保处理，将有效提高抵押率。中国社会科学院金融研究所金融市场研究室主任曹红辉认为，此前银行之所以不愿意贷款给中小企业，主要原因在于中小企业"没有信用"这不是说中小企业不诚信，而是它们的信用信息严重不足。B2B 网络融资将是破解我国中小企业融资难的重要突破口。这对改变中小企业信用信息不足的现状具有积极作用。

当然，对于第三方服务平台来讲，也存在一定融资风险。有关数据显示：当前我国中小企业平均存货时间不到 3 年，中小企业普遍存在财务报表混乱、缺少可抵押物、抗风险能力薄弱等问题。而他们承担了小企业信誉的保证责任，一旦小企业出现问题，那么受损失的就是第三方企业。

因此，需要更好地引导 B2B 网络融资健康持续地发展：一方面，中小企业要认识自己的抗风险能力，提出适合自己的贷款金额，真实地提供企业各方面信息，从而提高信誉度；另一方面，作为第三方服务平台，必定要落实对企业提供的信息进行详细核查，从而最有效地降低风险。此外，第三方企业需要建立风险等级划分标准，对风险等级不同的企业进行不同融资金额限定，从而有助于对风险进行分类管理。

总之，B2B 网络融资从结构上改变了传统金融机构独立面向中小企业开展融资贷款的模式，利用第三方服务平台可以把原先金融机构很难做到的高成本调查、控制、资金使用等合理进行掌控，取代单纯的融资担保能力，这更符合中小企业融资的特点和需求。

第三节　跨境电商与跨境支付

一、跨境电商的概念及发展

（一）跨境电商的概念

跨境电子商务，简称为跨境业务，属于不同的交易主体区域，通过电子商务平台交易、支付结算、国际商务活动和通过跨境物流配送，完成交易。跨境电子商务是基于网络的发展的。网络空间是相对于物理空间的一个新的空间，是一个虚拟但与客观世界存在真实联系的有站点和密码的空间。网络空间的独特价值和行为模式对跨境电子商务产生了深刻的影响，使其不同于传统的交易方式，并呈现出其自身的特点，其特点主要包括：全球、无形、匿名、实时、无纸、快速进化等。

跨境电子商务不仅冲破了国家间的障碍，使国际贸易走向无国界贸易，同时它也正在引起世界经济贸易的巨大变革。对企业来说，跨境电子商务构建的开放、多维、立体的多边经贸合作模式，极大地拓宽了进入国际市场的路径，大大促进了多边资源的优化配置与企业间的互利共赢；对于消费者来说，跨境电子商务使他们非常容易地获取其他国家的信息并买到物美价廉的商品。

（二）跨境电商的发展历程

在中国最初并没有跨境电商的称法，大多数人只是把它归为外贸的一种形式，包含进口和出口两部分。21 世纪初期，随着国际环境的变化，尤其是 2008 年全球金融危机对国内出口的影响，我国外贸企业的电子商务应用出现了新的契机。一方面国际市场需求萎缩，持续增加的贸易摩擦对我国出口贸易造成严重的冲击，另一方面中国劳动力、土地、能源资源等要素成本上升，人民币持续升值。传统外贸"集装箱"式的大额交易逐渐被小批量、多批次、快速发货的贸易订单所取代。

近几年，跨境进口电商发展迅猛，类似"海淘""海外代购"等名词深入人心，这主要是由于国内消费者消费能力的提升和需求的扩大，对网购商品的关注已逐步从价格、服务转移到品质和品牌。而"海淘"恰好满足了消费者从价格到个性化的多种需求，并成为跨境进口高速发展的巨大推力。

二、跨境支付产生背景及应用模式

跨境支付，一般是指两个或两个以上国家或地区之间因国际贸易、国际投资及其他方面发生的国际间债权债务，借助一定的结算工具和支付系统实现的资金跨国和跨地区转移的行为。与境内支付不同的是，跨境支付付款方所支付的币种可能与收款方要求的币种不一致，或牵涉外币兑换以及外汇制政策问题。我国国家外汇管理局给出的支付机构跨境外汇支付业务定义是广支付机构通过银行为电子商务（货物贸易或服务贸易）交易双方提供跨境互联网支付所涉的外汇资金集中收付及相关结售汇服务。开展跨境支付业务的必要条件包括通过国际卡组织认证（国际卡收单）、相关支付牌照（汇款、结售汇）、综合收单能力（移动支付收单）以及银行通道和客户资源等。一般而言，跨境支付可以分为传统跨境支付和新型跨境支付两种。

（一）传统跨境支付方式

传统跨境支付方式包括银行电汇和专业汇公司汇款。该模式即线上下单、线下支付模式，境内消费者通过电商平台查询、搜索海外商品信息、挑选商户，再通过与海外商户"充分沟通，了解交易信息"后发出订单信息，待消费者完成付款后，由海外商户通过国际快递发货。在此模式下，消费者需要应海外商户要求通过银行柜台或网上银行购汇，并填写汇款申请表，按照订单金额汇入海外商户指定账户，并承担汇款后，海外商户不发货等风险。

1. 银行电汇

银行电汇是卖家在实际外贸中运用最多的支付方式，大额的交易基本上选择电汇方式。但实际上，低于1万美元高于1 000美元的交易选择电汇方式也是一种不错的支付方式。

银行电汇的银行手续费一般分三个部分，第一部分为付款人付款银行产生的手续费，可以由付款人单独支付，也可以在付款金额中扣取；第二部分为中转行的手续费，一般在汇款金额中扣取；第三部分为收款人收款行的手续费，在汇款金额中扣取。

银行电汇时间根据各个银行不同区别很大，从3个工作日到一周不等。看汇款路线，有的中间经过的银行少就快，多则慢些。核心是商家一定要等客户水单到后确认到账再安排发货等预先约定事项。

国内主要的商业银行都具有办理跨境支付的业务资格，银行电汇主要通过SWIFT系统进行报文传输，指示代理行将款项支付给指定收款人。SWIFT连接超过200个国家和地区的11 000多家银行和证券机构、市场基础设施和公司客户。银行电汇需要客户去银行网点填写表格，也有部分银行开通了网上银行境外汇款的功能。由于涉及的中间环节较多，费用较高且到账时效性不高。电汇的费用通常包括两个部分：手续费询电报费。手续费通常为汇款金额的 0.05%~0.1%，电报费从 0~200 元不等。

以中国银行为例，中国银行基于网上综合支付系统（EBCT）进行改造，通过调用相关系统接口的方式，与跨境电商试点城市公共服务平台、电子口岸、跨境电商商户平台进行对接，为跨境电商进口环节中的跨境电商平台、商户、消费者和海外供货商提供资金线上支付、跨境资金清算、国际收支申报、反洗钱、客户身份核实等综合金融服务。

第一，产品主要功能。

该产品能够为不同客户群提供了四套解决方案，主要包括：为跨境进出口企业提供跨境电商线上收单和跨境清算服务；为境内个人客户提供便捷的跨境电商平台线上支付服务；为海关电子口岸提供电商交易的资金流数据，核实个人买家身份信息；为第三方支付机构提供后台的结售汇、跨境资金清算等服务。

主要功能包括以下 4 个。①提供交易明细。可提供涵盖支付、清算费用类型、对应平台、商品物流等明细信息。②提供分类资金清算。针对跨境电商平台商品销售价格（含税等），分别提供商品货款、物流费用（含境外物流+境内物流）、海关行邮税、电商平台手续费（佣金）等的分类、细目金额核算。③提供拓展性关税自动化处理。可根据各地海关要求，实现行邮税的自动核对、入库处理。④跨境资金清算的实时跟踪。通过中国银行海内外清算网络，可实现对跨境资金的实时跟踪及收款方资金等管理。

第二，产品亮点。

整合银行内已有系统资源，与外部商户通过接口对接方式自动化办理跨境电商结算业务，以电子化、互联网方式为跨境电商交易主体提供全流程的自动化处理方式，降低操作风险，提升业务处理效率。构建完善的商户管理体系，封装独立的反洗钱接口，提升跨境电商结算业务合规性。

可归入传统商业银可付款模式的还有信用卡支付模式，即消费者在完成订单确认提交订单后，选择信用卡完成支付，海外商户在收到支付完成信息后发货。使用信用卡支付的情况下：如果海外商户接受人民币，那么境内消费者可以使用人民币信用卡向境外商家付款；如果海外商户接受其他货币（如美元），则境内消费者应使用双币种或多币种信用卡支付。

2. 专业汇款公司汇款

专业汇款公司以西联汇款和速汇金为代表，汇款流程更加简便，到账时间更快。与银行电汇相比，汇款人无需开设汇款账户，收款人也可凭身份证件和汇款密码取款。汇款公司之所以能做到快速到账是因为在全球各地设立了资金池进行即时支付，再通过 SWIFT 电汇进行轧差结算。

（二）新型跨境支付方式

新型跨境支付主要是指线上化的第三方支付，支持银行账户、国际信用卡、电子钱包等多种支付工具，满足小额高频的交易需求，进一步提高效率，降低成本。消费者通过电商平台提供的海外特约商户，选择自己希望购买的商品，以电子订单的形式发出购物请求，然后通过与第三方支付机构账号绑定的银行卡，支付相应的人民币给第三方支付机构即可以完成付款；第三方支付机构通过备付金存管银行或合作银行来完成外汇兑换；最后由第三方支付机构将货款划转给境外商户的开户银行。像国外的 Paypal，国内的支付宝都提供该种业务。由于 Paypal 国外买家使用率占 80% 以上，买家在欧美地区覆盖广，所以目前是跨境小额支付的首选。而国内行业龙头支付宝已支持 18 种外币的支付结算，覆盖到欧美、日韩、东南亚、中国港澳台等 27 个国家和地区，接入超过 12 万家海外线下商户门店，发展势头强劲。

第四节　区块链金融与电子商务支付

一、区块链金融

（一）区块链技术

自中本聪提出比特币概念后，根据中本聪的思路设计发布的开源软件以及据此建构的 P2P 网络，引发了区块链技术和数字资产的迅猛发展。

区块链本质上是一个去中心化的分布式账本数据库，是比特币的底层技术，和比特币是相伴相生的关系。区块链是由一串使用密码学方法产生的数据块组成的，每一个区块都包含了上一个区块的哈希值，从创始区块开始连接到当前区块，形成块链，每一个区块都确保按照时间顺序在上一个区块之后产生。区块链是比特币的核心创新。

每当有加密交易产生时，网络中有强大运算能力的矿工就开始利用算法解密验证交易，创造出新的区块来记录最新的交易。新的区块按照时间顺序线性地被补充到原有的区块链末端，这个账本就会不停地增长和延长。

根据工业和信息化部《中国区块链技术和应用发展白皮书》定义，区块链技术是利用块链式数据结构来验证与存储数据、利用分布式节点共识算法来生成和更新数据、利用密码学的方式保证数据传输和访问的安全、利用由自动化脚本代码组成的智能合约来编程和操作数据的一种全新的分布式基础架构与计算范式。

通过复杂的公共钥匙和私人钥匙的设置，区块链网络将整个金融网络的所有交易的账本实时广播，实时将交易记录分发到每一个客户端中，同时还能保证每个人只能对自己的财产进行修改。当然，账本里也有别人的交易记录，虽然你可以看到数值和对应的交易地址（基本上这是由一段冗长的乱序字母和数字组成），但是如果不借用其他技术手段，你也根本无法知道交易者的真实身份。

（二）区块链的优点

1. 分布式去中心化

区块链中每个节点和矿工都必须遵循同一记账交易规则，而这个规则是基于密码算法而不是信用，同时每笔交易需要网络内其他用户的批准，所以不需要一套第三方中介结构或信任机构背书。

在传统的中心化网络中，对一个中心节点（比如支付中介第三方）实行有效攻击即可破坏整个系统，而在一个去中心化的，如区块链网络中，攻击单独一个节点是无法控制或破坏整个网络的，掌握网内 50% 的节点只是获得控制权的开始而已。

2. 无须信任系统

区块链网络中，通过算法的自我约束，任何恶意欺骗系统的行为都会遭到其他节点的排斥和抑制，因此，区块链系统不依赖中央权威机构支撑和信用背书。传统的信用背书网络系统中，参与人需要对于中央机构足够信任，随着参与网络人数增加，系统的安全性下降。和传统情况相反，区块链网络中，参与人不需要对任何人信任，但随着参与节点增加，系统的安全性反而增加，同时数据内容可以做到完全公开。

3. 不可篡改和加密安全性

区块链采取单向哈希算法，同时每个新产生的区块严格按照时间线形顺序推进，时间的不可逆性导致任何试图入侵篡改区块链内数据信息的行为都很容易被追溯，导致被其他节点的排斥，从而可以限制相关不法行为。

区块链技术适用范围非常大，可以理解"下一个互联网"，现在互联网上所有的应用基本都可以建立在区块链上。互联网的中心化发展模式是传统网络安全的软肋，因此要想彻底解决这个问题，必须实现去中心化的网络。区块链技术可以成为保卫互联网安全的强大工具。

以区块链为底层技术，实现去中心化、不可篡改等安全信任机制，结合当前电子商务的黄金时期，进行电商和区块链技术深度融合，意在通过区块链技术打造优质商品，实现全民收益、全民受益。

二、区块链支付与电子商务

(一) 区块链支付与电子商务

区块链+电商，是基于区块链的共享信任体系，区块链上的所有参与者（买家和卖家和其他人）都是在一个共享的信任体，无论是谁出现问题，所有记录都可以查询。区块链的应用可能使电商行业里不属于中心市场的商家不必花费大量精力和做广告来获得消费者的信任。这是因为该技术是基于分布式账本模式运作，并记录每一笔交易，在一个安全且防篡改的全球性网络上维护信息的可靠性。

1. Circle

区块链技术加快了价值传输速度、降低了价值传输成本。安全方面，Circle 采用AES128 位对称加密技术进行加密，用户还可自行采用其他安全措施，如触摸 ID 和 PIN 码等。目前，Circle 已支持美元、英镑的兑换及服务。在中国市场，Circle 的 D 轮融资顺利引入了 IDG、百度、中金，光大、宜信、万向等机构，同时成立了世可中国，可期待美元、英镑和人民币的消费者无障碍连通时代的到来。

2. Veem

Veem 是一家使用比特币区块链来简化全球法定货币支付的创业公司，Veem 采用基于比特币区块链技术的方案解决中小企业跨境支付问题。

首先创建相关配置文件，再链接跨境支付客户的银行账户，汇款者输入具体金额的货币资金后，Veem 会帮助其进行货币兑换成所需的货币，隔夜后收款者将会收到这笔跨境汇款。基本的工作方式：比特币区块链技术仅用于通过消除中介来加快结算时间。交易中通常收取的所有费用发生在您的付款中银行账户时，通过使用比特币区块链来消除所有这些额外的费用。一旦货币从发货人的银行到达，就可以利用这个技术来转换货币并将其直接交付给接收方的银行账户。发送者和接收者能够每一步追踪他们的钱。在这个服务流程的背后涉及的是比特币和区块链技术，借助它们可以完成货币的快速兑换。

3. Ripple

Ripple 支付网络是一个开放式支付清算网络，以 RTXPC 支付协议为基础，具有去中心化的特点，能够快捷、低廉地实现转账业务，支持包括人民币、美元、欧元，甚至比特币在内的多种货币，交易便捷，节省了传统支付中的跨行、异地等费用。

Ripple 由 Ripple Labs 进行维护，通过两项关键措施——XRP（瑞波币）和 Gateway（网关），有效地解决了信任问题，使得支付网络功能更加完善。Ripple 由以下四个关键部分组成。

（1）RTXP（支付协议）

该协议与 SMTP（邮件传输协议）相似，其成功构建了一个去中心化的支付清算网络，将相关机构和个人节点连接到网络中，所有节点之间实现"点对点"资金转移和信息交流，达到方便、快捷的效果。

（2）Consensus（共识）总账机制

在 Ripple 支付网络中，发生的每一笔交易都是由网络中所有节点达成"共识"（一般情况下为超过 51% 的节点确认通过）后生成的，并在系统中进行记录，有效防止非法交易和数据篡改。

（3）Authorized Liquidity Maker（做市商）机制

通过这种机制，Ripple 支付网络实现了资金的转移，发生每笔交易时，通过系统自动选择报价最优的市商，达到转账成本最小化的目的。理论上讲，Ripple 支持世界上任何一种货币，既包括现实货币，也包括虚拟货币。Ripple 网络中有很多市商，可以有效防止 Funds Exchange Provider（单一货币兑换服务商）的出现。

4. XRP（瑞波币）

瑞波币虽然是数字货币，但与比特币等数字货币不同的是，它主要是满足 Ripple 支付网络媒介货币、保护网络安全的需求。XRP 的媒介货币功能是指无法找到合适的市商完成交易时，交易双方可以将 XRP 作为媒介进行交易。因为 XRP 无法交易费用，同时作为 Ripple 支付网络中唯一的原生货币，没有交易风险。

Ripple 支付网络主要为银行和个人两类客户提供支付服务。

（1）为银行提供技术服务，主要是底层协议和汇款技术

银行直接通过 Ripple 支付网络实现资金转移，在这个过程中银行相当于 Ripple 的网关，对银行的客户来说看不到任何影响，在实际业务办理中，客户可以选择 SWIFT 或 Ripple 进行汇款，由于 Ripple 跨境转账成本低廉，所以在一定程度上对 SWIFT 有替代作用。

（2）为个人提供转账服务

整个流程分为四个步骤：首先，需要注册 Ripple 钱包。注册时需要设置钱包的账户和密码，Ripple 钱包注册不需要进行实名验证，在注册时会生成私钥，可以用来恢复账户。其次，需要设置信任网关，在 Ripple 支付网络中，网关是资金进出网络的关口，能够有效保证资金的安全，我国有 XRPChina、RippleChina 和 RippleCN 等 3 家 Ripple 网关。再次，需要为 Ripple 钱包充值。个人用户进行交易前需要保证 Ripple 钱包里有"钱"。

（二）区块链技术在支付领域的优点

1. 货币兑换方便快捷

比特币作为一种虚拟货币，在支付清算时可以根据相关货币汇率，通过数字交易所处理转化为其他所需的货币类型，从而解决跨境支付汇兑周期长、手续烦琐的问题。

2. 数据安全保密性好

源于区块链的技术特性，区块链本身作为一个去中心化的数据库，能够实现里面的数据受全球用户监督，不能轻易地修改、盗取。在跨境支付中，特别是对于企业级的交易数据，企业本身希望自己的交易数据能够得到妥善地保管。

（三）区块链技术在金融支付中的应用前景

与传统支付体系相比，通过区块链技术实现的支付是在双方之间直接进行的，不涉及第三方机构；即使部分网络瘫痪也不影响整个系统运行，区块链技术降低了支付成本，提高了支付效率；利用区块链技术转移电子货币，进行支付，大缩减了到账时间，现有支付结算系统十分复杂，资金需要通过商业银行、人民银行，涉及跨境支付则还需通过国际组织等多个清算系统的转移才能到账，而区块链技术可以做到点对点即时支付。综上所述，通过区块链技术建立起的去中心化的支付系统，其核心机制主要体现在两个方面。一是引入网关解决非熟人之间转账汇款的信任问题。网关一般由具有公信力的主体来担任，用户与网关之间的关系在整个系统中反映为一种债权债务关系，即如果用户甲需要通过区块链钱包汇款给用户乙，则其间的网关就与用户甲生成了债务，与用户乙生成了债权。通过将该网关对用户乙的债权转为用户甲对用户乙的债权并进行清算，反映在双方余额变化上就完成了交易。这种债权债务关系会通过分布式网络储存在若干个服务器上，服务器之间以点对点的方式进行通信，以避免单一、集中式服务器所带来的各种风险。二是根据共识，设置多个可选择结算加密数字货币。数字货币在交易过程中可以起到类似保证金和交易费的作用。为了防止恶意攻击者大量制造垃圾账目影响网络正常运行，区块链钱包要求每个网关都必须持有一定限额的数字货币量，并且每进行一次交易，就会有额定数字货币被销毁，以此提高恶意攻击者的攻击成本。如果要参与数字货币的跨境结算，银行可以把指定的数字货币作为银行技术支持和底层协议，代替传统成本高昂的 SWIFT 技术，从而帮助传统银行以更快的速度、更低的成本进行跨境清算和汇款。当然，银行还可以选择覆盖更多币种和支付场景。对于不同币种的货币兑换，区块链钱包建立起一套算法，迅速匹配到提供最优惠换汇价格的做市商，然后由该做市商接收付款行的货币并向收款行支付其所需的货币。做市商承担的就是网关的责任，即通过对双方债权债务的清算完成跨境支付。

（四）区块链技术在金融支付中存在的问题

1. 支付确认时间的问题

以比特币区块链为例，当前比特币交易的 1 次确认时间大约是 10 分钟，如果 6 次确认就需要等待约 1 小时。相较信用卡交易的确认时间，比特西交易尽管已经有了很大的进步，但仍无法满足很多客户的要求。

2. 支付处理频率的问题

区块链技术在支付处理频率方面还比较低，比如，当前以比特币进行网络交易每秒最多只有 7 笔，而支付宝则可以实现每秒上万笔的交易确认。从便捷性上来看，区块链技术与主流支付方式还存在着较大差距。

3. 监管的问题

区块链技术还存在着很多不确定性。区块链技术对于一个国家的中央银行构成了"假设挑战"，它削弱了中央银行对金融领域的监管。这意味着它并不会轻易地被纳入现有的监管框架内。各国中央银行对区块链技术都予以密切关注，然而，新技术的成熟和应用取决于多种因素，特别是涉及金融监管政策层面的问题，已经超出了技术的范畴。

第八章 电子商务支付系统的安全技术

第一节 信息加密技术

一、加密与解密

保密学是研究信息系统安全保密的科学，它包含两个分支，即密码学和密码分析学。密码学是对信息进行编码实现隐蔽信息的一门学问，而密码分析学是研究分析破译密码的学问。两者相互对立，又互相促进地向前发展。

加密的基本思想是伪装明文以隐藏它的真实内容，即将明文 X 伪装成密文 Y，伪装的操作称为加密。其逆过程，即由密文恢复出原明文的过程称为解密。通常所说的密码体制是指一个加密系统所采用的基本工作方式，它的两个基本构成要素是密码算法和密钥。对明文进行加密时所采用的一组规则称为加密算法，它是一些公式、法则或者程序。传送消息的预定对象称为接收者，它对密文进行解密时所采用的一组规则称为解密算法。

加密和解密算法的操作通常都是在一组密钥控制下进行的，分别称为加密密钥和解密密钥。传统密码体制所用的加密密钥和解密密钥相同或实质上等同，即从一个易于得出另一个，称为单钥密码体制或对称密码体制。若加密密钥和解密密钥不相同，从一个难以推出另一个，则称为双钥密码或非对称密码体制。密钥可以看作是密码算法中的可变参数，从数学角度来看，改变了密钥，实际上也就改变了明文与密文之间等价的数学函数关系。密码算法总是设计成相对稳定的，在这种意义上，可以把密码算法视为常量。反之，密钥则是一个变量，可以根据事先约好的规则，或者每逢一个新信息改变一次密钥，或者定时更换一次密钥等。由于种种原因，密码算法实际上很难做到绝对保密，因此现代密码学的一个基本原则是：一切秘密寓于密钥之中。在设计加密系统时，加密密码算法是可以公开的，真正需要保密的是密钥。

在信息传输和处理系统中，非授权者会通过各种办法（如搭线窃听、电磁窃听、声音窃听等）来窃取机密信息。他们虽然不知道系统所用的密钥，但通过分析可能从截获的密文推断出原来的明文或密钥，这一过程称为密码分析。从事这一工作的人称为密码分析员。如前所述，研究如何从密文中推演出明文、密钥或解密算法的学问称为密码分析学。对一个保密系统采取截获密文进行分析的这类攻击称为被动攻击。现代信息系统还可能遭受另一类攻击，即非法入侵者、攻击者或者黑客采用删改、增添、重放、伪造等篡改手段向系统注入假消息，达到利己害人的目的，这是现代信息系统中更为棘手的问题。

为了保护信息的保密性，抗击密码分析，保密系统应当满足下述要求。①系统即使达不到理论上不可攻破，也应当为实际上不可攻破的。就是说，从截获的密文或某些已知明文密文对，要决定密钥或者任意明文在计算上是不可行的。②系统的保密性不依赖于对加密体制或者算法的保密，而依赖于密钥。③加密和解密算法适用于所有密钥空间中的元素。④整个系统便于实现和使用方便。

密码体制从原理上可分为两大类，即对称加密的密码体制和非对称加密的密码体制。

二、对称密码体制

（一）对称密码概述

对称密钥加密技术也称单钥体制加密技术。在这种技术中，加密方和解密方除必须保证使用同一种加密算法外，还需要共享同一个密钥。由于加密和解密使用同一个密钥，所以，如果第三方获取该密钥就会造成失密。因此，网络中 N 个用户之间进行加密通信时，需要 N（N-1）对密钥才能保证任意两方收发密文，第三方无法解密。

对称密码对明文消息加密有两种方式，一种是明文消息按字符（如二元数字）逐位加密，称之为流密码；另一种是将明文消息分组（含多个字符），逐组进行加密，称为分组密码。

1. 流密码

流密码是密码体制中的一个重要体制，也是手工和机械密码时代的主流。

到了 20 世纪 50 年代，数字电路技术的发展使得密钥流可以方便地利用以移位寄存器为基础的电路来产生。由于流密码实现简单、速度快，没有或只有有限的错误传播，使流密码在实际应用中，特别是在专用和机密机构中仍保持优势。

流密码的原理是将明文划分成字符（如单个字母）或其编码的基本单元（如 0、1 数字），字符分别与密钥流作用进行加密，解密时以同步产生的同样的密钥流来实现。流密码强度完全依赖于密钥流产生器所生成序列的随机性和不可预测性，其核心问题是密钥流生成器的设计，保持收发两端密钥流的精确同步是实现可靠解密的关键技术。

2. 分组密码

分组密码是对固定长度的一组明文进行加密的算法，它将明文按一定的位长分组，明文组和密钥组经过加密运算得到密文组。解密时密文组和密钥组经过解密运算（加密运算的逆运算），还原成明文组。

分组密码的特点是：密钥可以在一定时间内固定，不必每次变换，因此给密钥配发带来了方便。但是，由于分组密码存在着密文传输错误在明文中扩散的问题，因此在信道质量较差的情况下无法使用。

分组密码易于构造拟随机数生成器、流密码、消息认证密码（MAC）和哈希（Hash）函数等，还可进而成为消息认证技术、数据完整性机构、实体认证协议以及对称密钥数字签字体制的核心组成部分。

分组密码中最著名的两个分组密码算法是 DES（data encryption standard）数据加密标准和 IDEA（international data encryption algorithm）国际数据加密算法。

（二）对称密钥算法

1. DES 算法

DES（data encryption standard，数据加密标准）算法是电子商务系统中最常用的对称密钥加密算法，它由 IBM 公司研制，并被国际标准化组织 ISO 认定为数据加密的国际标准。DES 算法采用 64 位密钥长度，其中 8 位用于奇偶校验，剩余的 56 位可以被用户使用。

DES 加密算法输入 64 位的明文，在 64 位的密钥控制下，经过 16 轮的加密变换，最后得到 64 位的密文。DES 算法的解密与其加密一样，只不过是子密钥的顺序相反。DES 算法的加密解密过程完成的只是简单的算术运算，因此加密速度快，密钥生成容易，能以硬件或软件的方式有效地实现。DES 算法硬件实现的加密速率大约为 20 Mbit/s；DES 算法软件实现的速率为 400 ~ 500 kbit/s。DES 算法专用芯片的加密和解密的速率大约为 1 Gbit/s。

DES 算法已被应用于许多需要安全加密的场合，如在银行交易中，DES 用于加密个人身份识别号（PIN）和通过自动取款机（ATM）进行的记账交易。DES 算法颁布之后迅速得到了广泛应用。随着对 DES 算法的实际应用和深入研究，人们发现它存在一些缺点，希望对其进行改进或重新设计新的分组密码。新的分组密码很多，其中最著名的是日本两位学者发明的 FEAL（快速加密数据算法）和我国学者来学嘉与瑞士学者 James Massey 联合发明的 IDEA（国际数据加密标准）。

由于在对称加密体系中加密方和解密方使用相同的密钥，系统的保密性主要取决于密钥的安全性。因此，密钥在加密方和解密方之间传递和分发必须通过安全通道进行，在公共网络上使用明文传递秘密时密钥是不合适的。如果密钥没有以安全方式传送，那么，黑客就很可能截获该密钥，并将该密钥用于信息解密。如何将密钥安全可靠地分配给通信对方，在网络通信条件下就更为复杂，包括密钥产生、分配：存储、销毁等多方面的问题，统称为密钥管理问题。这是影响系统安全的关键因素，即使密码算法再好，若密钥管理问题处理不好，也很难保证系统的安全保密。

2. 改进的 DES 算法

DES 算法目前已广泛用于电子商务系统中。随着研究的发展，针对以上 DES 算法的缺陷，DES 算法在基本不改变加密强度的条件下，发展了许多变形 DES 算法。人们提出了几种增强 DES 算法安全性的方法，较为常见的是多重 DES 算法。为了增加密钥的长度，人们建议将一种分组密码进行级联，在不同的密钥作用下，连续多次对一组明文进行加密，通常把这种技术称为多重加密技术。对于 DES 算法，人们建议使用三重 DES 算法，将 128 bit 的密钥分为 64 bit 的两组，对明文多次进行普通的 DES 算法加解密操作，从而增强加密强度。

三重 DES 是 DES 算法扩展其密钥长度的一种方法，可使加密密钥长度扩展到 128 bit（112 bit 有效）或 192 bit（168 bit 有效）。

3. IDEA 算法

IDEA 算法的密钥长度为 128 位。设计者尽最大努力使该算法不受差分密码分析的影响，来学嘉已证明 IDEA 算法在其 8 圈迭代的第 4 圈之后便不受差分密码分析地影响了。假定穷举法攻击有效的话，那么即使设计一种每秒可以试验 10 亿个密钥的专用芯片，并将 10 亿片这样的芯片用于此项工作，仍需 1013 年才能解决问题；另外，若用 1 024 片这样的芯片，有可能在一天内找到密钥，不过人们还无法找到足够的硅原子来制造这样一台机器。

IDEA 算法是一个迭代分组密码，分组长度为 64 bit，密钥长度为 128 bit。IDEA 算法的软件实现速度与 DES 算法差不多，但硬件实现速度要比 DES 算法快得多，快了将近 10 倍。设计者们声称由 ETH Zurich 开发的一种芯片，采用 IDEA 算法的加密速率可达到 177 Mbit/s。

4. RC5 算法

RC5 算法是在 RFC 2040 中定义的，RSA 数据安全公司的很多产品都已经使用了 RC5 算法。它的特点是：分组长度 s、密钥长度 b 和圈数 r 都是可变的，简记为 RCS-w/r/b。该密码既适合于硬件实现又适合于软件实现，实现速度非常快，它主要通过数据循环来实现数据的扩散和混淆，每次循环的次数都依赖于输入数据，事先不可预测。

RC5 算法具有以下设计特性。

适用于硬件或软件。RC5 只适用建立在微处理器上的原计算操作。

快速。为了达到快速的目的，RC5 算法很简单，它面向单词，基本操作是每次对数据的全部字节进行的。

适应不同字长的微处理器。字中的位数是 RC5 的参数，不同的字长算法也不同。

变化的循环次数。循环次数是 RC5 的第 2 个参数，利用此参数，可以在高速和高安全性之间进行折中。

变长密钥。密钥的长度是 RC5 的第 3 个参数，利用它可以在速度和安全性之间进行折中。

简单。RC5 的简易结构易于实现，使确定算法强度的工作易于进行。

较低的内存需求。较低的内存需求使得 RC5 适合于智能卡和其他内存容量有限的设备。

高安全性。RC5 的目的是使用合适的参数来提高安全性。

数据相关的循环移位。RC5 合并了循环移位，其移位量依赖于数据，这就加强了算法反分析的强度。

5. AES 算法

从各方面来看，DES 算法已走到了它生命的尽头。最近的秘密密钥挑战赛已证明 DES 算法的 56 比特密钥太短。虽然三重 DES 算法可以解决密钥长度的问题，但是 DES 算法的设计主要针对硬件实现，而今在许多领域，需要针对软件实现采取相对有效的算法。鉴于此，20 世纪末，美国国家标准与技术研究所（NIST）发起征集 AES 算法的活动，并成立了 AES 工作组。目的是确定一个非保密的、公开披露的、全球免费使用的加密算法，用于保护未来的信息安全，同时也希望能够成为新一代的数据加密标准。

NIST 认为：从全方位考虑-RINDAEL 汇聚了安全、性能、效率、易用和灵活等优点，使它成为 AES 算法最合适的选择。尤其是 RJNDAEL 在无论有无反馈模式的计算环境下的软、硬件中都能显示出其非常好的性能，它的密钥安装时间很好，也具有好的灵敏度；RIJNDAEL 的内存需求很低也使它适合用于受限环境中；RIJNDAEL 的操作简单，并可抵御强大、实时的攻击。此外，它还有许多未被特别强调的防御性能。

三、非对称密码体制

（一）非对称密码体制概述

非对称密钥加密体制又称双钥加密体制。该加密体制是由 Diffie 和 Hellman 于 1976 年首先提出的，采用双钥体制的每个用户都有一对选定的密钥，一个是公开的，另一个则是秘密的。公开的密钥可以像电话号码一样进行注册公布。

非对称密钥加密技术使用两个不同的密钥，一个用来加密信息，称为加密密钥；另一个用来解密信息，称为解密密钥。加密密钥与解密密钥是数学相关的，它们成对出现，但却不能由加密密钥计算出解密密钥。信息用某用户的加密密钥加密后所得到的数据只能用该用户的解密密钥才能解密，因此，用户可以将自己的加密密钥像自己的姓名、电话、E-mail 地址一样地公开。如果其他用户希望与该用户通信，就可以使用该用户公开的加密密钥进行加密。这样，只有拥有解密密钥的用户自己才能解开此密文。

当然，用户的解密密钥不能透露给自己不信任的人。所以，用户公开的加密密钥又称为公钥，用户自己保存的解密密钥又称为私钥。公开密钥加密技术可以大为简化密钥的管理。

（二）非对称密钥加密算法——RSA 算法

最著名的非对称密钥加密算法是 RSA（RSA 是发明者 Rivest、Shamir 和 Adleman 名字首字母的组合）算法。RSA 算法是一个可以支持变长密钥的公开密钥加密算法，但是它要求所要加密的报文块长度必须小于密钥的长度。因此，RSA 加密算法比较适合于加密数据块长度较小的报文。

非对称密钥加密算法体制的主要特点是将加密和解密分开，因而可以实现多个用户加密的消息只能由一个用户解读，或只能由一个用户加密的消息而使多个用户可以解读。

RSA 算法的不足：产生密钥很麻烦，受到素数产生技术的限制，因而难以做到一次一密。分组长度太大，使运算代价很高，尤其是速度较慢，较对称密码算法慢几个数量级，且随着大数分解技术的发展，这个长度还在增加，不利于数据格式的标准化。目前，SET 协议中要求 CA 采用 2 048 bit 长的密钥，其他实体使用 1 024 bit 的密钥。由于进行的都是大数计算，使得 RSA 最快的情况也比 DES 慢上 100 倍，无论是软件还是硬件实现。速度一直是 RSA 的缺陷，一般来说它只用于少量数据加密。

RSA 算法的安全性：RSA 算法之所以具有安全性，是基于数论中的一个特性事实，即将两个大的质数合成一个大数很容易，而相反的过程则非常困难。

公钥和私钥都是两个大素数（大于 100 个十进制位）的函数。据猜测，从一个密钥和密文推断出明文的难度等同于分解两个大素数的积。

RSA 的安全性依赖于大数分解，但是否等同于大数分解一直未能得到理论上的证明，也并没有从理论上证明破译。RSA 的难度与大数分解难度等价。因为没有证明破解 RSA 就一定需要做大数分解。假设存在一种无须分解大数的算法，那它肯定可以修改成为大数分解算法，即 RSA 的重大缺陷是无法从理论上把握它的保密性能如何，而且密码学界多数人士倾向于因子分解不是 NPC 问题。

RSA 算法的保密强度随其密钥的长度增加而增强。但是，密钥越长，其加解密所耗用的时间也越长。因此，要根据所保护信息的敏感程度与攻击者破解所要花费的代价值不值得以及系统所要求的反应时间来综合考虑，尤其对于商业信息领域更是如此。

RSA 算法的实用性：公开密钥密码体制与对称密钥密码体制相比较，确实有其不可取代的优点，但它的运算量远大于后者，超过几百倍、几千倍甚至上万倍，运算过程要复杂很多。在网络上全都用公开密钥密码体制来传送机密信息，是没有必要的，也不现实。在计算机系统中使用对称密钥密码体制已有多年，既有比较简便可靠、久经考验的方法，如以 DES（数据加密标准）为代表的分组加密算法，也有一些新的方法发表。

在传送机密信息的网络用户双方，如果使用某个对称密钥密码体制（如 DES），同时使用 RSA 不对称密钥密码体制来传送 DES 的密钥，就可以综合发挥两种密码体制的优点，即 DES 的高速简便性和 RSA 密钥管理的方便和安全性。

（三）对称加密与非对称加密算法的比较

对称加密算法是应用较早的加密算法，技术成熟。在对称加密算法中，数据发送方将明文（原始数据）和加密密钥一起经过特殊加密算法处理后，使其变成复杂的加密密文发送出去。接收方收到密文后，若想解读原文，则需要使用加密用过的密钥及相同算法的逆算法对密文进行解密，才能使其恢复成可读明文。在对称加密算法中，使用的密钥只有一个，发、收双方都使用这个密钥对数据进行加密和解密，这就要求解密方事先必须知道加密密钥。对称加密算法的特点是算法公开、计算量小、加密速度快、加密效率高。不足之处是，交易双方都使用同样的密钥，安全性得不到保证。此外，每对用户每次使用对称加密算法时，都需要使用其他人不知道的唯一钥匙，这会使得发收双方所拥有的密钥数量成几何级数增长，密钥管理成为用户的负担。对称加密算法在分布式网络系统上使用较为困难，主要是因为密钥管理困难，使用成本较高。在计算机专网系统中广泛使用的对称加密算法有 DES、IDEA 和 AES。

不对称加密算法使用两把完全不同但又完全匹配的一对钥匙——公钥和私钥。在使用不对称加密算法加密文件时，只有使用匹配的一对公钥和私钥，才能完成对明文的加密和解密过程。加密明文时采用公钥加密，解密密文时使用私钥才能完成，而且发送方（加密者）知道接收方的公钥，只有接收方（解密者）才是唯一知道自己私钥的人。不对称加密算法的基本原理是，如果发送方想发送只有接收方才能解读的加密信息，发送方必须首先知道接收方的公钥，然后利用接收方的公钥来加密原文；接收方收到加密密文后，使用自己的私钥才能解密密文。显然，采用不对称加密算法，收、发双方在通信之前，接收方必须将自己早已随机生成的公钥提供给发送方，而自己保留私钥。由于不对称算法拥有两个密钥，因而特别适用于分布式系统中的数据加密。广泛应用的不对称加密算法有 RSA 算法等。

第二节　网络传输安全技术

一、数据传输加密

网络传输过程中的数据安全是整个安全体系安全性的基础。由于互联网最初的设计目的是提供开放的服务，实现资源共享，因而设计者当初未能充分考虑到信息安全问题。而实际上，信息共享和网络安全始终是矛盾的，那么就需要在现有的开放的互联网上解决数据传输的问题，主要的方法有链路加密、节点加密和端到端加密。

（一）链路加密

对于在两个网络节点间的某一次通信链路，链路加密能为网上传输的数据提供安全保证。对于链路加密，所有消息在被传输之前进行加密，每一个节点对接收到的消息进行解密，然后使用下一个链路的密钥对消息进行加密，再进行传输。在消息到达目的地之前，可能要经过许多通信链路的传输。

由于在每一个中间传输节点消息均被解密后重新进行加密，因此，包括路由信息在内的链路上的所有数据均以密文形式出现。这样，链路加密就掩盖了被传输消息的源点与终点。由于填充技术的使用以及填充字符在不需要传输数据的情况下就可以进行加密，这使得消息的频率和长度特性得以掩盖，从而防止对通信业务进行分析。

尽管链路加密在计算机网络环境中使用得相当普遍，但它并非没有问题。链路加密通常用在点对点的同步或异步线路上，它要求先对链路两端的加密设备进行同步，然后使用一种链模式对链路上传输的数据进行加密，这就给网络的性能和可管理性带来副作用。

在线路信号经常不通的海外或卫星网络中，链路上的加密设备需要频繁地进行同步，带来的后果是数据丢失或重传。另外，即使只是小部分数据需要进行加密，也会使所有传输数据被加密。

链路加密仅在通信链路上提供安全性，而在一个网络节点内消息是以明文形式存在的，因此所有节点在物理上必须是安全的，否则就会泄露明文内容。然而保证每一个节点的安全性需要较高的费用，为每一个节点提供加密硬件设备和一个安全的物理环境所需要的费用由以下几部分组成：保护节点物理安全的设备和人员开销，为确保安全策略和程序的正确执行而进行审计的费用，为防止安全性被破坏时带来损失而参加保险的费用。

在传统的加密算法中，用于解密消息的密钥与用于加密消息的密钥相同时，该密钥必须被秘密保存，并按一定规则进行变化。这样，密钥分配在链路加密系统中就成了一个问题，因为每一个节点必须存储与其相连接的所有链路的加密密钥，这就需要对密钥进行物理传送或者建立专用网络设施。而网络节点地理分布的广阔性使得这一过程变得复杂，同时增加了密钥连续分配时的费用。

（二）节点加密

尽管节点加密能给网络数据提供较高的安全性，但它在操作方式上与链路加密相似，两者均在通信链路上为传输的消息提供安全性，都在中间节点先对消息进行解密，然后进行加密。因为要对所有传输的数据进行加密，所以加密过程对用户是透明的。

然而，与链路加密不同，节点加密不允许消息在网络节点以明文形式存在，它先把收到的消息进行解密，然后采用另一个不同的密钥进行加密，这一过程是在节点上的一个安全模块中进行。

节点加密要求报头和路由信息以明文形式传输，以便中间节点能在转发数据包时获得必要的信息，因此这种方法无法防止攻击者对通信业务的分析。

（三）端到端加密

端到端加密允许数据在从源点到终点的传输过程中始终以密文形式存在。采用端到端加密，消息被传输到达终点前不进行解密，因为消息在整个传输过程中均受到保护，所以即使有节点被损坏也不会使消息泄露。

端到端加密系统的价格便宜，并且与链路加密和节点加密相比更可靠，更容易设计、实现和维护。端到端加密还避免了其他加密系统所固有的同步问题，因为每个数据包均是独立被加密的，所以一个数据包所发生的传输错误不会影响后续的数据包。此外，从用户对安全需求的直觉上讲，端到端加密更自然。单个用户可能会选用这种加密方法，以便不影响网络上的其他用户，此方法只需要源和目的节点是保密的即可。

端到端加密系统通常不允许对消息的目的地址进行加密，这是因为每一个消息所经过的节点都要用此地址来确定如何传输消息。由于这种加密方法不能隐藏被传输消息的源点与终点，因此也无法防止攻击者分析通信业务和网络结构。

二、数字信封

数字信封技术用于保证信息在传输过程中的安全和加密密钥的安全分发。对称密钥加密和非对称密钥加密技术各有其优缺点，对称密钥加密算法效率高，但密钥的分发和管理都很困难；而非对称加密算法的密钥易于管理和传递，但运行效率太低，不适合加密大量的消息，而且它要求被加密的信息块长度要小于密钥的长度。数字信封技术结合了对称加密技术和非对称加密技术各自的优点，克服了对称加密技术中密钥分发和管理困难以及非对称加密技术中加解密效率低的缺点，充分利用了密钥系统的高效性和公钥系统的灵活性，保证信息在传输过程中的灵活性。

（一）数字信封技术的工作过程

数字信封技术首先使用对称加密技术对要发送的消息进行加密，再利用非对称加密技术对密钥系统中使用的密钥进行加密，然后把加密的消息和加密的密钥一起传送给接收方。

①需要发送信息时，发送方首先生成一个秘密密钥。②利用生成的秘密密钥和秘密密钥加密算法对要发送的信息加密。③发送方利用接收方提供的公开密钥对生成的秘密密钥进行加密。④发送方把加密后的密文通过网络传送给接收方。⑤接收方使用公开密钥加密算法，利用自己的私钥将加密的秘密密钥还原成明文。⑥接收方利用还原出的秘密密钥，使用秘密密钥加密算法解密被发送方加密的信息，还原出的明文即是发送方要发送的数据信息。

（二）数字信封的实质

数字信封技术实际上是使用双层加密体制，首先对明文进行加密，然后对加密密钥再进行加密。在数字信封中，信息发送方可以采用对称密钥来加密信息内容，然后将此对称密钥用接收方的公开密钥来加密（这部分称数字信封）后，将它和加密后的信息一起发送给接收方，接收方先用相应的私有密钥打开数字信封，得到对称密钥，然后使用对称密钥解开加密信息。这种技术的安全性相当高。数字信封主要包括数字信封打包和数字信封拆解，数字信封打包是使用对方的公钥将加密密钥进行加密的过程，只有对方的私钥才能将加密后的数据（通信密钥）还原；数字信封拆解是使用私钥将加密过的数据解密的过程。

（三）数字信封密钥的更换

数字信封的功能类似于普通信封，普通信封在法律的约束下保证只有收信人才能阅读信息的内容，数字信封则采用密码技术保证只有规定的接收人才能阅读信息的内容。数字信封采用了对称密码体制和公钥密码体制。信息发送者首先利用随机产生的对称密码加密信息，再利用接收方的公钥加密对称密码，被公钥加密后的对称密码称为数字信封。在传递信息时，信息接收方若要解密信息，必须先用自己的私钥解密数字信封，得到对称密码，才能利用对称密码解密得到的信息。这样就保证了数据传输的真实性和完整性。

在一些重要的电子商务交易中密钥必须经常更换，为了解决每次更换密钥的问题，结合对称加密技术和公开密钥技术的优点，数字信封克服了私有密钥加密中私有密钥分发困难和公开密钥加密中加密时间长的问题，使用两个层次的加密来获得公开密钥技术的灵活性和私有密钥技术的高效性。信息发送方使用密码对信息进行加密，从而保证只有规定的收信人才能阅读信息的内容。采用数字信封技术后，即使加密文件被他人非法截获，由于截获者无法得到发送方的通信密钥，故不可能对文件进行解密。

三、数字签名技术

签名是保证文件或资料真实性的一种方法。在通信中通常用数字签名来模拟文件或资料中的亲笔签名。数字签名（又称公钥数字签名、电子签章）是一种类似写在纸上的普通物理签名，但是使用了公钥加密领域的技术实现，用于鉴别数字信息的方法。一套数字签名通常定义两种互补的运算，一个用于签名，另一个用于验证。

数字签名，是指只有信息的发送者才能产生的别人无法伪造的一段数字串，这段数字串同时也是对信息的发送者发送信息真实性的一个有效证明。

（一）数字签名方法

数字签名的文件完整性是很容易验证的（不需要骑缝章、骑缝签名，也不需要笔迹专家），而且数字签名具有不可抵赖性（不需要笔迹专家来验证）。简单地说，所谓数字签名就是附加在数据单元上的一些数据，或是对数据单元所做的密码变换。这种数据或变换允许数据单元的接收者用以确认数据单元的来源和数据单元的完整性并保护数据，防止被人（如接收者）进行伪造。

基于公钥密码体制和对称密码体制都可以获得数字签名，但基于公钥密码体制的数字签名是最常用的手段。常用的数字签名算法有 RSA、ElGamal 数字签名算法、DES/DSA，椭圆曲线数字签名算法等。此外还有盲签名、代理签名、群签名、不可否认签名、公平盲签名、门限签名、具有消息恢复功能的签名等特殊的数字签名，它们与具体应用环境密切相关。

（二）数字签名的实现

建立在公钥密码技术上的数字签名方法有很多，有 RSA 签名、DSA 签名和椭圆曲线数字签名算法（ECDSA）等。

①发送方采用某种摘要算法从报文中生成一个 128 位的散列值（称为报文摘要）。②发送方用某种公钥算法和自己的私钥对这个散列值进行加密，产生一个摘要密文，这就是发送方的数字签名。③将这个加密后的数字签名作为报文的附件和报文一起发送给接收方。④接收方从接收到的原始报文中采用相同的摘要算法计算出 128 位的散列值。⑤报文的接收方用公钥算法和发送方的公钥对报文附加的数字签名进行解密。⑥如果两个散列值相同，那么接收方就能确认报文是由发送方签名的。

最常用的摘要算法称作 MD5。MD5 采用单向 Hash 函数将任意长度的"字节串"变换成一个 128 位的散列值，并且它是一个不可逆的字符串变换算法，换言之，即使看到 MD5 的算法描述和实现它的源代码，也无法将一个 MD5 的散列值变换回原始的字符串。这一个 128 位的散列值亦称为数字指纹，就像人的指纹一样，它就成为验证报文身份的"指纹"了。

如果报文在网络传输过程中被修改，接收方收到此报文后，使用相同的摘要算法将计算出不同的报文摘要，这就保证了接收方可以判断报文自签名到收到为止，是否被修改过。如果发送方 A 想让接收方误认为此报文是由发送方 B 签名发送的，由于发送方 A 不知道发送方 B 的私钥，所以接收方用发送方 B 的公钥对发送方 A 加密的报文摘要进行解密时，也将得出不同的报文摘要，这就保证了接收方可以判断报文是否由指定的签名者发送。同时也可以看出，当两个散列值相同时，发送方 A 无法否认这个报文是他签名发送的。

在上述签名方案中，报文是以明文方式发生的。所以不具备保密功能。如果报文包含机密信息，就需要先进行加密，然后再进行签名。

（三）数字签名在电子商务交易中的应用

下面以一个使用 SET 协议的例子来说明数字签名在电子商务中的作用。SET 协议（安全电子交易）是由 VISA 和 MasterCard 两大信用卡公司于 1997 年联合推出的规范。

SET 主要针对用户、商家和银行之间通过信用卡支付的电子交易类型而设计的，所以在下例中会出现三方：用户、网站和银行。对应的就有六把"钥匙"：用户公钥、用户私钥、网站公钥、网站私钥、银行公钥、银行私钥。

这个三方电子交易的流程如下。①用户将购物清单和用户银行账号、密码进行数字签名提交给网站。②网站签名认证收到的购物清单。③网站将网站申请密文和用户账号密文进行数字签名提交给银行。④银行签名认证收到的相应明文。

从上面的交易过程可知，电子商务具有以下几个特点：①网站无法得知用户的银行账号和密码，只有银行可以看到用户的银行账号和密码。②银行无法从其他地方得到用户的银行账号和密码的密文。③由于数字签名技术的使用，从用户到网站到银行的数据，每一个发送端都无法否认。④由于数字签名技术的使用，从用户到网站到银行的数据，均可保证未被篡改。

可见，数字签名已基本解决电子商务中三方进行安全交易的要求，即便有"四方""五方"等更多方交易，也可以按 SET 协议类推完成。

第三节　认证技术

对电子商务交易的参与方进行身份认证是电子商务认证技术必须解决的问题之一，而验证电子交易过程中传输的数据是否真实完整，是电子商务技术必须解决的另一个问题。因此，建立有效的电子商务认证体系是保证电子商务顺利发展的根本。

一、身份认证技术概述

传统商务中交易双方面对面交易是通过肉眼识别双方的身份，任何非法的第三方均不可能插足去干扰交易的过程。面对面交易的过程是物理过程，不存在信息传输带来的不安全问题。而电子商务与传统商务的最大不同点就是电子商务中用户不能面对面地进行电子交易，因此，在电子商务中必须采用一定的技术手段来保证交易的安全，这就需要将当前的网络安全认证技术应用到电子商务中。

（一）安全认证在电子商务交易中的重要性

1. 交易双方的身份认证

电子商务交易的前提是双方身份的认证，对实体的认证是一切电子商务开展的基础。

2. 交易双方的传输报文验证

需要从通信的报文中判断发送该报文的一方正是他所声称的那个实体，防止冒充他人身份的欺诈行为。

3. 交易双方的不可抵赖性

需要通过第三方仲裁机构或者认证中心的介入，帮助解决交易中的一方否认曾经发生过的交易行为的问题。

（二）身份认证的方法

身份认证是电子商务交易中首要的安全保证。电子商务交易平台进行身份认证最常用的有口令认证和基于生物特征认证。

1. 口令认证

口令认证分为静态口令认证和动态口令认证两种方式。静态口令认证就是传统的用户名密码认证，是最简单的认证方法。采用此类的认证方式，系统为每个合法用户建立一个二元组信息（用户 ID、口令），当用户登录系统时，提示用户输入自己的用户名和口令，系统服务器通过核对用户输入的用户名、口令与系统维护的信息进行匹配来判断用户身份的合法性。这种认证方法操作简单，但是系统安全性极差，一旦口令泄露，安全性将完全丧失。动态口令技术是为解决传统静态口令认证的缺陷而设计的一种认证方式，也称"一次性口令认证"，在认证过程中，用户的密码按照时间或使用的次数不断动态变化，保证一次一密且任何人都无法预知，有效抵御重放攻击行为。这种认证技术有效地保证了用户身份的安全性。

在电子商务交易中，由于密码口令很容易被遗忘或被其他人猜测、破解，相对于其他保密技术，这种认证技术是安全级别较低的一种。

2. 基于生物特征的身份认证方案

生物特征认证是依赖用户特有的生物信息的一种认证方式。这种认证方式与口令认证最大的不同是，口令认证是依赖用户知道的某个秘密信息，而生物特征认证依赖独一无二的用户特征生物信息，且生物特征很难在个体之间传递。这种认证主要是通过计算机与光学、声学、生物传感器和生物统计学原理等高科技手段密切结合，利用人体固有的生理特性来进行个人身份的鉴定。基于生物学特征的认证包括基于指纹识别的身份认证、基于声音识别的身份认证以及近来流行的基于虹膜识别的身份认证等。目前常用的生物特征是指纹和虹膜，其中指纹应用最广泛。

（三）身份认证协议

身份认证协议是一种特殊的通信协议，它定义了在身份验证的过程中，参与验证的所有通信方所交换报文的格式、报文发生的次序以及报文的语义。大多数身份认证协议都是建立在密码学的基础上。

1. Kerberos 协议

Kerberos 协议是以可信任的第三方为基础的身份验证协议，采用对称密码体制实现。

完整的 Kerberos 系统包括验证服务器 AS、授予许可服务器 TGS、网络应用服务器 S 以及网络用户 C。

AS 的作用是负责鉴别用户，并为用户提供访问 TGS 的许可证；TGS 负责授权用户，为用户发放访问应用服务器的许可证；S 提供某类网络应用的服务器。

2. 报文验证

报文验证是指当两个通信实体建立通信联系后，每个通信实体对收到的报文信息进行验证，以保证收到的信息是真实可靠的。报文验证必须确定，报文的确是由确认的发送方发送的，即报文的来源验证。报文内容在传输过程中没有被修改过，即报文的完整性验证。

传统的方法是计算报文的奇偶和循环冗余校验（CRC），即发送方计算校验和，并将计算结果附加在要发送的报文后面，接收方在收到报文后，以与发送方同样的算法计算奇偶校验和，如果所得结果和发送方的相同，则表明报文在传输过程中未出现任何差错。

这种校验方式也带来相应的问题：目的是防止在链路层通信时由于物理的因素导致报文在传输中出错，未考虑到在网络环境下非法攻击者的主动"干扰"传输的报文。

目前的报文验证主要采用基于散列函数的报文摘要算法。

二、认证中心的职能

电子证书认证中心（CA）是承担网上电子安全交易认证服务，为实体签发数字证书，确认用户身份的第三方权威机构。

认证机构的核心职能是发放和管理用户的数字证书。

1. 核发证书

认证中心接受个人、单位的数字证书申请，核实申请人的各项资料是否真实，根据核实情况决定是否颁发数字证书。

2. 证书更新

证书使用是有期限的，在证书发放签字时都规定了失效日期，具体使用期的长短由CA 根据安全策略来定。过期证书应及时更换，密钥对也需要定期更换。

3. 证书撤销

证书的撤销可以有许多理由，如发现、怀疑私钥被泄露或检测出证书已被篡改，则CA可以提前撤销或暂停使用该证书。

4. 证书验证

证书是通过信任分级层次体系（通常称为证书的树形验证结构）来验证的。每一个证书与签发数字证书的机构的签名证书关联。

三、数字证书

（一）数字证书概述

数字证书是由证书认证中心（CA）签署并颁发的，包含公钥及其所有者信息的文件，互联网用户可以通过该证书验证公钥所有者的信息，并使用证书中包含的公钥及身份认证协议，对公钥所有者进行身份认证。数字证书由权威机构一CA颁发并进行数字签名，保证证书内容的真实性和完整性。数字证书实质上是一条数字签名的消息，用于证明某个实体公钥的有效性。数字证书采用标准的数据结构和格式，最简单的证书包含一个公开密钥、名称、有效期以及CA中心的数字签名。

以数字证书为核心的密码技术可以对网络上传输的信息进行加密和解密、数字签名和签名验证，确保网上传递信息的机密性、完整性以及交易的不可抵赖性。

（二）数字证书结构

数字证书的类型有很多种：X.500公钥证书、简单PKI证书、PGP证书、属性证书。现在大多数的数字证书都建立在ITU-T X.509标准基础之上。

下面简单介绍证书格式中的各个字段。

版本号：表示证书的版本，如版本1、版本2、版本3。

序列号：由证书颁发者分配的本证书的唯一标识符。

签名算法：签名算法是由对象标识符加上相关参数组成的标识符，用于说明本证书所用的数字签名算法。例如-SHA-1和RSA的对象标识符就用来说明该数字签名是利用RSA对SHA-1杂凑加密。

颁发者：证书颁发者的可识别名，这是必须说明的。

有效期：证书有效的时间段，本字段由两项组成：在此日期前无效和在此日期后无效。即证书有效的第一天和最后一天。日期分别由UTC时间或一般的时间表示，RFC 2459中有详细的时间表示规则。

主体：证书拥有者的可识别名，此字段必须非空。

主体公钥信息：主体的公钥以及算法标识符，这是必须说明的。

颁发者唯一标识符：证书颁发者的唯一标识符仅在版本2和版本3中要求，属于可选项。该字段在实际应用中很少使用，RFC 2459也不推荐使用。

扩展：可选的标准和专用功能字段。

签名：认证机构的数字签名等。

（三）数字证书的工作原理

数字证书是证明实体公钥有效性的方法，并且将来有可能成为在企业网络中提供唯一登录能力的机制。数字证书工作原理采用公钥体制（利用一对互相匹配的密钥进行加密、解密）。每个用户自己设定一把特定的仅为本人所知的私有密钥（私钥），用它进行解密和签名；同时设定一把公开密钥（公钥）并由本人公开，为一组用户所共享，用于加密和验证签名。当发送一份保密文件时，发送方使用接收方的公钥对数据加密，而接收方则使用自己的私钥解密，这样信息就可以安全无误地到达目的地了。通过数字的手段保证加密过程是一个不可逆的过程（只有用私有密钥才能解密）。在公开密钥密码体制中，常用的一种是 RSA 体制。其数学原理是将一个大数分解成两个质数的乘积，加密和解密用的是两个不同的密钥。即使已知明文、密文和加密密钥（公开密钥），想要推导出解密密钥（私密密钥），在计算上是不可能的。按当下计算机技术水平，要破解 1 024 位 RSA 密钥，需要上千年的计算时间。公开密钥技术解决了密钥发布的管理问题，商户可以公开其公开密钥，而保留其私有密钥。购物者可以用人人皆知的公开密钥对发送的信息进行加密，安全地传送给商户，然后由商户用自己的私有密钥进行解密。

用户也可以采用自己的私钥对信息加以处理，由于密钥仅为本人所有，这样就产生了别人无法生成的文件，也就形成了数字签名。采用数字签名，能够确认以下两点：保证信息是由签名者自己签名发送的，签名者不能否认或难以否认。保证信息自签发后到收到为止未曾做过任何修改，签发的文件是真实文件。

（四）数字证书在银行电子支付中的应用——U 盾

U 盾是工商银行 2003 年推出并获得国家专利的客户证书 USB Key，是网上银行交易过程中进行数字签名和电子认证的工具，它外形酷似 U 盘，安全性能如一面盾牌，所以命名为 U 盾。U 盾内置微型智能卡处理器，采用 1 024 位非对称密钥算法对网上数据进行加密、解密和数字签名，确保网上交易的保密性、真实性、完整性和不可否认性。

使用 U 盾有三个步骤。

第一步：安装驱动程序。

如果是第一次在计算机上使用个人网上银行，需要首先下载安装个人网上银行控件，然后安装 U 盾驱动程序。

第二步：下载证书信息。

证书客户第一次登录个人网上银行，计算机将会有安全提示从 Personal ICBC CA 中颁发根证书，该根证书用于验证工商银行 CA 颁发的数字证书。相应的证书驱动安装完毕后，在正式使用个人网上银行其他功能之前，首先登录个人网上银行，然后单击"安全中心"选择"U 盾管理"功能，在"U 盾自助下载"栏目中下载个人客户数字证书到 U 盾中。第三步，办理支付业务。

登录个人网上银行之后，如需办理转账、汇款、缴费等对外支付业务，只要按系统提示将 U 盾插入计算机的 USB 接口，输入 U 盾密码，交易过程中的各种数字签名和认证操作在 U 盾内完成，由于私钥等机密信息不经过计算机主机的处理，大大减少了泄露的风险，保障了支付业务的安全。

四、公钥基础设施

公钥基础设施 PKI 是由公开密钥密码技术、数字证书、证书认证中心和公钥安全策略等共同组成，管理密钥和证书的系统或平台，是建立安全网络环境的基础设施。

（一）PKI 的组成

PKI 主要包括四个部分：X. 509 格式的证书和证书撤销列表 CRL、CA 操作协议、CA 管理协议、CA 策略。一个典型、完整、有效的 PKI 应用系统至少应具有以下四个部分。

1. 认证中心 CA

它是 PKI 的核心，CA 负责管理 PKI 结构下的所有用户（包括各种应用程序）的证书，实现用户公钥和用户信息的关联，还要负责用户证书的撤销登记和撤销列表的发布。

2. X. 500 目录服务器

X. 500 目录服务器用于发布用户的证书和证书撤销信息，用户可通过标准的 LDAP 协议查询自己或其他人的证书和下载证书撤销列表。

3. 具有高强度密码算法的安全 WWW 服务器

使用 SSL 协议来鉴别网站服务器和浏览器端用户的身份，以及在浏览器和服务器之间进行加密通信，保证客户端和服务器端数据的机密性、完整性、身份验证。

4. PKI 策略

它包括遵循的技术标准、各 CA 之间的上下级或同级关系、安全策略、安全程度、服务对象、管理原则和框架等，以及认证规则、运作制度、所涉及的各方法律关系内容以及技术的实现等。

（二）PKI 在电子支付中的应用

Web 页面是电子支付通常采用的方式。为了解决 Web 的安全问题，采用 SSL 协议，在传输层和应用层之间建立一个安全通信层，在两个实体间实现对应用层透明的安全通信。利用 PKI 技术，SSL 协议允许在浏览器和服务器之间进行加密通信。此外还可以利用数字证书保证通信安全，服务器端和浏览器端分别由可信的第三方颁发数字证书，这样在交易时，双方可以通过数字证书确认对方的身份。需要注意的是，SSL 协议本身并不能提供对不可否认性的支持，这部分的工作必须由数字证书完成。结合 SSL 协议和数字证书，PKI 技术可以保证 Web 交易多方面的安全需求。

PKI 技术是解决电子商务安全问题的关键，综合 PKI 的各种应用可以建立一个可信和安全的网络。

第四节 数据库安全概述

一、数据库安全的重要性

（一）保护敏感信息和数据资源

大多数企业、组织以及政府部门的电子数据都保存在各种数据库中。他们用这些数据库保存一些个人资料，比如员工薪水、银行账号、信用卡号码、医疗记录等。数据库服务器还掌握着敏感的金融数据，包括交易记录、商业事务和账号数据。还有战略上专业的信息，比如专利和工程数据，甚至市场计划等应该保护起来防止竞争者和其他人非法获取的资料。

（二）同数据库系统紧密相关并且更难正确地配置和保护

数据库应用程序通常都同操作系统的最高管理员密切相关。比如 Oracle、Sybase、ms SQL Serer 数据库系统都有下面这些特点：用户账号和密码、认证系统、授权模块和数据对象的许可控制、内置命令（存储过程）、特定的脚本和程序语言（通常派生自 SQL）、中间件、网络协议、补丁和服务包、数据库管理和开发工具。许多数据库管理员都全天工作来管理这些复杂的系统。但是，安全漏洞和配置不当通常会造成严重的后果，而且都难以发现。一些安全公司也忽略数据库安全，数据专家也不把安全作为主要职责。"网络安全适应性"哲学——把安全当作持续过程而不是一次性的检查，还没有被数据库管理员认可。

（三）网络和操作系统的安全被认为非常重要

但是却不这样对待数据库服务器。安全专家认为这是一种普遍现象，他们认为只要把网络和操作系统的安全搞好了，那么所有的应用程序也就安全了。现在的数据库系统有很多方面被误用或者有漏洞影响到安全。而且这些关系数据库都是"端口"型的，这就表示任何人都能够用分析工具试图连接到数据库上，而绕过操作系统的安全机制。比如，Oracle 7.3 和 Oracle 8 使用的端口是 1521 和 1526。大多数数据库系统也有公开的默认账号和默认密码，这两个特性大大危害着数据库的安全。

（四）少数数据库安全漏洞不仅威胁数据库的安全，也威胁到操作系统和其他可信任的系统

这也是为什么数据库安全很重要的原因，因为有些数据库提供机制威胁着网络安全底层。比如，某公司的数据库里面保存着所有技术文档、手册和白皮书，即使运行在一个非常安全的操作系统上，入侵者也可能通过数据库获得操作系统权限，只需要执行一些内置在数据库中的扩展存储过程，这些存储过程能提供一些执行操作系统命令的接口，而且能访问所有的系统资源，如果这个数据库服务器还同其他服务器建立着信任关系，那么，入侵者就能够对整个系统的安全产生严重威胁。

（五）数据库是电子商务、ERP 系统和其他重要的商业系统的基础

许多电子交易和电子商务的焦点都放在 Web 服务、Java 和其他技术上，那么对于以关系数据库为基础的客户系统和 B2B 系统，数据库就显得更加重要。数据库安全将直接关系到系统可靠性、数据事务完整性和保密性。系统如果出现问题，将不仅仅对交易产生影响，同时也影响着公司的形象。这些系统需要对所有合作伙伴和客户信息的保密性负责，但是它们又同时是对入侵者开放的。另外，ERP 和像 SAPR/3 这样的管理系统都是建立在一些基本数据库系统上的。数据库安全问题将直接同维护时间、系统完整性和客户信任密切相关。

传统数据库安全主要集中在用户账号、规则和操作许可（比如对表和存储过程的访问权）上。而实际上，一个完全的数据库安全分析包含的范围要大得多，包括所有可能范围内的漏洞评定。下面是一些类别。

1. 软件风险

软件本身漏洞、错过操作系统补丁、脆弱的服务和不安全的默认配置等。

2. 管理风险

提供的安全选项不正确操作、默认设置、不正确地给其他用户提供权限、没有得到许可的系统配置改变等。

3. 用户行为风险

密码不够长、不恰当的数据访问和恶意操作（偷窃数据结构）等。

这些风险类别也同样适用于网络服务、操作系统。当加强数据库安全的时候，所有的因素都应该考虑。

二、数据库安全的含义

数据库系统安全包含两层含义。

第一层是指系统运行安全，系统运行安全通常受到的威胁包括以下内容：①法律、政策的保护，如用户是否具有合法权利、政策是否允许等；②物理控制安全，如机房加锁等；③硬件运行安全；④操作系统安全，如数据文件是否被保护等；⑤灾害、故障排除；⑥避免和解除死机；⑦防止电磁信息泄露。

一些网络不法分子通过网络、局域网等途径入侵计算机使系统无法正常启动，或让机器超负荷运行大量算法，并关闭 CPU 风扇，使 CPU 过热烧坏等破坏性活动。

第二层是指系统信息安全，它包括以下内容：①用户口令鉴别；②用户存取权限控制；③数据存取权限、方式控制；④审计跟踪；⑤数据加密。

系统安全通常受到的威胁包括：黑客对数据库入侵，并盗取想要的资料。

三、数据库的安全特性

数据库系统的安全特性主要是针对数据而言的，包括数据独立性、数据安全性、数据完整性、并发控制、故障恢复等几个方面。

（一）数据独立性

数据独立性包括物理独立性和逻辑独立性两个方面。物理独立性是指用户的应用程序与存储在磁盘上的数据库中的数据是相互独立的，逻辑独立性是指用户的应用程序与数据库的逻辑结构是相互独立的。

（二）数据安全性

操作系统中的对象一般情况下是文件，而数据库支持的应用要求更为精细。通常比较完整的数据库对数据安全性采取以下措施：①将数据库中需要保护的部分与其他部分相隔。②采用授权规则，如账户、口令和权限控制等访问控制方法。③对数据进行加密后存储于数据库。

（三）数据完整性

数据完整性包括数据的正确性、有效性和一致性。正确性是指数据的输入值与数据表对应域的类型一样；有效性是指数据库中的理论数值满足现实应用中对该数值段的约束；一致性是指不同用户使用的同一数据应该是一样的。保证数据的完整性，需要防止合法用户使用数据库时向数据库中加入不合语义的数据。

（四）并发控制

如果数据库应用要实现多用户共享数据，就可能在同一时刻有多个用户要存取数据，这种事件称作并发事件。当一个用户取出数据进行修改，在修改存入数据库之前如有其他用户再取此数据，那么读出的数据就是不正确的。这时就需要对这种并发操作施行控制，排除和避免这种错误的发生，保证数据的正确性。

（五）故障恢复

由数据库管理系统提供一套方法，可及时发现故障和修复故障，从而防止数据被破坏。数据库系统能尽快恢复数据库系统运行时出现的故障，可能是物理上或是逻辑上的错误。比如对系统的误操作造成的数据错误等。

四、数据库的安全防护

（一）数据库的安全风险

1. 突破脚本的限制

例如，某网页上有一文本框，允许输入用户名称，但是只能输入 4 个字符。许多程序都是在客户端限制，然后用消息弹出框弹出错误提示。如果攻击时需要突破此限制，只需要在本地做一个一样的主页，只是取消了限制，通常是去掉 VBScript 或 JavaScript 的限制程序，就可以成功突破。如果是 JavaScript 做的，可临时把浏览器的脚本支持关掉。有经验的程序员常常在程序后台再做一遍检验，如果有错误就用 response、write 或类似的语句输出错误。

2. SQL 注入

SQL 注入攻击指的是通过构建特殊的输入作为参数传入 Web 应用程序，而这些输入大都是 SQL 语法里的一些组合，通过执行 SQL 语句进而执行攻击者所要的操作，其主要原因是程序没有细致地过滤用户输入的数据，致使非法数据侵入系统。

根据技术原理，SQL 注入可以分为平台层注入和代码层注入。前者由不安全的数据库配置或数据库平台的漏洞所致；后者主要是由于程序员对输入未进行细致的过滤，从而执行了非法的数据查询。基于此原理，SQL 注入的产生原因通常表现在以下几方面：①不当的类型处理；②不安全的数据库配置；③不合理的查询集处理；④不当的错误处理；⑤转义字符处理不合适；⑥多个提交处理不当。

3. 利用数据库管理和配置的疏漏

SQL Server 安装完成后会自动创建一个管理用户 sa，密码为空，很多人安装完成后没有修改密码，这样就留下了一个极大的安全问题。

程序中的连接一般有两种，用 global、asa 或是 SSL 文件。SSL 文件一般习惯放到 Web 的/include 或/inc 目录下，而且文件名常会是 conn. inc、dbconn. inc 等，很容易猜到。如果这个目录没有禁读，只要猜到文件名就可以了，因为 .inc 一般不会去做关联的，直接请求不是下载就是显示源文件。

（二）数据库的安全配置

数据库在进行安全配置之前，首先必须对操作系统进行安全配置，保证操作系统处于安全状态。然后对要使用的操作数据库软件（程序）进行必要的安全审核，如 ASP，PHP等脚本，这是很多基于数据库的 Web 应用常出现的安全隐患。对于脚本主要是过滤问题，需要过滤一些类似"，；@／"等字符，防止破坏者构造恶意的 SQL 语句。下面以目前使用相对较多的 SQL Server 2012 为例来说明数据库的安全控制措施。

1. SQL Server 身份验证

SQL Server 提供了两种对用户进行身份验证的模式，即 Windows 身份验证模式和混合验证模式。默认模式是 Windows 身份验证模式，其使用的是操作系统的身份验证机制对需要访问服务器的凭据进行身份验证，从而提供了很高的安全级别。而基于 SQL Server 和 Windows 身份验证模式的混合验证模式，允许基于 Windows 和基于 SQL Server 的身份验证。混合模式创建的登录名没有在 Windows 中创建，这可以实现不属于企业内的用户通过身份验证，并获得访问数据库中安全对象的权限。当使用 SQL Server 登录时，SQL Server 将用户名和密码信息存储在 Master 数据库中。在决定身份验证方式时，需要确定用户将如何连接到数据库。如果 SQL Server 和数据库用户属于同一个活动目录系列，则推荐使用 Windows 身份验证以简化创建和管理登录名的过程。反之，则需要考虑使用基于 SQL 的登录名来实现用户的身份验证。

在生产环境中尽量不要使用 sa 用户，特别是多人具有管理权限时更要多加注意。因为多人使用 sa 账号登录，则不能使用审核功能与特定的操作员进行关联，一旦出现操作上的问题，则无法问责。

2. 使用安全的账号策略

由于 SQL Server 不能更改 sa 用户名称，也不能删除这个超级用户，所以，我们必须对这个账号进行最强的保护，当然，包括使用一个非常稳健的密码。最好不要在数据库应用中使用 sa 账号，只有在没有其他方法登录到 SQL Server（如当其他系统管理员不可用或忘记了密码）时才使用 sa。建议数据库管理员新建立一个拥有与 sa 一样权限的超级用户来管理数据库。安全的账号策略还包括不要让管理员权限的账号泛滥。

如果数据库管理员不希望系统管理员通过操作系统登录来接触数据库的话，可以在账号管理中把系统账号"BUILTIN \ Administrators"删除。不过这样做的结果是一旦 sa 账号忘记密码的话，就没有办法恢复了。很多主机使用数据库应用只是用来做查询、修改等简单功能，一般根据实际需要分配账号，并赋予仅仅能够满足应用要求和需要的权限。比如，只要查询功能的，那么就使用一个简单的公共账号能够查询就可以了。

3. 加强数据库日志的记录

审核数据库登录事件的"失败和成功"，在实例属性中选择"安全性"，将其中的审核级别选定为全部，这样在数据库系统和操作系统日志里面，就详细记录了所有账号的登录事件。定期查看 SQL Server 日志检查是否有可疑的登录事件发生，或者使用 DOS 命令。

4. 管理扩展存储过程

在多数应用中根本用不到太多系统的存储过程，而 SQL Server 的诸多系统存储过程只是用来适应广大用户需求的，因为有些系统的存储过程容易被人利用来提升权限或进行破坏，所以可以删除不必要的存储过程。

5. 使用协议加密

SQL Server 使用的 tabular data stream 协议来进行网络数据交换，如果不加密，所有的网络传输都是明文的，包括密码、数据库内容等，这是一个很大的安全威胁。所以，在条件允许的情况下，最好使用 SSL 来加密协议。

6. 防止探测数据库的端口

默认情况下，SQL Server 使用 1433 端口监听，虽然可以修改 SQL Server 的配置来改变这个端口，但是通过 1434 端口的 UDP 探测仍然可以很容易地知道 SQL Server 使用的端口。为了解决这个问题，可以在实例属性中选择 TCP/IP 协议的属性，选择隐藏 68SQL Server 实例。如果隐藏了 SQL Server 实例，则将禁止对网络上现有的 SQL Server 实例的客户端所发出的广播做出响应。这样，别人就不能用 1434 端口来探测 SQL Server 的端口了。

7. 修改 TCP/IP 使用的端口

在上一步配置的基础上，更改原默认的 1433 端口。在实例属性中选择网络配置中的 TCP/IP 协议的属性，将 TCP/IP 使用的默认端口变为其他端口。

上面主要介绍了一些 SQL Server 的安全配置，经过以上的配置，可以让 SQL Server 本身具备足够的安全防范能力。当然，更主要的还是要加强内部的安全控制和管理员的安全培训，而且保障数据库的安全是一项长期性工作，需要以后进行更多的安全维护。

（三）数据库加密

1. 数据库加密的特点

一般而言，数据库系统提供的上述安全配置基本能够满足一般的数据库应用，但对于一些重要部门或敏感领域的应用，仅靠上述这些措施是难以完全保证数据安全性的，某些用户尤其是一些内部用户仍可能非法获取用户名、口令或利用其他方法越权使用数据库，甚至可以直接打开数据库文件来窃取或篡改信息。因此，有必要对数据库中存储的重要数据进行加密处理，以实现数据存储的安全保护。

数据库加密系统要求将明文数据加密成密文数据，数据库中存储密文数据，查询时将密文数据取出解密得到明文信息。

较之传统的数据加密技术，数据库加密系统有其自身的要求和特点。传统的加密以报文为单位，加解密都是从头至尾地顺序进行。数据库数据的使用方法决定了它不可能以整个数据库文件为单位进行加密。当符合检索条件的记录被检索出来后，就必须对该记录迅速解密，然而该记录只是数据库文件中随机的一段，无法从中间开始解密，除非从头到尾进行一次解密，然后再去查找相应的这个记录，显然这样做是不切实际的。必须解决随机地从数据库文件中某一段数据开始解密的问题。

数据库加密的特点体现在以下几个方面。

（1）数据库加密系统应采用公开密钥

传统的加密系统中，密钥是秘密的，知道的人越少越好。一旦获取了密钥和密码体制就能攻破密码，解开密文。而数据库数据是共享的，有权限的用户随时需要密钥来查询数据。因此，数据库密码系统宜采用公开密钥的加密方法。

（2）多级密钥结构

数据库关系运算中参与运算的最小单位是字段，查询路径依次是库名、表名、记录名和字段名。因此，字段是最小的加密单位。也就是说当查得一个数据后，该数据所在的库名、表名、记录名、字段名都应是可知的，对应的库名、表名、记录名、字段名都应该具有自己的子密钥，这些子密钥组成了一个能够随时加/解密的公开密钥。

（3）加密机制

有些公开密钥体制的密码，如 RSA 密码，其加密密钥是公开的，算法也是公开的，但是其算法是各不相同，而作为数据库密码的加密算法不可能因人而异，因为寻找这种算法有其自身的困难和局限性，机器中也不可能存放很多种算法，因此这类典型的公开密钥的加密体制不适合数据库加密。数据库加/解密密钥应该是相同的、公开的，而加密算法应该是绝对保密的。

（4）加密算法

加密算法是数据加密的核心，一个好的加密算法产生的密文应该频率平衡，随机无重码规律，周期很长而又不会产生重复现象。窃密者很难通过对密文频率、重码等特征的分析获得成功。同时，算法必须适应数据库系统的特性，加/解密反应迅速。

2. 数据库加密的范围

数据加密通过对明文进行复杂的加密操作，以达到无法发现明文和密文之间、密文和密钥之间的内在关系，也就是说经过加密的数据经得住操作系统和数据库管理系统的攻击。另一方面，数据库管理系统要完成对数据库文件的管理和使用，必须具有能够识别部分数据的条件。因此，只能对数据库中的数据进行部分加密，而以下内容则不能加密。

（1）索引字段不能加密

为了达到迅速查询的目的，数据库文件需要建立一些索引。不论是字典式的单词索引，还是 B 树索引或 Hash 函数索引等，它们的建立和应用必须是明文状态，否则将失去索引的作用。

（2）关系运算的比较字段不能加密

DBMS 要组织和完成关系运算，参加并、差、积、商、投影、选择和连接等操作的数据一般都要经过条件筛选，这种"条件"选择项必须是明文，否则 DBMS 将无法进行比较筛选。

（3）表间的连接码字段不能加密

数据模型规范化以后，数据库表之间存在着密切的联系，这种相关性往往是通过"外部编码"联系的，这些编码若加密就无法进行表与表之间的连接运算。

3. 数据库加密对数据库管理系统原有功能的影响

目前 DBMS 的功能比较完备，特别像 Oracle、SQL Server 这些采用 Client/Server 结构的数据库管理系统，具有数据库管理和应用开发等功能。然而，数据库数据加密以后，DBMS 的一些功能将无法使用。

（四）数据库的恢复

恢复也称为重载或重入，是指当磁盘损坏或数据库崩溃时，通过转储或卸载的备份重新安装数据库的过程。

数据库的恢复大致有以下两种办法：①周期性地对整个数据库进行转储，把它复制到备份介质（如磁带）中，作为后备副本，以备恢复之用。转储通常又可分为静态转储和动态转储。静态转储是指转储期间不允许对数据库进行任何存取、修改活动。而动态转储是指在存储期间允许对数据库进行存取或修改。②对数据库的每次修改都记下修改前后的值，写入"运行日志"数集中，它与后备副本结合，可有效地恢复数据库。

日志文件是用来记录对数据库每一次更新活动的文件。在动态转储方式中必须建立日志文件，后备副本和日志文件综合起来才能有效地恢复数据库。在静态转储方式中，也可以建立日志文件。当数据库毁坏后可重新装入后备副本把数据库恢复到转储结束时刻的正确状态。然后利用日志文件，把已完成的事务进行重新处理，对故障发生时没完成的事务进行撤销处理。这样不必重新运行那些已完成的事务程序，即可把数据库恢复到故障前某时刻的正确状态。

下面介绍如何登记日志文件以及发生故障以后如何利用日志文件恢复事务。

1. 登记日志文件

事务运行过程中，系统把事务开始、事务结束（包括 COMMIT 和 ROLLBACK）以及对数据库的插入、删除、修改等每一个操作作为一个登记记录存放到日志文件中。每个记录包括的主要内容有：执行操作的事务标识、操作类型、更新数据的旧值（对拆入操作而言，此项为空值）、更新后的新值（对删除操作此项值为空）。

登记的次序严格按照并行事务执行的时间次序，同时遵循"先写日志文件"的规则。因为写一个修改到数据库和写一个表示这个修改的 Log 记录到日志文件中是两个不同的操作，有可能在这两个操作之间发生故障，即这两个操作只完成了一个。如果先写了数据库修改，而在运行记录中没有登记下这个修改，则以后就无法恢复这个修改了。因此为了安全应该先写日志文件，即首先把 Log 记录写在日志文件上，然后写数据库的修改。这就是"先写日志文件"的原则。

2. 事务恢复

利用日志文件恢复事务的过程分为以下两步。

第一，扫描日志文件，找出哪些事务在故障发生时已经结束（这些事务有 BEGINT-RAN SACTION 和 COMMIT 记录），哪些事务尚未结束（这些事务只有 BEGINTRANS AC-TION，无 COMMIT 记录）。

第二，对尚未结束的事务进行撤销（UNDO）处理，对已经结束的事务进行重做（REDO）。

进行 UNDO 处理的方法是：反向扫描日志文件，对每个 UNDO 事务的更新操作执行反操作。即对已经插入的新记录执行删除操作，对已删除的记录重新插入，对修改的数据恢复旧值（即用旧值代替新值）。

进行 REDO 处理的方法是：正向扫描日志文件，重新执行登记。

对于非正常结束的事务显然应该进行撤销处理，以消除可能对数据库造成的不一致性。对于正常结束的事务也需要进行重做处理，这是因为虽然事务已发出 COMMIT 操作请求，但更新操作有可能只写到了数据库缓冲区（在内存），还没来得及物理地写到数据库（外存）便发生了系统故障，数据库缓冲区的内容被破坏，这种情况仍可能造成数据库的不一致性。由于日志文件上更新活动已完整地登记下来，因此可能重做这些操作而不必重新运行事务程序。

总之，利用转储和日志文件可以有效地恢复数据库。

当数据库本身被破坏时（如硬盘故障和病毒破坏）可重装转储后备副本，然后运行日志文件，执行事务恢复，这样就可以重建数据库。

当数据库本身没有被破坏，但内容已经不可靠时（如发生事务故障和系统故障），可利用日志文件恢复事务，从而使数据库回到某一正确状态。

第九章　网上支付体系的发展与创新

第一节　电子支付快速发展

一、网上支付占据主导

电子支付是指单位、个人通过计算机、手机等电子终端发出支付指令，实现货币支付与资金转移，包括互联网支付、电话支付、移动支付、数字电视支付等多种形式。与票据、汇兑等传统支付方式相比，电子支付不受时间和空间限制，扩展了支付的覆盖范围和应用领域，提升了支付的便利性、可获得性和支付效率。电子支付在业务流程、风险特征、责任界定上与传统支付方式差别明显，并且仍处于快速发展、不断完善和持续创新过程中。针对电子支付这一新兴支付方式，人民银行本着"在发展中规范，以规范促发展"的管理思路，逐步扫除法律障碍，不断完善管理制度，着力统一技术标准，深入推进规范化建设，同时，注重发挥行业自律作用，充分发挥市场主体积极性，鼓励创新。经过多年发展，我国的电子支付已经渗透进社会经济生活的方方面面，总体呈现出持续、快速、健康的发展态势，各种创新层出不穷，产业融合不断深化，众多技术、产品、服务处于全球领先水平，特别是在移动支付等新兴电子支付方式应用方面，我国已经成为全球支付领域的领头羊和风向标。

我国的电子支付起步于20世纪90年代。一方面，在经济快速增长的背景下，公众对支付服务多样化、个性化的需求日益增加，对支付时效性、便利性的要求不断提高；另一方面，银行业务电子化、信息化水平不断提升，为银行机构借助各类电子终端拓展服务渠道提供了可能。21世纪以来，随着信息技术、通信网络、移动终端的不断发展，网上支付、移动支付等新兴电子支付方式取得极大发展，对传统支付方式的替代作用日益显现。

21世纪以来，随着互联网的发展、计算机终端的普及以及银行机构对网上支付渠道建设和推广力度的加大，网上支付的安全性、便利性逐步得到公众认可，客户群体不断扩大，优势逐步显现。人民银行建成网上支付跨行清算系统，实现银行机构网上支付的互联互通，进一步提高跨行网上支付业务的处理效率对银行机构来说，网上支付延伸了服务覆盖范围，延长了服务时间，并且可以大幅降低运营成本；对客户来说，"足不出户"即可享受7×24小时全天候的银行服务在网上支付的基础上，银行机构将外汇买卖、购买理财产品、贷款等越来越多的银行业务从线下搬到线上。

二、支付机构异军突起

20世纪90年代末，电子商务开始在我国出现，国家经贸委与信息产业部联合启动以推进电子贸易为主要内容的"金贸工程"，北京、上海等城市陆续启动电子商务试点。电子商务发展初期，主要采用传统的线下支付方式，尽管网上银行已经有所发展，但由于各个银行机构的业务处理标准不统一，电子商务企业只能与各个银行机构分别对接，受众范围受到很大限制。

在发展早期，第三方支付平台主要是发挥信息中介作用，将客户在交易过程中形成的支付指令传递给银行机构，并转接到银行机构的网上银行支付页面完成最终支付，实际的支付过程仍然在银行机构完成，即通常所说的"网关支付"模式。21世纪初，淘宝网推出"担保交易"，以虚拟账户作为中间过渡账户，先行接收客户通过各种渠道转入的资金，并在交易完成后转给卖方。第三方支付平台开始介入到支付交易过程中，成为支付交易的其中一方，并逐步演变为基于支付账户的网络支付方式。此后，越来越多的第三方支付平台开始出现。随着网络支付的发展，之后，第三方支付平台推出"快捷支付"。在支付时，支付平台根据客户的事先授权直接从其银行账户中扣划资金，每次转接银行机构核验密码的重复操作，大大提高了支付效率，支付得以在线下小额支付领域广泛应用。

从事网络支付等支付业务的非金融机构纳入支付体系监管框架，使众多第三方支付平台告别了无法可依、无序经营的发展状态，成为我国支付体系中的重要组成部分。支付机构的加入对电子支付的发展起到了重要的推动作用。

三、移动支付爆发增长

20世纪末，通信运营商与银行机构合作开展移动支付试点，为客户提供账户查询、转账、缴费等服务。21世纪初，中国银联联合中国移动在长沙推出手机支付业务，通过将银行卡和手机号绑定，实现手机充值、手机缴费、银行账户查询等功能。由于移动通信基础设施和终端的局限，此阶段的移动支付主要依托手机的短信功能，只能处理一些简单业务，功能拓展受到很大限制。前些年国务院印发《关于促进信息消费扩大内需的若干意见》，将"大力发展移动支付"作为促进信息消费、扩大内需的重要举措，国务院先后出台《关于大力发展电子商务加快培育经济新动力的意见》和《关于积极推进"互联网+"行动的指导意见》，对发展移动金融提出了新要求。在各方的共同推动下，移动支付迎来爆发式增长，应用场景日益丰富，便利性大大提高，使用群体不断扩大

移动支付通常分为远程支付和近场支付。远程支付需要移动终端连接互联网，通过互联网向支付服务提供者发送支付指令。21世纪初，银行机构开始推出基于WAP的手机银行服务，将网上银行从计算机端向手机端延伸。随着各类智能手机操作系统的发展，银行机构开发配套的客户端程序，不断提升手机银行的易用性和安全性。近年来，支付机构、银行机构陆续推出条码支付，使远程支付借助手机终端在线下小额支付领域广泛应用，成为移动支付的重要发展方向。近场支付可以摆脱移动终端对互联网的依赖，通过移动终端与支付服务提供者的受理终端之间的近场通信传递支付指令。自21世纪初，银行机构、通信运营商、银行卡清算机构纷纷开展合作，试点推出基于手机SIM卡、SD卡以及手机全终端的近场支付产品由于早期手机终端硬件的限制，要实现近场支付，往往需要采取更换SIM卡、SIM卡贴膜或者加载SD卡等方式对手机终端加以适当改造。随着越来越多的手机终端加载安全单元、支持近场通信，基于手机全终端的近场支付受到青睐。

第二节　确立电子支付发展框架

21世纪初，《电子签名法》正式发布并实施。《电子签名法》首次明确了电子签名和数据电文的法律地位。人民银行在《电子签名法》的基础上制定了我国首部电子支付业务规范——《电子支付指引（第一号）》（以下简称《电子支付指引》），开启了我国电子支付法制建设大门。此后，人民银行根据网络支付业务发展实际，适时制定出台《非银行支付机构网络支付业务管理办法》，并指导和推动中国支付清算协会以行业自律的方式强化对电子支付的业务规范和风险防范，初步形成了与电子支付发展相适应，以政府规范为主，以行业自律为辅的电子支付业务规范体系。

一、建立电子支付基本规范

电子支付涉及银行机构、客户、商家、系统开发商、网络运营服务商、认证服务提供机构等，参与主体众多。在发展早期，由于缺乏基本法律规范，各方的权利、义务界定不清晰，权益难以得到保障，影响了电子支付的发展和推广。人民银行正式公布《电子支付指引》以指引这种相对灵活的形式，以银行机构与客户的关系作为主线，引导和规范银行机构向客户提供的电子支付服务，既为电子支付提供了有力的法律保障，也为电子支付的创新和发展创造了较为宽松的制度环境。

（一）确立电子支付指令法律地位

在电子支付中，客户通过计算机、自助终端等电子设备发出付款或收款指令。这些指令通常以数据电文的形式在电子支付服务提供者的业务系统中存储和传递，这是电子支付区别于通过银行柜面发起的纸质支付的最本质特点，也正是因为这种差别，使得银行机构、客户以及有关各方对电子支付指令的效力一直存有疑问。《电子签名法》将能够有形地表现所载内容并可以随时调取查用的数据电文视为符合法律、法规要求的书面形式，在法律层面赋予数据电文与纸质记载同等法律地位，《电子支付指引》进一步明确，电子支付指令与纸质支付凭证可以互相转换，二者具有同等效力，首次从法律规范上明确电子支付指令的法律效力，使电子支付有了法律保障。

为了保证电子支付指令的效力，人民银行还从三个方面进行了规范：一是指令的真实性、准确性和完整性。银行机构必须建立安全程序，对客户身份和电子支付指令进行确认，形成日志，并在客户发起电子支付指令前提示客户对指令的准确性和完整性进行确认。二是指令执行过程的恰当性。客户向银行机构发起电子支付指令，银行机构执行电子支付指令后，向客户提供纸质或电子交易回单，以保证忠实地执行客户的电子支付指令，并为客户留下证据。三是指令执行结果的确定性。发起行执行通过安全程序的电子支付指令后，客户不得要求变更或者撤销电子支付指令。

（二）建立电子支付安全准则

电子支付高度依赖计算机、互联网等信息技术，在开放的互联网世界中，更加容易受到黑客、木马、病毒等技术攻击，增加了使用者财产遭受侵害的可能性，因此，安全性一直是电子支付发展的核心问题。为此，人民银行建立了全面的电子支付安全准则：一是系统安全。电子支付业务处理系统必须能够保证重要交易数据的不可抵赖性、数据存储的完整性、客户身份的真实性，并妥善管理在电子支付业务处理系统中使用的密码、密钥等认证数据。二是客户信息安全。银行机构通过电子支付业务系统收集和存储了大量的客户资料、交易记录，应当依法对这些资料、记录予以保密，不得超过法律法规许可和客户授权的范围使用这些信息。除国家法律、行政法规另有规定外，应当拒绝除客户本人以外的任何单位和个人的查询。三是交易数据安全。银行机构应当采取有效措施，保护电子支付数据的完整性和可靠性，为电子支付交易数据保密，确保对电子支付交易数据的访问经合理授权和确认，防止出现数据丢失、数据被篡改、数据被擅自查看或非法截取等情况，保障数据安全。此外，境内发生的人民币电子支付交易信息处理及资金清算应在境内完成。

（三）扩展电子支付认证方式

在电子支付环境下，银行机构不直接面对电子支付指令发起者，也没有纸质支付指令凭证，难以通过面对面身份识别、核验签名或印鉴等传统手段来确认指令发起者的身份，需要采用更加符合电子支付特点的认证方式。《电子签名法》规定，可靠的电子签名与手写签名或者盖章具有同等法律效力。人民银行从电子支付的发展实际出发，将密码、密钥、数字证书、电子签名等认证方式作为可以接受的电子支付认证方式，由银行机构根据客户性质、电子支付类型、支付金额等，与客户约定使用同时，对于采用数字证书或电子签名方式进行客户身份认证和交易授权的，提倡由合法的第三方认证机构提供认证服务。客户因依据该认证服务进行交易遭受损失，如果认证服务机构不能证明自己无过错，由其承担相应责任。

（四）实施电子支付审慎管理

电子支付在网络环境中完成，具有高风险特征。人民银行以安全与效率为原则，以电子支付业务流程为主线，对电子支付实施审慎管理。一是确保合法性，银行机构开展电子支付业务、客户办理电子支付业务应当遵守国家有关法律、行政法规的规定，不得损害客户和社会公共利益。二是提高透明度。银行机构应根据审慎性原则，确定办理电子支付业务客户的条件，并公开披露办理条件、收费标准、潜在风险、警示性信息、争议及差错处理方式等内容。三是采取限额管理。针对不同客户，在电子支付类型、单笔支付金额和每日累计支付金额等方面做出合理限制，防范资金风险。

二、推动网络支付规范发展

支付机构的网络支付业务发展迅猛，但也出现不少问题和风险：一是客户身份识别机制不够完善，为欺诈、套现、洗钱等违法犯罪活动提供了可乘之机。二是以支付账户为基础的跨市场业务快速发展，沉淀了大量客户资金，加大了资金风险和跨市场交易风险。三是风险意识相对较弱，在客户资金安全和信息安全保障机制等方面存在欠缺。四是客户权益保护亟待加强，存在夸大宣传、虚假承诺、消费者维权难等问题。

经过充分的征求意见，人民银行出台了《非银行支付机构网络支付业务管理办法》，按照《关于促进互联网金融健康发展的指导意见》提出的"鼓励创新、防范风险、趋利避害、健康发展"的总体要求，构建涵盖传统支付结算业务和新兴支付手段、线下与线上、传统银行机构和支付机构在内的大支付制度管理体系和监管格局，对规范网络支付业务、防范支付风险、保护客户合法权益、促进支付服务创新和支付市场健康发展具有重要作用，在中国支付结算业务发展和监管历程中具有非常重要的里程碑意义。

（一）明确网络支付发展定位

支付机构不能吸收存款，与银行机构存在本质差别：支付机构提供的基于支付账户的网络支付业务与银行机构提供的基于存款账户的网上银行支付业务形式相似，本质却截然不同。支付账户中的资金属于预付价值，虽然所有权属于客户，但并不是以客户本人名义存放在银行机构，而是以支付机构的名义在银行机构开立备付金账户集中存放，并实际由支付机构支配与控制，支付账户中的资金不受存款保险制度保护，一旦支付机构出现经营风险，影响偿付能力甚至破产，可能导致客户既无法使用支付账户中的资金，也不能将其转为银行存款，遭受财产损失。因此，支付账户不适宜存放大量资金或者用于大额资金往来，基于支付账户的网络支付主要定位于服务电子商务发展和为社会提供小额、快捷、便民的小微支付服务。大额的支付可以通过银行账户来办理，这样，不仅可以有效地防范支付机构的风险，保证资金安全，而且可以使银行机构和支付机构在发展上各有侧重，形成互补。

（二）建立跨市场风险"防火墙"

互联网的发展加速了支付与其他金融领域的融合。金融机构和从事信贷、融资、理财、担保、信托、货币兑换等金融业务的机构本身都存在金融业务经营风险，支付与这些金融领域的融合在产生协同效应的同时，也使其他金融领域的风险向支付领域传递和扩散更加容易支付机构的资本有限，内控制度和风险管理体系普遍还不够完善，抵御外部风险冲击的能力较弱，为保障有关各方合法权益，有效隔离跨市场风险，切实守住不发生系统性和区域性风险的底线，人民银行在支付机构与金融机构、从事金融业务的其他机构之间设立了"防火墙"，禁止支付机构为金融机构和从事金融业务的机构开立账户，禁止支付机构从事金融业务，以此来约束支付机构业务发展的盲目性和随意性，维护市场公平竞争秩序及金融稳定。

（三）兼顾支付安全与效率

不同类型的支付对安全和效率的考虑不同对于小额支付，客户更加注重便利性，对于大额支付，资金安全则更加重要。基于这样的考虑，人民银行从多个方面对网络支付业务进行了规范：一是根据交易验证安全程度确定支付账户交易限额。在对支付机构网络支付总体定位的基础上，根据交易验证安全程度的不同，对使用支付账户余额付款的交易限额作出相应安排，引导支付机构采用安全验证手段来保障客户资金安全。对于采用数字证书、电子签名等高安全性验证手段且多要素交叉验证的机构，在账户支付限额上给予支付机构充分的自主性。对于验证方式安全性弱或验证要素不足的机构，对支付账户设置单日交易限额，并要求采取单一要素验证或不验证的支付机构，无条件全额承担风险损失赔付责任，引导支付机构在追求用户支付体验的同时兼顾账户安全。二是对快捷支付进行规范。快捷支付以开通简单、交易验证便捷的特点深受公众欢迎，已成为我国电子商务交易的主要支付方式之一。但是，实践中，由于该业务涉及客户、支付机构及银行机构三方，权责关系相对复杂，一旦发生风险损失，客户维权困难。为此，人民银行要求支付机构和银行机构合作为客户提供快捷支付业务时，应当事先或在首笔交易时分别与客户建立清晰、完整的业务授权，明确约定扣款适用范围、交易验证方式、交易限额及风险赔付责任。同时，明确银行机构是客户资金安全的管理责任主体，在后续交易时，无论是由银行机构进行交易验证还是支付机构代为进行交易验证，银行机构均承担快捷支付资金损失的先行赔付责任，以此保护客户的合法权益。

（四）实施网络支付分类监管

创新是网络支付的生命力所在，过度监管可能会遏制支付机构的创新活力。因此，人民银行建立了支付机构网络支付业务分类监管机制，根据支付机构的分类评级情况和支付账户实名制落实情况，对支付机构实施差别化管理，采用"扶优限劣"的激励和制约措施，引导和推动支付机构在符合基本要求和实质合规的前提下开展技术创新、流程创新和服务创新，在有效提升监管措施弹性和灵活性的同时，进一步激发支付机构活跃支付服务市场的动力具体来看，针对评级较高、且支付账户实名制落实较好的支付机构，执行较为宽松的监管政策，例如，适度提高客户身份识别方式、快捷支付交易验证方式的灵活性，适度提高安全认证级别不足情况下的单日交易限额等；对于评级较低、支付账户实名制落实较差的支付机构，执行较为严格的监管政策，例如，对于 D 类和 E 类机构，给予重点监管关注，甚至责令停办全部或部分业务，对于限期整改不到位的，注销《支付业务许可证》。

三、强化电子支付行业自律

电子支付是市场化程度最高、创新最为活跃的支付领域。在电子支付的发展中，行业自律组织作为市场与监管部门的中间层，成为监管部门的补充和延伸以及连接市场和监管部门的桥梁纽带，对电子支付行业的健康发展发挥积极作用。

近年来，中国支付清算协会积极探索我国电子支付行业自律管理道路，先后成立网络支付应用工作委员会、移动支付工作委员会、互联网金融专业委员会，出台了《网络支付行业自律公约》《移动支付行业自律公约》等一系列自律公约以及《支付机构互联网支付业务风险防范指引》等业务规范指引，促进电子支付市场创新与规范齐头并进、协同发展。

（一）制定行业自律公约

中国支付清算协会陆续发布《网络支付行业自律公约》《移动支付行业自律公约》，鼓励成员单位在依法合规、诚实守信、安全效率、合作共赢的基本原则下开展业务，并从业务发展、特约商户管理、客户权益保护、风险防范、内部控制、争议处理、自律惩戒等方面对成员单位开展业务提出自律要求依据《网络支付行业自律公约》，支付清算协会制定了《非银行支付机构网络支付业务自律规范》，重点从服务协议、信息披露、信用承诺等方面制定了具体的自律条款，引导会员单位规范开展网络支付业务。自律公约以及相应的自律规范在引导行业健康发展，特别是在成员单位中树立合法合规经营意识、强化网络支付行业各类风险防控能力、加强公平竞争、营造良好市场环境和经营秩序等方面发挥了积极作用。

（二）制定风险防范指引

近年来，支付清算协会发挥自律和服务职能，陆续出台《支付机构互联网支付业务风险防范指引》《移动支付业务风险防范指引》，建立互联网支付和移动支付业务的风险防范行业规范，满足银行机构、支付机构增强互联网支付、移动支付业务风险管理的迫切需要；支持银行机构、支付机构建立与本机构支付业务规模、模式相适应的风险管理体系，不断完善风险防范措施，提高支付业务风险防控能力；提出资金安全、系统信息安全、反洗钱反融资义务履行等方面的具体要求和操作规范，确保支付机构能够有效地识别、评估、监测、控制和处置业务风险，促进互联网支付、移动支付业务规范健康发展。

第三节　建立电子支付行业标准

与传统支付相比，电子支付更多地依靠技术手段进行业务处理，实施风险控制，对服务提供者的技术能力、管理水平等都提出了更高要求。我国银行机构、支付机构众多，技术能力和管理水平参差不齐。尽管法律、法规确立了电子支付的基本业务规范，但在实际操作层面、技术层面，缺少必要的规范和指导。对此，人民银行在法律法规的框架下，根据行业发展情况，总结行业优秀成果和成熟经验，适时建立电子支付行业标准，一方面，为各类市场参与主体建设电子支付业务处理系统、完善支付过程风险控制、提升支付安全性等提供参照基准；另一方面，通过标准化消除行业发展争议，凝心聚力，推动行业健康发展。

一、筑牢网上银行安全防线

随着网上银行的重要性不断提升，信息安全问题日益凸显。一旦发生安全问题，不仅将给银行机构和客户造成财产损失，而且会降低客户对银行机构的信任，给银行机构带来严重的声誉影响。为防范和化解网上银行信息安全风险，人民银行基于网上银行信息安全管理实践和经验、网上银行安全案件以及对银行网上银行系统安全检查评估中发现的问题，发布《网上银行系统信息安全通用规范（试行）》。这是规范金融机构网上银行系统信息安全的重要里程碑。之后，人民银行依照国家信息系统信息安全等级保护的要求，结合该规范制定后的形势变化，对其进一步修订，发布了《网上银行系统信息安全通用规范》，从技术、管理和业务运作三个方面建立统一的行业标准。

（一）提供安全技术保障

针对网上银行的技术特点，《网上银行系统信息安全通用规范》从客户端、专用安全设备、网络、服务器四个方面建立网上银行安全标准。一是客户端安全。客户通常使用电脑、手机等各种终端，通过网页浏览器或者客户端程序登录网上银行，使用网上支付等银行服务。客户使用的终端多种多样，并且不为银行机构所控制，风险防范能力较弱，容易受到病毒、木马程序的侵害，造成风险漏洞，导致客户在使用网上银行时输入的身份、账户、密码等敏感信息被窃取、篡改或者劫持，严重威胁客户的信息和资金安全。绝大多数的网上银行案件都与客户端有关。因此，银行机构必须采取一系列措施来控制客户端风险，例如，通过密码保护控件对客户输入的敏感信息即时加密、采取随机布放按键位置防范黑客的键盘监听等。二是专用安全设备安全。客户端本身的局限性，导致不能完全保护客户认证、交易等敏感信息的安全，必须通过专用安全设备，如 USB Key、文件证书、动态口令、动态密码卡、手机短信动态密码等来加以协助。这些专用安全设备必须符合相应的标准，否则不但不能增加安全性，反而会形成新的漏洞。例如，通过第三方中立测试机构的安全检测以避免其中留有后门；通过手机短信等第二通信渠道防范 USB Key 被不法分子远程控制；将文件证书与计算机绑定，防范证书被非法复制到其他机器上使用；将动态密码卡与客户唯一绑定等。三是网络通信安全网上银行绝大多数基于开放的互联网开展业务，网上银行交易信息在网络传递的过程中可能发生被窃取、篡改的风险。银行机构必须通过安全的加密算法和安全协议保护客户端与服务器之间所有连接，保证传输数据的机密性，四是服务器端安全。作为服务提供者，银行机构在物理安全、网络设备安全、主机安全、应用安全、数据安全及备份恢复等方面必须遵照国家及行业有关要求。

（二）建立安全管理规范

网上银行系统的安全稳定运行，不仅需要安全的技术，而且需要建立完备的安全管理措施来保障。《网上银行系统信息安全通用规范》从管理机构、安全策略、管理制度、人员安全、系统建设和系统运维六个方面建立标准。安全管理机构是网上银行系统运行的组织保障，必须有合理的机构设置才能确保网上银行系统各管理环节的有效落实；安全策略是金融机构为保障网上银行系统安全稳定运行而制定的安全总体方针、总体规则和总体指导方向；管理制度是金融机构为落实网上银行系统的安全管理而制定的一系列文件化程序；人员安全管理是从安全防范的角度对网上银行系统涉及的人员行为采取的控制措施；系统建设管理是从网上银行系统规划涉及、开发、测试、实施、验收等系统建设各个环节进行控制和管理的过程；系统运维管理则是从网上银行系统运行维护的全过程着手采取的安全防范控制措施。这六个方面分别从网上银行系统的组织保障、制度落实、人员管理以及系统整个生命周期的安全管理等进行规范，层层递进、缺一不可，为网上银行系统的安全稳定运行提供了全面的安全管理保障措施。

（三）提升业务运作安全

《网上银行系统信息安全通用规范》从业务申请及开通、业务安全交易机制、客户教育及权益保护三个方面建立业务运作安全规范。

一是申请及开通过程的安全性采取有效措施，防止不法分子通过伪造客户的身份证件、盗用客户的身份信息开通网上银行给客户造成资金损失。例如，网上银行资金类交易的开通必须由客户本人到柜台申请；客户重置网上银行密码，必须通过柜台或者通过已采取电子签名验证等安全认证手段的网上渠道申请等。二是交易机制的安全性。在身份认证、交易流程和交易控制方面采取有效手段，保证交易安全，例如，在身份认证方面，对于网上银行资金类交易、重要信息以及业务变更类高风险业务，采取双因素认证，确保身份认证的有效性和真实性。在交易流程方面，通过交易确认、交易提醒、限额设定等控制机制，有效防范交易风险；在交易控制方面，对客户签约、登录、查询、资金类交易以及与交易有关的行为特征、客户终端信息进行监控。三是客户教育及权益保护。通过宣传、提示、信息公开等方式，增强公众的安全防范意识例如，通过各种渠道向公众提供正确的网上银行官方网站和呼叫中心号码，避免不法分子通过诱使用户访问错误的网址或非官方电话实施诈骗；向客户明确提示网上银行相关的安全风险和注意事项，避免不当操作造成损失；建立网上银行客户投诉、纠纷处理机制，保护客户合法权益。

《网上银行系统信息安全通用规范》的发布，为银行机构建设网上银行系统，为第三方专业检测机构开展信息安全检测以及银行机构内部检查和评测提供了明确、具体、可操作的标准，提升了我国网上银行的整体安全水平。该规范发布后，人民银行据此制定网银安全检测大纲，部署开办网上银行业务的银行机构开展网银安全自查，并会同工业和信息化部对部分全国性银行机构的网银系统开展检测，逐步把标准落实到系统中。《网上银行系统信息安全通用规范》实施至今，我国银行机构没有发生网上银行信息安全方面的重大风险事件。

二、确立移动支付发展规范

顺应移动支付发展趋势，为引导和规范我国移动支付业务发展，实现资源共享和有效配置，人民银行会同工业和信息化部、国家标准化管理委员会等部门启动移动支付系列标准制定工作，人民银行按照"凝聚共识、谋求合作、统一标准、共同发展"的工作思路，积极研究规划移动支付标准体系，形成《中国移动支付技术标准体系研究报告》并正式对外发布。在此基础上，人民银行组织40多家产业相关单位成立移动支付标准编制联合工作组，经过充分调研、技术攻关、标准研制、专家评审、广泛征求意见等环节，最终形成中国金融移动支付系列技术标准（以下简称"移动支付标准"），有效填补了该领域的空白。

（一）建立全产业链标准体系

移动支付涉及环节多、参与主体多、产业链条长，不仅包括银行机构、支付机构、银行卡清算机构，而且包括通信运营商、手机制造商、受理终端制造商、芯片制造商等。长期以来，由于缺乏统一标准，不同参与主体各自为政，形成多种技术方案，难以形成行业发展合力。为此，"移动支付标准"以"联网通用，安全可信"为目标，从全产业链出发，涵盖了应用基础、设备、支付应用、联网通用、安全保障5大类35项技术规范。其中，在应用基础方面，包括机构代码等4项基础性标准；在设备方面，包括移动终端安全单元、受理终端、客户端等移动支付设备方面的5项标准；在应用方面，包括远程支付和近场支付交易流程、交易安全管理等针对实际支付环节的11项标准；在联网通用方面，包括入网机构管理、系统对接与交易流程、可信服务管理等7项标准；在安全保障方面，包括安全单元、客户端软件等8项检测规范。人民银行根据近年来移动支付的发展情况，启动了对"移动支付标准"的修订工作，重点增补了针对移动支付安全管理方面的标准和规范。

"移动支付标准"覆盖移动支付各个环节的基础要素、安全要求和实现方案，为移动支付的发展奠定了扎实基础，增强了我国移动支付安全管理水平和技术风险防范能力，对营造产业链各方开放、合作、共赢的良好局面，建立和谐的产业生态环境，推动我国移动支付集约化和规范化发展具有重要意义，同时也为业务拓展、产品创新和与国际市场接轨预留出广阔空间。

（二）构建安全可信基础环境

可信服务管理平台（TSM）是一个兼具公信力和开放性等特点，提供应用发行管理和安全单元管理等功能的系统。银行机构、通信运营商、银行卡清算机构建设了仅限自身使用或者少数合作机构共同使用的可信服务管理平台，在一定程度上推动了移动支付的发展，但由于移动支付技术方案的多样性、安全载体和通信网络的开放型以及业务流程的复杂性，不同的可信服务管理平台之间的互联互通存在障碍。

为了解决这一问题，实现移动支付"联网通用、安全可信"的发展目标，推动移动支付健康、快速发展，人民银行在"移动支付标准"中将"公共服务平台"纳入移动支付可信服务管理平台的基本架构，组织银行机构、通信运营商、银行卡清算机构等有关单位高起点规划、高标准建设公共服务平台。国务院印发《关于促进信息消费扩大内需的若干意见》将"建设移动金融安全可信公共服务平台"作为促进信息消费、扩大内需的重要举措之一。

公共服务平台能够解决跨机构间应用共享、实体互信、系统互通等问题，解决支付应用与安全载体间的接口兼容性以及远程支付认证安全级别较低的问题，提供基于安全载体的电子认证服务，支持企业建设符合金融行业标准和相关信息安全要求的 TSM 系统，并接入安全可信公共服务平台，构建互联互通的 TSM 网络，为用户提供安全可信的空中传输通道，为产业各方提供安全载体和支付应用的生命周期管理。公共服务平台作为移动金融健康生态环境的枢纽和桥梁，是移动金融参与各方均认可的可信第三方实体，其建成促进了各参与方在"联网通用、安全可信"的技术架构支撑下形成互惠关系和合作机制，实现终端共享、成本分摊、一卡通用，对促进移动金融产业安全规范发展、开放协作共赢起到重要作用。

（三）确定非接触通信频率标准

非接触通信频率指的是支持移动支付的手机等移动设备与非接触终端之间进行交互的基础通信频率，是实现近场支付的关键一环，我国在移动支付发展的过程中一直存在 13.56 MHz 与 2.45 Ghz 两种非接触通信频率技术方案。13.56 MHz 通信频率是国际标准化组织（ISO）确定的技术标准（ISO 14443 标准），广泛应用于世界各国的金融支付领域，2.45 GHz 通信频率是我国自主开发的非接触通信标准。

两种方案各有优劣，而采用哪种非接通信频率，直接决定了手机终端、支付、受理终端等关键环节采用哪一种技术路线，对产业各方的投入和发展将产生很大影响。在充分比较两种标准的安全性、可靠性、可用性和兼容性的基础上，人民银行将 13.56 MHz 作为我国移动支付非接触通信频率的行业标准，全国信息技术标准化技术委员会发布国家标准《信息技术基于射频的移动支付》，将 13.56 MHz 确定为移动支付非接触式通信频率的国家标准。

这一标准与金融 IC 卡的相关标准保持了统一，使移动支付终端能够直接使用市场上的银行卡受理终端，可以有效整合移动支付与金融 IC 卡资源，最大限度地使用既有的金融 IC 卡网络、系统和终端设备，推动移动支付联网通用并实现与国际标准的有效衔接，促进产业资源共享、联合发展移动支付非接触通信频率标准的确定，消除了产业发展方向的一个重大不确定性，使产业生产制造环节的潜在能力得以全面释放，促进了我国移动支付移动终端、受理机具以及受理市场的规模化发展。

（四）强化移动支付安全标准

安全是移动支付发展和创新的基础。"移动支付标准"从多个方面对移动支付的安全进行规范。一是确立终端安全性规范。手机终端是移动支付的关键设备，其中的安全单元

（SE）是用户账户、身份认证等敏感数据的存储载体，有 SIM 卡、SD 卡、移动终端、可穿戴设备等多种形态，其物理特性、电气特性、逻辑接口、通讯协议和工作模式必须符合统一的标准。二是推动安全技术应用。为落实通知要求，人民银行发布《中国金融移动支付支付标记化技术规范》。三是建立移动支付系统检测规范。"移动支付标准"在移动终端、安全单元、客户端软件、安全单元、业务系统、可信服务管理平台、个人信息保护等方面建立了详细的检测规范，既为移动支付产品的设计、制造设定了标准，同时也为检测制定了标准。

三、建立条码支付行业规范

条码的背后实际是信息。当用户使用手机进行扫码时，实际上是通过条码读取工具将条码转换为可识别的信息。这个信息既可能是一个具体的文本、数据，也可能是一个链接。条码从表面上难以辨识其中的内容，使一些木马、病毒可能隐身其中，在用户没有察觉的情况下植入到用户手机中，窃取用户的敏感信息或者拦截客户短信，造成客户资金损失。人民银行一直对条码支付的发展和风险防范保持高度关注，银行机构、支付机构、银行卡清算机构等市场主体也在条码支付的安全性方面不断加以改进和完善在此背景下，人民银行推动中国支付清算协会和中国银联组织成员机构制定条码支付行业规范和企业标准，统一条码支付业务开展的业务规则与技术要求。中国银联还发布了二维码支付安全规范和应用规范，定义了二维码支付的应用场景和基于数字签名的安全机制，并从安全方面对二维码受理设备、手机客户端、后台系统等提出了具体安全要求，确保支付过程中账户信息及支付资金的安全性。近年来，中国支付清算协会组织会员单位，从商户管理、风险管理、客户权益保护、技术标准等方面对条码支付业务进行了系统梳理，推动建立条码支付行业规范。

第四节 电子支付领域创新实践

随着电子支付业务规范和行业标准的建立完善，电子支付的安全性日益得到社会公众认可，发展障碍逐步消除，发展潜能充分释放，日益成为支付体系中最具创新活力和发展潜力的领域。特别是近年来，随着通信技术不断发展、智能终端日益普及、用户消费观念和支付习惯逐步改变，电子支付呈现出强劲的发展势头，创新层出不穷，应用领域不断拓展，行业融合不断深化，对传统支付的替代效应日益显现。现在，无论是商场购物、交通出行还是水电缴费，都可以通过手机支付等电子支付方式来完成，不需要随身携带现金、银行卡，就可以享受便捷的支付服务。

一、移动支付改变城市生活

国家发展改革委、人民银行联合印发了《关于组织开展移动电子商务金融科技服务试点工作的通知》，依托国家电子商务示范城市工作协调机制，在成都、合肥、贵阳、宁波、深圳 5 个城市开展移动电子商务金融科技服务创新试点。试点的内容包括：通过组织建设符合相关法律和标准的城市移动金融安全可信服务管理平台，实现与移动金融安全可信公共服务平台（MTPS）连接，为移动电子商务提供密钥管理、身份认证、应用软件真伪鉴别、数据安全分发等可信服务；组织银行、电信运营商等，推广应用具有安全芯片、支持硬件数字证书、采用国家密码管理局规定算法的移动智能终端，保障移动电子商务交易的安全性和真实性，满足大额资金交易的电子商务需求；支持相关企业基于安全可信服务管理平台和安全移动终端，重点在手机信贷、信用服务、实名认证、在线支付、移动银行等领域，探索创新符合电子商务多元化需求、安全便捷的移动金融服务；完善相关标准、政策，优化移动电子商务创新发展政策环境和支撑体系，推动电子商务和金融服务的深度融合，促进移动电子商务规模化健康发展等。

在具体业务模式上，以安徽的旅游应用为例。传统的旅游景区主要采用人工售票、验票、统计等管理模式，工作效率低、出错率高，容易造成高峰期游客长时间排队买票、取票和验票，严重影响游客的旅游质量和满意度。人民银行合肥中心支行利用金融 IC 卡与移动金融的技术优势，依托 MTPS，对旅游景区的闸机、票务系统等进行改造，建设基于安全芯片、线上线下融合的电子门票系统，通过移动金融旅游应用，实现景区闸机、消费场所用卡无障碍用户在手机上使用移动金融旅游客户端查询门票信息，生成交易订单，利用手机安全芯片的硬件加解密技术，将有关信息发送票务系统。票务系统将支付请求以及有关信息转给对应银行机构，银行机构通过 MTPS 对安全芯片中的安全信息进行认证，完成支付，然后下载电子门票并写入安全芯片。游客进入景区时，景区闸机从手机终端直接读取门票信息，验证通关移动金融旅游应用的推出，大大加快了游客通关速度，提升了安徽省旅游金融服务电子化程度，让游客享受到移动金融在服务上的普惠性、安全上的可靠性、使用上的便捷性，真正实现"一机在手，畅游安徽"。

二、"云闪付"重塑银行卡

近年来，在人民银行指导下，中国银联联合 20 多家银行机构发布移动支付新品牌"云闪付"。"云闪付"运用近场通信（NFC）、卡模拟（HCE）、安全单元（SE）和支付标记化等技术，将实体银行卡映射在手机等智能设备上，同时支持近场支付与远程支付，不仅包括银联与相关机构合作推出的基于 HCE 的移动支付产品，还包括与银行机构和国内外手机厂商等合作方共同推出的 Apple Pay、Samsung Pay 等各类移动支付服务。

"云闪付"具有以下优势：一是便捷安全的客户体验。"云闪付"通过将实体银行卡映射到手机等智能终端上，将手机等智能终端变成可以"随时、随地、随心"支付的"银行卡"，操作简便，满足了消费者安全、便捷、时尚的支付需求。同时，商户、收单机构以及技术服务商不直接处理卡号，只处理通过严密算法转换的标记号，交易验证上采用多重身份验证机制，相关产品严格遵循国家金融行业移动支付标准，并通过权威机构的相关检测和认证，确保了用户的资金安全和信息安全。二是实现融合发展与资源节约。近年来，我国银行卡产业正在经历由磁条卡升级成芯片 IC 卡、接触式 IC 卡升级成非接触式 IC 卡的重大产业结构升级。"云闪付"模式可以充分利用我国银行卡产业已有资源，减少商户终端机具改造，实现金融 IC 卡与移动支付的融合发展。三是实现产业开放合作共赢。在"云闪付"业务处理模式中，银行机构、支付机构和银行卡清算机构继续扮演其在传统银行卡业务中的角色，共同遵循相关业务规则和技术标准、分别承担各自的法定和合约职责。参与合作的手机厂商和通信运营商不拥有支付账户，不介入支付流程，不接触支付数据，仅仅提供手机终端、安全介质和技术支持。"云闪付"仍旧基于银行卡账户，不存在因资金沉淀在虚拟账户带来的金融风险，消费者资金更有保障，支付额度更高，支持交易类型更多，使用更便捷此外，银行机构可以获取与传统银行卡支付一致的、透明的、完整的支付信息，有利于风险识别管控和客户关系管理。"云闪付"的推出引起良好的市场反响，获得产业相关方的广泛认同和积极参与。凭借着庞大的持卡群体和终端优势，"云闪付"在交通、旅游、交易市场、自动售货机、公共服务等领域的应用不断拓展。

三、条码支付推动线上线下融合

条码支付采取"扫码"的方式将网络支付这种线上支付方式得以在线下经济活动场景中使用，为线下经济活动的资金结算提供了新选择。按照"扫码"的主体不同，条码支付主要有"付款扫码模式"和"收款扫码模式"两种模式。在发展初期，条码支付更多地采用"付款扫码模式"，即由商户提供包含收款账号、商品价格等信息的收款条码，消费者用手机客户端读取条码信息，连接支付机构完成支付。银行机构、支付机构、银行卡清算机构等从安全性出发，对条码支付的扫码模式进行了不断探索和调整，推出消费者用手机客户端生成条码信息，商户使用专门设备读取的"收款扫码模式"，将消费者的支付过程从信息输入改为信息输出，用户的设备在支付过程中没有数据引入，使条码支付的安全性得到提升，逐步得到公众认可。凭借低成本和操作便捷的优势，条码支付在便利店、餐馆、自助售货机、超市等线下零售、消费等小额支付领域广泛应用。条码支付弥补了其他支付方式在线下小额支付场景中的缺失和不足，推动了线上支付方式与线下经济活动的融合，深化了支付对商业生活场景的渗透，增强了支付的灵活性和多样性。

四、电子支付引领产业融合

银行机构、支付机构充分发挥电子支付的优势，以电子支付整合上游产业链，拓展增值业务，提供综合服务，相关产业格局也随之发生调整和变革。

银行机构利用庞大的实名客户群体和网络渠道优势，应用在渠道、风险、信用管理方面的技术和经验，通过丰富和细化网上银行、手机银行平台功能，将其从"交易主渠道"上升到专业化、全方位、多元化的"金融服务平台"，推动传统金融业务的互联网化，积极开拓新型中间业务，为客户提供全新的服务体验一些银行推出完全依托互联网办理业务的直销银行，围绕互联网用户的需求和习惯开展平台建设和产品创新一些银行基于网上支付渠道搭建电子商务金融服务综合平台，深度介入电子商务行业，提供专业化行业解决方案；开展与电商、互联网企业多元化战略合作，增强金融综合服务能力。

支付机构在网络支付的基础上探索理财产品销售、大数据征信等高附加值业务。在理财产品销售方面，已有多家支付机构获得基金销售支付结算业务许可，代销产品类别从最初的货币市场基金，逐步拓展到定期理财、保险理财、指数基金等。同时，支付机构还依托支付产生的大数据和电子商务场景优势，开拓消费金融市场，将信贷产品渗透到消费、教育、旅游等更加广泛的领域，消费信贷的可获得性大为提高；此外，支付机构还充分发挥技术优势，与银行机构或者小额贷款公司合作，基于商户的支付流水和信息，以商户未来收益的现金流为担保，为商户获取贷款，使支付成为供应链金融的有力支撑。

参考文献

[1] 杨光瑶. 玩转支付宝·支付生活与电商运营 [M]. 北京：中国铁道出版社，2017.

[2] 申帅. 电子支付与网络安全 [M]. 成都：电子科技大学出版社，2017.

[3] 辛克尔曼. 国际支付简明教程 [M]. 上海：上海外语教育出版社，2017.

[4] 中国支付清算协会. 支付清算理论与实务 [M]. 北京：中国金融出版社，2017.

[5] 励跃. 中国支付体系·英汉对照 [M]. 北京：中国金融出版社，2017.

[6] 徐学锋. 现代支付结算与电子银行 [M]. 上海：上海财经大学出版社，2017.

[7] 卓乃坚. 国际贸易支付与结算及其单证实务 [M]. 上海：东华大学出版社，2017.

[8] 中国支付清算协会. 中国支付清算行业运行报告 [M]. 北京：中国金融出版社，2017.

[9] 方辉编. 互联网＋餐饮店推广，采购，支付 [M]. 广州：广东经济出版社，2017.

[10] 关义军. 支付宝 [M]. 长春：北方妇女儿童出版社，2018.

[11] 赵兴军. 财政转移支付制度研究 [M]. 北京：九州出版社，2018.

[12] 陆强华，杨志宁. 深度支付 [M]. 北京：中国金融出版社，2018.

[13] 胡娟. 电子商务支付与安全 [M]. 北京：北京邮电大学出版社，2018.

[14] 秦成德，帅青红. 电子支付与结算 [M]. 北京：北京理工大学出版社，2018.

[15] 赵厚宝. Android 支付开发实务 [M]. 上海：立信会计出版社，2018.

[16] 中国支付清算协会. 移动支付安全与实践 [M]. 北京：中国金融出版社，2018.

[17] 谢众. 支付体系创新与发展 [M]. 北京：中国金融出版社，2018.

[18] 陈勇. 支付方式与支付技术·从实物货币到比特币 [M]. 长沙：湖南大学出版社，2018.

[19] 徐勇. 电子支付 [M]. 广州：华南理工大学出版社，2019.

[20] 马近朱. 支付的温度对中国支付业的思考 [M]. 北京：中国金融出版社，2019.

[21] 刘岚. 现代支付概论 [M]. 上海：立信会计出版社，2019.

[22] 马刚，姜明，杨兴凯. 电子商务支付与结算 [M]. 沈阳：东北财经大学出版社，2019.

[23] 邱甲贤. 支付工具成本收益及定价研究 [M]. 北京：中国金融出版社，2019.

[24] 陈洋. 基于移动支付服务价值的互联网支付用户渠道转移行为研究 [M]. 镇

江：江苏大学出版社，2019.

[25] 祝凌曦. 电子商务安全与支付 ［M］. 北京：人民邮电出版社，2019.

[26] 中国支付清算协会. 支付清算知识普及读本 ［M］. 北京：中国金融出版社，2020.

[27] 戴维·沃尔曼. 直到贝壳消失·新消费时代的支付革命 ［M］. 成都：四川人民出版社，2020.

[28] 史浩. 互联网金融系列教材·互联网金融支付 ［M］. 北京：中国金融出版社，2020.

[29] 张留禄. 支付清算导论 ［M］. 上海：上海财经大学出版社，2021.

[30] 王伟. 产品管理与运营系列丛书·支付方法论 ［M］. 北京：机械工业出版社，2021.